Nina Minimayr

WIE GEHIRN UND KÖRPER LERNEN

Die Bedeutung der aktuellen Erkenntnisse der Neurobiologie für das Lernen unter besonderer Berücksichtigung des Potenzials der Musik- und Bewegungspädagogik / Rhythmik

Reihe Musik und Bewegung Band 2
Studienrichtung Musik- und Bewegungspädagogik / Rhythmik
Institut MBM – Universität für Musik und darstellende Kunst Wien

Nina Minimayr

WIE GEHIRN UND KÖRPER LERNEN

Die Bedeutung der aktuellen Erkenntnisse der Neurobiologie für das Lernen unter besonderer Berücksichtigung des Potenzials der Musik- und Bewegungspädagogik / Rhythmik

Re Di Roma-Verlag

Bibliografische Information der Deutschen Nationalbibliothek:
Die Deutsche Nationalbibliothek verzeichnet diese Publikation in der Deutschen Nationalbibliografie; detaillierte bibliografische Daten sind im Internet über http://dnb.ddb.de abrufbar.

ISBN 978-3-86870-511-9

Umschlaggestaltung: Inka Minimayr

Erstveröffentlichung als wissenschaftliche Masterarbeit (Wien 2012)
innerhalb des Masterstudiums Musik- und Bewegungspädagogik / Rhythmik
Universität für Musik und darstellende Kunst Wien

www.rediroma-verlag.de
15,95 Euro (D)

Mein herzlicher Dank gilt allen Personen, die die Entstehung dieses Buches begleitet, unterstützt und ermöglicht haben!

INHALTSVERZEICHNIS

1. Einleitung

Nach vielfältigen praktischen Erfahrungen im pädagogischen Alltag von Musik- und Bewegungspädagogik / Rhythmik können wir feststellen, dass diese künstlerisch-pädagogische Arbeitsweise eine vielfach erprobte Methode für gelingendes Lernen ist. Die verschiedenen Handlungsfelder – Differenzierung der Wahrnehmung, Förderung der Kreativität und Soziale Interaktion – leisten dabei in wechselseitiger Wirkung einen wesentlichen Beitrag zur Persönlichkeitsbildung. Bankl/Mayr/Witoszynskyj bezeichnen es in ihrem gleichnamigen Buch als „Lebendiges Lernen". Darin schreibt auch Ralph Illini:

> „Es klingt gerade zu utopisch, aber die *Praxis der Rhythmik* [Hervorhebung durch die Autorin dieses Buches] beweist, dass Lernen mit Musik, Bewegung und Sprache lustvoll, befriedigend und erfolgreich sein kann. Ohne Erfolgsdruck und ohne Leistungszwang entwickeln sich Lernprozesse Schritt für Schritt in einem Tempo, in einer Dosierung und in einer Richtung, die die Lernenden großteils mitbestimmen."
> (Illini in Bankl/Mayr/Witoszynskyj 2009, Buchumschlag)

Was aber steckt hinter dieser Praxis und warum funktionieren diese pädagogischen Prozesse?

Für dieses Buch wurden die neuen und aktuellen Erkenntnisse der Gehirnforschung in Bezug auf das Lernen zusammengetragen, um sie anschließend mit dem pädagogischen Alltag der Musik- und Bewegungspädagogik / Rhythmik in Beziehung setzen zu können.

Die zentralen Fragen sind:

- Ist Musik- und Bewegungspädagogik eine geeignete Arbeitsweise für sinnvolles und gehirngerechtes sowie nachhaltiges Lernen?
- Entspricht sie den Anforderungen der aktuellen Gehirnforschung?
- Was ist die essentielle Bedeutung von Bewegung, in welcher Relation stehen Wahrnehmung und Bewegung zueinander und welche Auswirkung haben sie auf kognitive, emotionale und soziale Aspekte?

- Wie beeinflussen Selbstvertrauen, Intelligenz und Kreativität den beruflichen Alltag?
- Was sind die theoretischen Grundlagen in neurobiologischer Hinsicht bzw. welchen Nutzen kann die Gehirnforschung für die Pädagogik darstellen?

Die Annäherung an die Antworten dieser Fragen soll etwas Licht in die vielschichtig funktionierenden pädagogischen Prozesse bringen. Zusätzlich ist es ein Beitrag für eine theoretische Grundlage, eine wissenschaftliche Fundierung für das Fach Musik- und Bewegungspädagogik / Rhythmik.

Bei meinen Forschungen stolperte ich sehr schnell über das unzertrennliche Paar *Wahrnehmung* und *Bewegung* – alles schien sich immer auf dieses Paar zu beziehen, sie standen ständig im Mittelpunkt und waren als Basis jeglichen Fühlens, Denkens und Handelns nicht wegzudenken.
In jeder Sekunde nehmen wir eine unendlich große Datenmenge über unsere Sinne wahr – manches davon bewusst und manches nicht.
Wahrnehmung und Bewegung sind im Gehirn aufs Engste miteinander verknüpft: es gibt Gehirnregionen, in denen die einzelnen Verschaltungen sogar sensorische *und* motorische Eigenschaften haben: sie wandeln selbstständig einen Sinnes- in einen Bewegungsreiz um. (vgl. Rizzolatti 2008) Dies macht deutlich, dass Lernen nicht nur *Input* sein soll, sondern, um natürlich und nachhaltig vonstatten gehen zu können, auch den entsprechenden *Output* braucht – ein Agieren, eine handelnde Auseinandersetzung. Je kleiner die Kinder, desto selbstverständlicher funktioniert dieses Prinzip: sie hören z.B. eine Musik (Eindruck) und reagieren sofort mit entsprechender Bewegung (Ausdruck) darauf.

Wir sind so bemüht, unser Gehirn zu trainieren, zu fördern und zu verbessern, jedoch der Körper wird dabei immer wieder vergessen. Man könnte aber ein Gehirn ohne den Körper gar nicht benutzen! (vgl. http://www.youtube.com/watch?v=Lr184Ms5hlE „Ohne Gefühl geht gar nichts. Worauf es beim Lernen ankommt." Vortrag von Gerald Hüther im Stadttheater Freiburg, 20. Juni 2009, gesehen am 02.12.2012, 00:24 Uhr)

Warum also versuchen wir, beim Lernen nur den Kopf anzusprechen? Warum ist Lernen zwangsläufig mit Sitzen verbunden?

Welche ungeahnten Möglichkeiten lustvollen und selbstverständlichen Lernens müssten sich also ergeben, wenn man beim Lernen mehr Bewegung zuließe! Wenn man den Körper mehr ins Zentrum der pädagogischen Betrachtungen rückte!
Bereits in der Schule in der Antike gab es gleich viele „geistige" wie „körperliche" Fächer! – Warum nicht mal eine „Bewegungshausaufgabe" aufgeben?

Eines Tages stieß ich auf das Buch „Spiegelneurone. Die biologische Basis des Mitgefühls" von Rizzolatti und Sinigaglia (2008). Schon im Vorwort hatte es meine Aufmerksamkeit und Sympathie auf sich gezogen, dadurch, wie die Autoren von ihren wissenschaftlichen Erkenntnissen berichten:

> Die Geschichte „beginnt mit der Analyse einiger Gesten (...), die wir ihrer Vertrautheit wegen zu unterschätzen neigen, und sie hat einen <u>Protagonisten</u>, dem die Neurowissenschaften (und nicht nur sie!) lange eine Nebenrolle zuschrieben, den sie bisweilen sogar zum bloßen Komparsen herabgestuft haben: das <u>motorische System.</u>" (Rizzolatti 2008, S. 11f, Hervorhebungen durch die Autorin dieses Buches)

Das motorische System ist also der Protagonist, auf ihm beruhen Fähigkeiten wie Planen von Handlungen, das Verstehen der Handlungen anderer und, in Kombination mit den Spiegelnervenzellen, das Mitempfinden von Emotionen. Kurz gesagt, diese Verschaltungen leisten ihren Beitrag für alles Menschliche und sind daher auch aus pädagogischen Prozessen nicht wegzudenken.

Das Buch versucht nun die vielfältigen Zusammenhänge aufzuzeigen, die zwischen unserem Körper und unserem Gehirn, aber ebenso unserer Umwelt bestehen. Zwischen den Kapiteln wird die Leserin/der Leser daher immer wieder Querverweise zu anderen Kapiteln finden, die die großflächige Vernetzung verdeutlichen und Überblick schaffen sollen.

In den Fußnoten finden sich zusätzliche Informationen und Erläuterungen, wie Erklärungen zu Fachbegriffen, Informationen zu den genannten Wissenschaftlern oder eine Erweiterung des im Text beschriebenen Themengebietes.
Jedes Kapitel kann jeweils als Basis für das folgende gesehen werden, deshalb findet sich am Ende der reichhaltigen Kapitel 2 und 3 jeweils eine übersichtliche Zusammenfassung in Stichpunkten.

Das vorliegende Buch gliedert sich nun wie folgt:

Kapitel 2 gibt Einblick in die Anatomie des Gehirns (auf mikro- und makroskopischer Ebene), stellt die Kommunikation zwischen Gehirn und Körper dar und beschäftigt sich mit dem Input (Wahrnehmung über die Sinnesorgane) sowie dem Output (Bewegung, Denken...).
Kapitel 3 schafft einen Überblick über den aktuellen Forschungsstand der Gehirnforschung in Bezug auf das Lernen und beschreibt Punkt für Punkt die dafür wichtigen Parameter.
Wie Lernen funktioniert und was das Lernen beeinflusst wird in diesem Kapitel erläutert.
Kapitel 4 stellt das Fach Musik- und Bewegungspädagogik / Rhythmik vor mit seinen Zielen, seinen Handlungsweisen und dem seit mehr als hundert Jahren praktisch erprobten Konzept.
Kapitel 5 setzt die Ergebnisse der Gehirnforschung in Beziehung zur Rhythmik, das heißt, die Rhythmik wird auf den aktuellen Forschungsstand der Gehirnforschung zum Thema Lernen überprüft. Dies geschieht in 14 zentralen Punkten, die sich über die Monate des Forschens und Lesens herauskristallisiert haben.
Kapitel 6 stellt die in Kapitel 5 gewonnenen Ergebnisse der 14 Punkte in einer übersichtlichen Vergleichstabelle dar und fasst sie zusammen.
Kapitel 7 besteht aus Zusammenfassung, Fazit und Ausblick.

2. Das Gehirn

Das Organ mit dem wir denken, Bewegungen planen und lernen ist das Gehirn. Und dieses vollbringt dabei ganz unglaubliche Höchstleistungen! Was aber geht im Gehirn bei kognitiven, emotionalen oder motorischen Prozessen vor sich? Um sich dieser Komplexität etwas anzunähern, soll hier zu Beginn Einblick in anatomische und physiologische Sachverhalte des Gehirns gegeben werden. Dies betrifft sowohl Vorgänge auf mikroskopischer Ebene (wie ist eine Nervenzelle aufgebaut, wie ist eine mit der nächsten verschaltet und woher weiß sie mit welcher), als auch auf makroskopischer Ebene (wo liegt was, wie arbeiten die Gehirnareale zusammen und wie entsteht daraus schließlich das menschliche Verhalten).

> „Emotion, Kognition und Verhalten fallen nicht vom Himmel, sondern werden durch diese Mechanismen [zelluläre Mechanismen und die darauf aufbauenden Zusammenhänge im Gehirn, Anm. der Autorin dieses Buches] und die ihnen wiederum zugrunde liegenden molekularbiologischen Vorgänge erst ermöglicht." (Roth 2003, S. 94)

2.1. Einstieg – Gene oder Umwelt?

So gleich wie der Bauplan eines menschlichen Gesichts jeweils Nase, Augen und Mund aufweist, so unterschiedlich können diese Gesichter dennoch aussehen. Ganz ähnlich verhält es sich mit dem Gehirn. Die Gene entwickeln dieses nach einem ganz bestimmten festgelegten Bauplan, jedoch ist dann jedes Gehirn völlig einzigartig und individuell. Dies wiederum hängt von den Erfahrungen einer jeden Person ab. (vgl. Damasio 2011, S. 313)

Früher galt die Meinung, die Umwelt sei der Gewinner des Gene- oder Umweltwettstreits, dann meinten besonders die Molekularbiologen dass alle Krankheiten, alle Begabungen, alle Neigungen schon im genetischen Programm der Gene festgelegt und nahezu unbeeinflussbar seien. Als

Neurowissenschaftlerin sagt Lise Eliot[1], dass beides seine Wichtigkeit hat, in unterschiedlichen Stadien der Entwicklung jedoch unterschiedlich gewichtet wird. Weiters betont sie auch die Formbarkeit der Nervenzellen:

> „Das Gehirn selbst wird buchstäblich von Erfahrungen geprägt: Jeder Anblick, jeder Laut und Gedanke hinterlässt auf bestimmten neuronalen Schaltkreisen einen Eindruck und verändert damit die Wahrnehmung künftiger Anblicke, Laute und Gedanken. (...) Von der ersten Zellteilung an ist die Entwicklung des Gehirns ein heikles Wechselspiel zwischen Genen und Umwelt, und nur wenn wir jede einzelne dieser subtilen Wechselwirkungen erkennen, können wir bei jeder faszinierenden Facette des Bewusstseins ermessen, in welchem Ausmaß wir durch Erbanlagen und Umwelteinflüsse zu dem geworden sind, was wir sind.“ (Eliot 2010, S. 11+13)

Das Nervensystem hat eine festgelegte Reihenfolge, in der es heranreift: Rückenmark und Hirnstamm, die stammesgeschichtlich ältesten Teile des Nervensystems, sind bei der Geburt nahezu vollständig entwickelt und steuern lebenswichtige Körperfunktionen. Sie übernehmen die wesentlichen Bedürfnisse von Neugeborenen: überleben, wachsen und Bindungen mit den sie versorgenden Personen eingehen. (vgl. Eliot 2010, S. 14ff)
Nach der Geburt entwickeln sich zunehmend auch die höheren Gehirnregionen wie Kleinhirn und Basalganglien, die die Koordination der Muskelbewegungen steuern, das limbische System, welches für Gefühlsregungen und Gedächtnis verantwortlich ist und die Großhirnrinde, die den Sitz unseres gesamten willkürlichen Verhaltens, der bewussten Erfahrungen und rationalen Fähigkeiten darstellt.
Dieser Ablauf scheint genetisch so festgelegt zu sein.

Warum Babys mit so primitiven Gehirnen auf die Welt kommen, begründet sich einerseits im aufrechten Gang unserer Spezies und in dem daraus resultierenden Beckenumfang der Frau, der nur eine gewisse Brei-

---

[1] Associate Professor in the Department of Neuroscience at the Chicago Medical School

te haben kann – Babys müssen deshalb kleine Köpfe mit kleinen Gehirnen haben.
Andererseits – laut einer plausibleren Erklärung – werden wir deshalb mit einem gering ausgebildeten Gehirn geboren, um zu LERNEN. Gerade die Gehirne von Babys sind richtige Lernmaschinen, dabei werden Schaltkreise geknüpft und neu verknüpft, wodurch sich das Gehirn der jeweiligen Aufgabe anpasst, ob dies nun Laufen, Sprechen oder Klavierspielen ist. Diese Anpassungsfähigkeit ist die besondere Eigenschaft des Gehirns.
Die Gene programmieren den Ablauf der neuronalen Entwicklung, während die Umweltfaktoren die Qualität dieser Entwicklung prägen. Somit legt der genetische Bauplan fest, zu welchen Körperzellen die einzelnen Zellen werden sollen, später verändern elektrische Erregungsmuster auf subtile Weise die Synapsen (Verbindungen, Verschaltungen) der Großhirnrinde. All dies findet auf molekularer Ebene statt und jeder Reiz, jede Berührung, jeder Sinneseindruck wird in elektrische und chemische Aktivität übersetzt, wodurch der genetische Impuls verschoben und der Strukturierungsprozess des kindlichen Gehirns subtil beeinflusst werden kann. (vgl. Eliot 2010, S. 18)

2.2. Wie ein Gehirn entsteht

> „Das Gehirn unterscheidet sich grundlegend vom Computer darin, dass sein Aufbau ständigen Veränderungen unterliegt. Dies betrifft jeden Moment unseres Lebens und beginnt bereits vor der Geburt.“ (Madeja 2010, S. 102)

Nachdem die Samenzelle eine Eizelle befruchtet hat, wandert diese in die Gebärmutter um sich dort einzunisten. Während dieses Weges beginnen diverse Zellteilungen und durch die Position der einzelnen Zellen wird entschieden, welche Art von Körperzelle gebildet wird. (vgl. Eliot 2010, S. 21ff)
Die Erbinformation liegt *allen* Zellen gleich zugrunde. Sie befindet sich in der Mitte der Zelle in komprimiertem Zustand und ist Basis für *alle verschiedenen Zelltypen* – je nachdem welche Teile davon genutzt werden. Dabei ist auch noch ausschlaggebend, *wie oft* sich eine Zelle teilt und in wel-

cher Umgebung sich diese Zelle befindet. Je öfter sie sich geteilt hat, desto näher kommt sie ihrem endgültigen Typ und kann dann z.B. eine spezialisierte Nervenzelle sein.
Interessant dabei ist, dass über die Hälfte der Erbinformation für die Nervenzellen und somit für den Aufbau der Strukturen des Gehirns benötigt wird! (vgl. Madeja 2010, S. 102ff)

Gut zwei Wochen nach der Befruchtung flacht sich die Zellmasse zu einer Scheibe ab, die aus drei Schichten besteht: die unterste nennt sich Entoderm (aus ihr entstehen die inneren Organe wie Lunge, Leber, Darm, Drüsen), die mittlere Schicht heißt Mesoderm (aus ihr bilden sich Knochen, Muskeln und Bindegewebe ebenso wie der Blutkreislauf und die glatte Muskulatur des Verdauungstraktes), die obere Schicht heißt Ektoderm (aus ihr entstehen die Körperhaut, die Sinnesorgane und das gesamte Gehirn und Nervensystem. (vgl. Eliot 2010, S. 21ff) All diese unterschiedlichen Strukturen des Körpers, egal ob Muskeln, Herz oder Gehirn samt Geist und Verstand, gehen also aus ein- und derselben Basis hervor.

Alles verläuft nun wie eine Choreographie zu festgelegten Orten, Nervenzellen bilden ihre Ordnungen durch Ortsveränderung. Wäre dies nicht der Fall, so würde aus den wachsenden Nervenzellen nur eine Kugel entstehen. Bei dieser Wanderung werden sie von bestimmten Substanzen angezogen, die wegweisend sind (so wie man bei gut duftendem Essen „immer der Nase nach" geht), ebenso leisten Gliazellen[2] ihren Beitrag, um die Nervenzellen in die gewünschten Bahnen zu lenken. (vgl. Madeja 2010, S.102ff)

Die drei genannten Schichten wölben sich und bilden ein Rohr, aus dessen Kopfende sich das Gehirn bildet. Das restliche Rohr lässt mit der Zeit das Rückenmark entstehen. Die Rohrwand teilt sich, nachdem sie sich verdickt hat, in vier primäre Regionen: links und rechts je ein sensorischer und ein motorischer Bereich. Am oberen Ende des Neuralrohrs entstehen Vorder-, Mittel-, und Hinterhirn. Zur selben Zeit beginnt das

---

[2] Zellen, die Halte-, Stütz- und Versorgungsfunktionen für die Nervenzellen übernehmen. Siehe Kapitel 2.3.2.

rudimentäre Herz zu schlagen, die Augenflecken entstehen und die Ansätze der vier Gliedmaßen werden sich bald auswölben.
In der fünften Woche entstehen fünf Teile des Gehirns, ebenso teilt sich das Großhirn entlang der Mittellinie, sodass eine linke und eine rechte Hemisphäre (Gehirnhälfte) entstehen. Gegen Ende der sechsten Woche differenzieren sich bereits die wichtigen Hirnfunktionen, die Anlagen für Brücke, Kleinhirn, Medulla, Basalganglien, Thalamus, limbisches System und Großhirnrinde entstehen. (vgl. Eliot 2010, S. 27ff)

Immer neue Zellen werden nun gebildet, bei der Geburt haben die Nervenzellen ihre endgültige Position erreicht und es sind fast alle Nervenzellen komplett vorhanden (mit Ausnahme des Hippocampus, siehe Kapitel 2.4. und 3.2.7.), wobei unzählige unbenützte Zellen bis dahin (und auch später noch) wieder abgebaut werden. Dies ist ein natürlicher Vorgang und für die normale Hirnentwicklung nötig.[3] (vgl. Madeja 2010, S.105ff)
Nach acht Wochen wird der Embryo als Fötus bezeichnet und das Rückenmark steuert die ersten Bewegungen, während das Gehirn nach wie vor in seiner Grundform erscheint.
Nach drei Monaten Schwangerschaft hat der Fötus ziemlich gut ausgebildete Mittel- und Hinterhirnstrukturen, nach 24 Wochen wäre der Fötus im äußersten Notfall in der Lage, außerhalb der Gebärmutter am Leben zu bleiben.
Nach und nach entwickelt sich nun auch das Großhirn, bestehend aus grauer Substanz, welches sich in Furchen ineinander faltet und für die komplexesten Verarbeitungsprozesse zuständig ist. Die Furchen wirken oberflächenvergrößernd und gleichzeitig platzsparend.

Besonders die Entwicklung des Großhirns setzt sich nach der Geburt enorm fort – das Gehirn vergrößert sich bereits im ersten Lebensjahr auf das Dreifache. (vgl. Eliot 2010, S. 33ff und Madeja 2010, S. 106ff) Das

[3] Zu Beginn der Entwicklung gleichen wir Menschen sehr stark anderen (Säuge-)tieren, erst mit der Zeit werden Unterschiede deutlich. Im Laufe der Evolution entstanden nicht für jedes einzelne Lebewesen eigenständige und komplett unterschiedliche Baupläne, sondern bewährte Baupläne bildeten die Ausgangsbasis für die Baupläne höherer Tierarten und letztendlich auch des Menschen. Unser Gehirn unterscheidet uns wesentlich von den Tieren und daher braucht es auch am längsten für seine Entwicklung.

Wachstum beruht dabei auf der Bildung neuer Nervenzellfortsätze und Synapsen ebenso wie auf den wachsenden Gliazellen und ist ungefähr bis zum 6. Lebensjahr abgeschlossen.

2.3. Die Bausteine und die Sprache des Gehirns

- „780 000 Kilometer lang sind die Nervenbahnen, die durch den Körper eines erwachsenen Menschen verlaufen – dies entspricht dem 19,5-fachen Erdumfang.
- 25 000 Quadratmeter würde die Oberfläche aller Neurone im Gehirn bedecken, wenn man sie nebeneinanderlegte.
- 360 km/h beträgt ungefähr die Geschwindigkeit, mit der Signale zwischen Nerven im Gehirn ausgetauscht werden.
- 20 000 000 000 000 000 (20 Billiarden) Rechenoperationen – Verarbeitungsschritte – kann das menschliche Gehirn in einer Sekunde bewältigen. Dafür benötigt es etwa 20 Watt. Zum Vergleich: 1 000 000 000 000 000 (1 Billiarde) Rechenoperationen pro Sekunde schafft Supercomputer BlueGene/P von IBM, benötigt dafür aber 2,2 Megawatt (also das 100 000-Fache des Gehirns).“ (GEOkompakt Nr. 28 11/2011, S. 125ff)

Es gibt im Gehirn ca. 10^{11} Neuronen, die untereinander über ca. 10^{15} Synapsen verknüpft sind. Diese Verknüpfungen entstehen aber nicht zufällig, sondern äußerst selektiv. Zur Geburt werden wir mit einem gewissen Verschaltungsmuster geboren, welches dann aber im Laufe des Lebens noch vielfältigen Veränderungen unterzogen wird.

> „Lernen und Erinnerungsbildung sind nichts anderes als die Verfeinerung, Modellierung, Prägung, Konstruktion und Neukonstruktion unserer individuellen Gehirnschaltpläne.“ (Damasio 2011, S. 314)

2.3.1. Neuronen

Neuronen können ihr Aussehen betreffend sehr unterschiedlich sein, allerdings liegt ihnen eine gemeinsame Grundstruktur zugrunde. Sie bestehen aus einem Zellkörper (Soma), der unzählige Verästelungen (Dendriten) hat, welche Informationen von anderen Neuronen erhalten und zum Zellkörper weiterleiten. Ebenso besitzen sie einen Fortsatz (Axon, in der Abbildung eingehüllt in gelbe Myelinscheiden), der die neuronale Erregung dann zum nächsten Neuron oder zu einer Muskelzelle weiterleitet. (vgl. Roth 2003, S. 102ff)

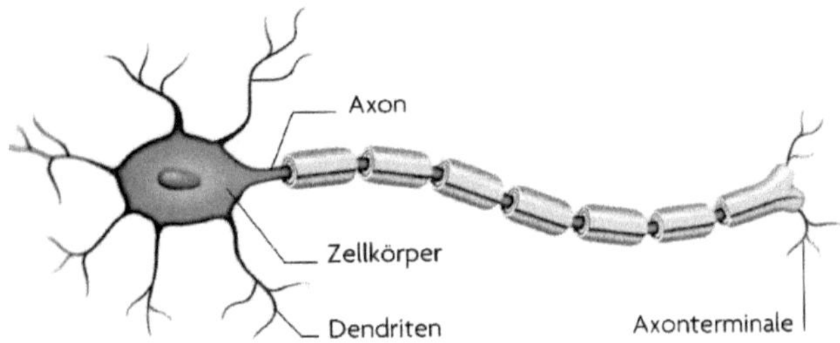

Abbildung 1: ein Neuron (aus: Carter 2010, S. 69)

Die Aufgabe von Neuronen ist die Informationsweiterleitung: vom Körper zum Gehirn, innerhalb des Gehirns zwischen den verschiedenen Regionen und den Nervenzellen untereinander und vom Gehirn wieder zurück in den Körper. „Die Funktion der Nervenzellen besteht in der Aufnahme, Verarbeitung und Fortleitung neuroelektrischer und neurochemischer Signale.“ (Roth 2003, S. 104)
Wie diese Reizweiterleitung funktioniert erfahren wir in Kapitel 2.3.5.

Die Neuronen bilden den Haupttyp der Gehirnzellen, sie befinden sich eingebettet oder aufgehängt zwischen den Gliazellen.

2.3.2. Gliazellen

Gliazellen bilden eine mechanische Stütze und eine Hülle für die Neuronen und kümmern sich um deren Stoffwechsel und Nährstoffversorgung, ebenso sorgen sie für eine beachtliche Beschleunigung in der Übertragung der Impulse. (vgl. Eliot 2010, S. 39) Ohne Gliazellen wären die Neuronen nicht lebensfähig, aber „alles deutet darauf hin, dass die Neuronen, was Verhalten und Geist angeht, die entscheidenden Gehirnbausteine sind." (Damasio 2011, S. 315)

Einen besonderen Typ der Gliazellen stellen die *Myelinscheiden* dar. Als Myelinscheide wird die äußere, ein Axon umhüllende Schutzschicht genannt, die als elektrischer Isolator und Übertragungsbeschleuniger dient. Liegen viele Axone dicht nebeneinander, so könnte es leicht zu elektrischen Interferenzen (Störungen) kommen. Die zu 80% aus Lipiden und 20% aus Eiweißen bestehenden Myelinscheiden, die diese Axone umhüllen, wirken als Isolatoren dagegen.

Ihre weitere Funktion liegt in der Übertragungsbeschleunigung. Myelinscheiden ermöglichen eine *saltatorische Reizweiterleitung*, bei der der Impuls am Axon von einem Schnürring (Myelinscheide) zum nächsten springt, was die Beschleunigung ausmacht.

Der Zeitpunkt der Bildung der Myelinscheiden im Körper ist sehr unterschiedlich, deren Vorgang und Reihenfolge sind genetisch gesteuert und entwickeln sich der Stammesgeschichte entsprechend. Die älteren Hirnregionen werden früher myelinisiert, die höher entwickelten (die für ihre Entwicklung auch erheblich mehr Zeit brauchen) später, sie entwickeln sich bis in die Schulzeit hinein. (vgl. Eliot 2010, S. 49ff)

2.3.3. Neurogenese

Neuronen und Neuroglia (Gliazellen) entstehen durch die Teilung von Neuroepithelzellen, deren Vorläuferzellen. Dieser Prozess stellt die letzte Zellteilung dar und wird als *Neurogenese* bezeichnet. Sie beginnt in der dritten Schwangerschaftswoche, erlebt ihren Höhepunkt in der siebten und ist bis zur achtzehnten weitgehend abgeschlossen. Die Grundbausteine unseres Gehirns sind also nun vorhanden, nach ca. vier Monaten Schwangerschaft.

Einen wesentlichen Unterschied weist das Gehirn im Vergleich zu anderen Geweben auf: Neuronen und Neuroglia entstehen mit der *letzten Zellteilung* und sind somit ein für alle Mal geschaffen. Andere Gewebe wie Leber, Blut, Knochen, Haut teilen und erneuern sich das ganze Leben lang. (vgl. Eliot 2010, S.40ff)

„Neuronen sind ein für alle Mal differenziert, das heißt, die Zellteilung, aus der sie hervorgehen, ist zugleich ihre letzte. Dies erklärt, weshalb Hirnschädigungen häufig viel verheerender sind als Läsionen anderer Gewebe: Sind die Zellen aus einem bestimmten neuronalen Verband verloren, werden sie nie mehr ersetzt. (Glücklicherweise verfügt das Gehirn über andere Kompensationsmechanismen, die bis zu einem gewissen Maß die Auswirkungen von Hirntraumata mildern.)" (Eliot 2010, S. 40)

Die Nervenzellen legen oft beachtliche Wege bis zu ihrer endgültigen Position zurück, daraus resultierend entwickeln sich dann die verschiedenen Gehirnstrukturen. Damit diese aber auch funktionsfähig werden, müssen sich die Nervenzellen untereinander verknüpfen – dadurch fängt die Hauptarbeit der Gehirnentwicklung, die Verschaltung (Synaptogenese), erst richtig an.

2.3.4. Synaptogenese

Bereits in der fünften Woche beginnt im Rückenmark und in der siebten Woche in der Großhirnrinde (Cortex) die Synaptogenese, die Bildung von Synapsen (Verknüpfungen). Wie ist es nun möglich, dass sich all diese Neuronen richtig und nicht komplett wirr miteinander verknüpfen? Dass Nervenzellen z.B. vom Auge auch wirklich ihren Weg zum Sehzentrum finden?

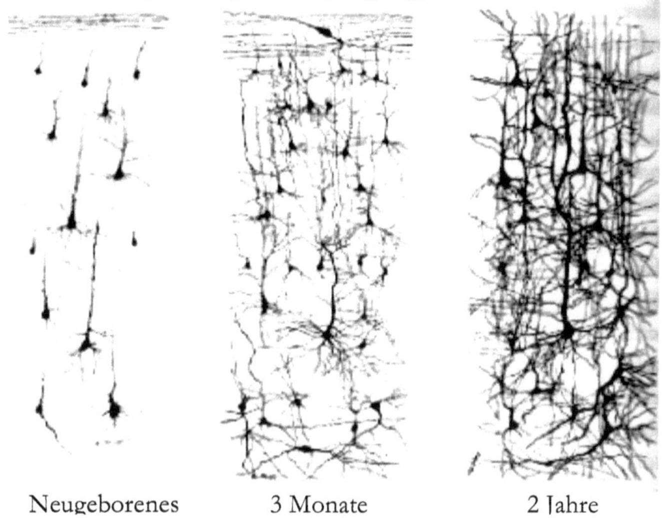

Neugeborenes 3 Monate 2 Jahre

Abbildung 2: Synaptogenese (aus: Eliot 2010, S. 42)

> „Die Verschaltung des Gehirns ist ein komplexes und prekäres Wechselspiel zwischen Genen und Umwelt. Die Gene steuern das Wachstum von Axonen und Dendriten zu ihren jeweiligen Bestimmungsorten, doch sobald die Fasern beginnen, sich miteinander zu verbinden und den Betrieb aufzunehmen, gibt die Erfahrung den Ton an und wirkt gestaltend und verfeinernd auf diese rudimentären Schaltkreise ein, um die Anlagen des Kindes an seine je einzigartige Umgebung anzupassen." (Eliot 2010, S. 44)

Hat ein Neuron seinen endgültigen Platz erreicht, beginnt sein Axon zu wachsen. Lockstoffe lenken es dabei in die richtige Richtung und so verbinden sich die Axone mit den richtigen anderen Nervenzellen, die auch über einen Meter entfernt liegen können. Zu vergleichen wäre das damit, wie wenn man von China zu Fuß nach Deutschland gehen (und dabei den richtigen Weg finden) müsste. Ab und zu „verirren" sich die Nervenzellen auf ihrem Weg auch und werden dabei von anziehenden Substanzen oder nichtdurchlässigen Oberflächen wieder in die richtige Richtung – zum Zielort – geleitet. Wie diese Prozesse im kleinsten Detail funktionieren, gibt den Gehirnforschung trotzdem noch Rätsel auf. (vgl. Madeja 2010, S. 108)

Besonders Fernverbindungen (z.B. vom Gehirn zur kleinen Zehe) entstehen früh, wenn die Wege noch verhältnismäßig kurz sind. Diese ersten Verbindungen sind oft noch wahllos, aber durch vermehrten Gebrauch kann das Nervensystem diese differenzieren, die wichtigen (wichtig oder nützlich wird in dem Fall durch die elektrische Aktivität definiert) verstärken und die unnötigen einfach wieder abbauen („Beseitigung bei Nichtgebrauch"). Dadurch entsteht ein Wettbewerb, der maßgeblich von der Umwelt geprägt wird.

Versuche mit Ratten machten deutlich, dass diejenigen, die in reizvolleren Umgebungen aufwuchsen, danach mit größeren Großhirnrinden ausgestattet waren als die, die sich in reizärmeren Umgebungen entwickelten. Erstere fanden sich anschließend auch in entsprechend dafür gestalteten Labyrinthen leichter zurecht.
Diese Experimente sind demnach auch für die menschliche Entwicklung von Bedeutung:

> „Die Umgebung eines Kleinkinds beeinflusst direkt und fortwährend die Struktur und letztlich die Funktion seines Gehirns. Alles was ein Kind sieht, berührt, hört, fühlt, ertastet, denkt und so weiter, übersetzt sich in einer bestimmten Anzahl von Synapsen in elektrische Aktivität und verbessert ihre Chance, langfristig zu überleben." (Eliot 2010, S. 49)

Durch die Auslese von weniger wichtigen Synapsen und die Verstärkung der überlebenden können „unsere geistigen Prozesse mit zunehmender Reife immer reibungsloser und zusammenhängender ablaufen". (Eliot 2010, S. 49) Im hohen Alter allerdings überwiegen die Abbauprozesse, das Gehirn wird kleiner, mit der Folge, dass Denken immer weniger kreativ und flexibel wird. Das Gehirn weist zwar immer noch eine gewisse Plastizität auf (schließlich können wir dadurch lebenslang lernen oder uns an etwas erinnern), aber es ist nicht mehr so formbar wie in der Kindheit.

2.3.5. Reizweiterleitung

Die Neuronen besitzen Eingangsstrukturen, Dendriten, über die sie Information erhalten, welche über die Oberfläche der Zelle zu den Ausgangsstrukturen, den Axonen weitergeleitet werden. Neuronen sind miteinander über Synapsen in Kontakt, dabei gibt es elektrische und chemische Synapsen. Elektrische Informationsverarbeitung erfolgt einfacher und schneller, chemische langsamer und komplexer. (vgl. Roth 2011, S. 326)

Bei *elektrischen Synapsen* werden zwei Zellen über enge Zellkontakte und Zellplasmabrücken miteinander verbunden und die Übertragung kann ohne Verzögerung fließen – allerdings kann die Stärke der Erregung nur in geringerem Ausmaß reguliert werden als bei chemischen Synapsen.

Chemische Synapsen übermitteln die elektrische Erregung durch chemische Botenstoffe, die sich Neurotransmitter nennen. Die leitende Nervenzelle besitzt eine Präsynapse, die empfangende eine Postsynapse, dazwischen befindet sich der synaptische Spalt, in welchen die Neurotransmitter zur Überbrückung des Spalts ausgeschüttet werden (vgl. Roth 2003, S. 102ff). Anschließend geschieht die Resynthese, d.h. die ausgeschütteten Botenstoffe werden von der Präsynapse wieder aufgenommen. (vgl. Roth 2011, S. 331)

Sinneszellen in den Sinnesorganen wandeln aufgenommene Reize wie Licht, Druck, Schall, etc. in elektrische Impulse um, um sie in die Sprache des Gehirns zu übersetzen. Diese Impulse nennt man *Aktionspotenziale* und sie können sich in ihrer Stärke sehr unterscheiden – dies hängt von der synaptischen Verbindung ab und hat eine dementsprechende Auswirkung auf die Erregung des nachfolgenden Neurons, was sehr unterschiedlich sein kann: Wird das eine stark erregt, kann ein anderes auch ganz unbeeindruckt bleiben. (vgl. Spitzer 2002, S. 41ff)

Neuronen können für etwas stehen, etwas *repräsentieren*. Ein bestimmtes Neuron wird immer dann erregt („feuert") immer dann, wenn es einen bestimmten Input bekommt.

> „Neuronale Netzwerke sind informationsverarbeitende Systeme, die aus einer großen Zahl einfacher Schalteinheiten zusammengesetzt sind. In neuronalen Netzen wird Information durch Aktivierung (und durch Hemmung) von Neuronen verarbeitet. Abstrahiert man von biologischen Gegebenheiten wie Form, mikroskopischer Struktur, Zellphysiologie und Neurochemie, so lässt sich ein Neuron als Informationsverarbeitungselement verstehen. In dieser Hinsicht besteht die Funktion eines Neurons darin, Input zu erhalten und aktiviert zu werden oder nicht. Wird ein Neuron durch einen Input aktiviert, so *repräsentiert* es diesen Input. Damit hat die Rede von neuronaler Repräsentation eine ganz klare und einfache Bedeutung." (Spitzer 2002, S. 49)

2.4. Die Anatomie des Gehirns

2.4.1. Die Gliederung der Bereiche

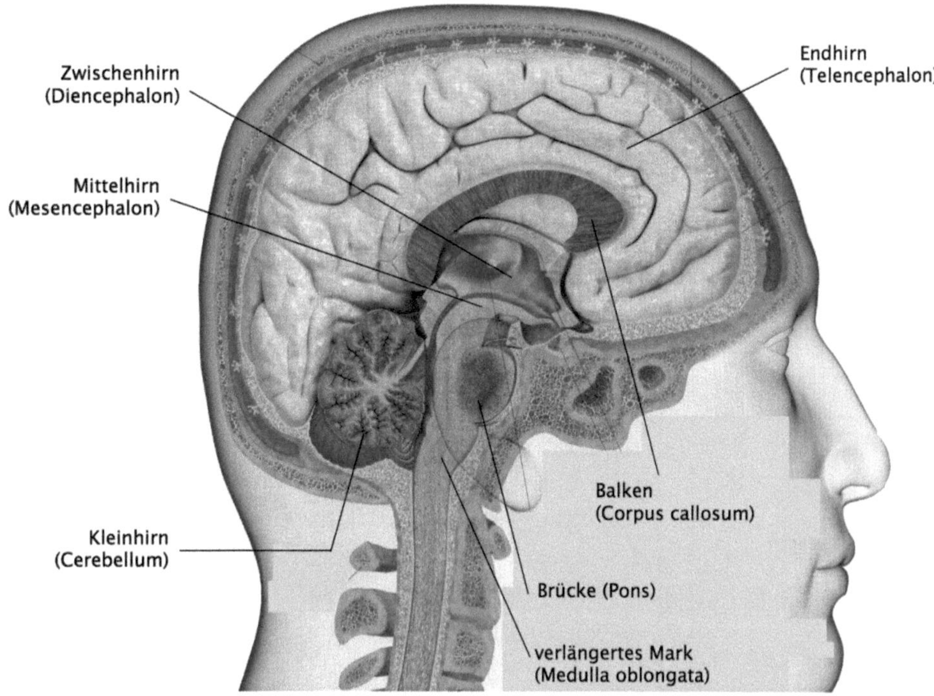

Abbildung 3: Die Gliederung des Gehirns (vgl. Carter 2010, S. 56) (Beschriftungen durch Philipp Comploi vergrößert)

Man gliedert das menschliche Gehirn von vorne (rostal) nach hinten (caudal) in:
das Endhirn (Großhirn, Telencephalon, Cerebrum)
das Zwischenhirn (Diencephalon)
das Mittelhirn (Mesencephalon)
die Brücke (Pons)
das Kleinhirn (Cerebellum)
das verlängerte Mark (Medulla oblongata)

Als Hirnstamm werden (von unten nach oben) das verlängerte Mark, die Brücke und das Mittelhirn bezeichnet. Der Hirnstamm, als „Ort unbewusster autonomer Kontrollmechanismen“ (Carter 2010, S. 63), ist wichtig für viele automatische Bewegungen und Rhythmen wie Atmung, Herzschlag oder Wach-/Schlafrhythmus:

- *Das verlängerte Mark* ist die Fortsetzung vom Rückenmark, aus ihm treten der fünfte bis zwölfte Hirnnerv, ebenso befinden sich dort die sensorischen und motorischen Kerngebiete dieser Nerven. Kerne der Formatio reticularis[4] umgeben diese netzwerkartig (retikulär) und ziehen sich über die Brücke zum vorderen Mittelhirn. Sie sind an der Steuerung lebenswichtiger Körperfunktionen beteiligt wie Blutkreislauf, Atmung, Schlafen, Bewusstseins- und Aufmerksamkeitszustände.

- *Das Mittelhirn* gliedert sich in zwei Teile: der obere (dorsal) wird Mittelhirndach (Vierhügelplatte, Corpora gemina) genannt, der untere (ventral) Tegmentum. Die vorderen (Collici superior) Hügel der Vierhügelplatte haben eine wichtige Funktion für visuelle und auditive Aufmerksamkeitsleistungen, z.B. bei zielgerichteten Kopf-, Augen-, Handbewegungen, die hinteren (Collici inferior) sind wichtige Zentren für das Hörsystem. Das Tegmentum beherbergt Zentren, die an Bewegung, Handlungssteuerung und vegetativen Funktionen beteiligt sind.

- *In der Brücke* befinden sich Schaltstellen zwischen Cortex und Kleinhirn und ebenso Kerne der Formatio reticularis.

- *Das Kleinhirn* besteht aus drei Teilen: 1. dem Vestibulo-Cerebellum, welches für das Gleichgewicht und die Steuerung der Augenbewegungen zuständig ist, 2. dem Spino-Cerebellum, welches Eingänge von Muskelspindeln erhält und 3. dem Ponto-Cerebellum, welches an der Steuerung der feinen Willkürmotorik beteiligt ist. Über die Brücke arbeitet das Kleinhirn, beeinflusst von motorischen Teilen der Großhirnrinde, an der

---

[4] Dreidimensionales Netz, das vom verlängerten Mark bis zum Thalamus reicht. Viele Funktionen werden hier miteinander verknüpft und funktional integriert. (vgl. http://www.imedo.de/medizinlexikon/formatio-reticularis 06.04.2012, 13.45)

Feinregulierung der Muskeln mit. Ebenso befindet sich im Kleinhirn ein wichtiger Ort motorischen Lernens. Auch an kognitiven Leistungen und der Sprache ist es maßgeblich beteiligt, allerdings unbewusst. (vgl. Roth 2003, S. 94ff)

Das Zwischenhirn (Diencephalon) und das Groß- oder Endhirn (Telencephalon, Cerebrum) bilden gemeinsam das Vorderhirn (Prosencephalon):

- *Das Zwischenhirn* befindet sich tief im Inneren des Gehirns und beinhaltet Thalamus und Hypothalamus.
Der Thalamus ist – durch seine zentrale Lage bestens positioniert – eine wichtige Umschaltstelle zwischen Sinnesorganen und Gehirn (in beide Richtungen). Teile des Thalamus haben sensorische und motorische Funktionen (visuell, auditiv, gustatorisch, somatosensorisch[5], vestibulär[6], motorisch), andere spielen bei der Regulation von Aufmerksamkeits-, Wachheits- und Bewusstseinszuständen sowie Verhalten eine wesentliche Rolle.
Der Hypothalamus stellt das wichtigste Regulationszentrum für vegetative Funktionen des Gehirns wie „Atmung, Kreislauf, Nahrungs- und Flüssigkeitshaushalt, Wärmehaushalt, Biorhythmen und immunologische Reaktionen“ dar. „Er beeinflusst lebens- und überlebenswichtiges Verhalten wie Flucht, Verteidigung, Fortpflanzung und Nahrungsaufnahme“ (Roth 2003, S. 98) und integriert über die Hypophyse „die beiden Koordinations- und Steuerungssysteme des Körpers – das ihn umgebende Nervensystem und das endokrine (Hormon-) System“. (Carter 2010, S. 61) Die Hypophyse bildet Hormone und nimmt auch welche auf.

- *Zum Endhirn (oder Großhirn)* zählen die Hirnrinde und subkortikale Anteile, welche für Aufmerksamkeit, emotionale Bewertung und Verhaltenssteuerung zuständig sind. „Die Großhirnrinde gilt als Sitz von allem, was uns Menschen zu Menschen macht, und deshalb findet sie seit jeher das besondere Interesse der Hirnforscher.“ (Roth 2011, S. 316)

---

[5] die Körperwahrnehmung betreffend

[6] den Gleichgewichtssinn betreffend (vgl. http://de.dict.md/definition/vestibulär 06.04.2012, 13:55)

2.4.2. Der Cortex (die Großhirnrinde)

Die Windungen des Cortex heißen Gyri, die eher flachen Furchen Sulci und die tiefen Furchen Fissurae. Die größte Furche, die Fissura longitudinalis, trennt die beiden Großhirnhemisphären voneinander. (vgl. Carter 2010, S. 66) Sie werden durch den Balken (Corpus callosum) miteinander verbunden, welcher eine wichtige Integrationsfunktion besitzt. (vgl. Damasio 2011, S. 320ff)
Die Großhirnrinde (der sechsschichtige Iso- oder Neocortex im engeren Sinne) ummantelt die beiden Gehirnhälften und wird in vier große Bereiche geteilt:

- Frontallappen (Stirnlappen)
- Parietallappen (Scheitellappen)
- Temporallappen (Schläfenlappen)
- Okzipitallappen (Hinterhauptslappen) (vgl. Roth 2003, S. 99ff und Carter 2010, S. 66)

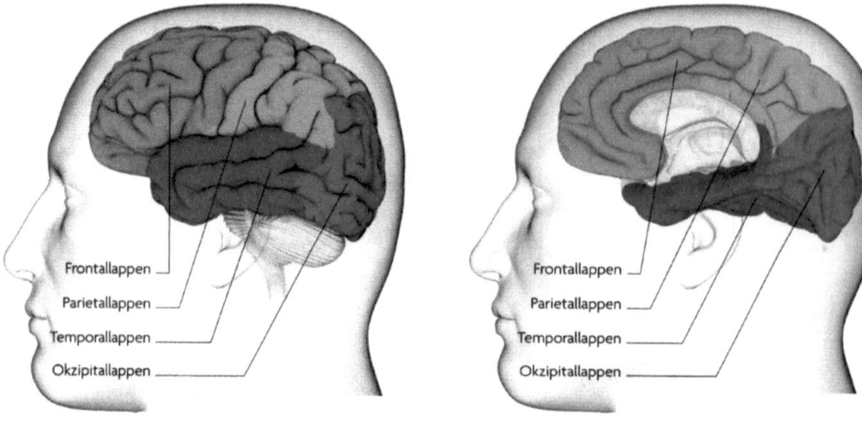

Abbildung 4: Die vier Lappen des Cortex (vgl. Carter 2010, S. 66) (Köpfe nebeneinander gesetzt durch Philipp Comploi)

Im hinteren unteren *Scheitellappen* (Parietallappen) findet linksseitig die symbolisch-analytische Informationsverarbeitung statt, die mit Rechnen,

Mathematik, Schrift und Sprache zu tun hat. Der hintere Scheitellappen der rechten Seite ist für räumliche Vorstellung, für reale und auch vorgestellte räumliche Orientierung, für Perspektivenwechsel und räumliche Aufmerksamkeit zuständig. Der Scheitellappen beinhaltet außerdem unser Körperschema und trägt zu „Planung, Vorbereitung und Steuerung von Greif- und Augenbewegungen bei." (Roth 2011, S. 318)

Der *Schläfenlappen* (Temporallappen) (oben und mittig) sorgt für die auditive Wahrnehmung, dort findet man (meist links) das Wernicke-Areal, welches das Verstehen und Sprechen einfacher Sätze ermöglicht. Im unteren Schläfenlappen und am Übergang zwischen Scheitel-, Schläfen- und *Hinterhauptlappen* sind Strukturen für „die komplexe visuelle Informationsverarbeitung, das Erfassen der Bedeutung und korrekten Interpretation von Objekten, Gesten sowie von ganzen Szenen." (Roth 2011, S. 319) Eine weitere wichtige Funktion des Schläfenlappens liegt im Erkennen von Gesichtern, dem emotionalen Ausdruck und der Mimik, sowie der Vertrauenswürdigkeit einer Person.

Im *Stirnlappen* befindet sich der präfrontale Cortex, der für Denken, Entscheiden, kurzfristiges Erinnern, Beurteilen, Problemlösen und für die Handlungsplanung zuständig ist. Auch das Arbeitsgedächtnis und der Sitz der „allgemeinen Intelligenz" befinden sich dort. Wiederum links im präfrontalen Cortex ist das Broca-Areal, hier werden Syntax und Grammatik verarbeitet sowie das Formulieren und Verstehen komplexer Sätze ermöglicht.

Anatomisch-funktionell wird der Isocortex in verschiedene Felder oder Areale geteilt, die Brodmann-Areale[7], daraus ergeben sich die drei Hauptbereiche ihre Funktion betreffend:

- Der sensorische Cortex
- Der motorische Cortex
- Der kognitiv-assoziative Cortex

---

[7] Benannt nach dem deutschen Neuroanatomen Korbinian Brodmann

Alle diese Felder sind sehr gut für die Produktion von *Karten* geeignet, das heißt, sie produzieren Abbilder des Körpers und der Umwelt in unserem Gehirn. Dazu mehr in Kapitel 3.1.7.

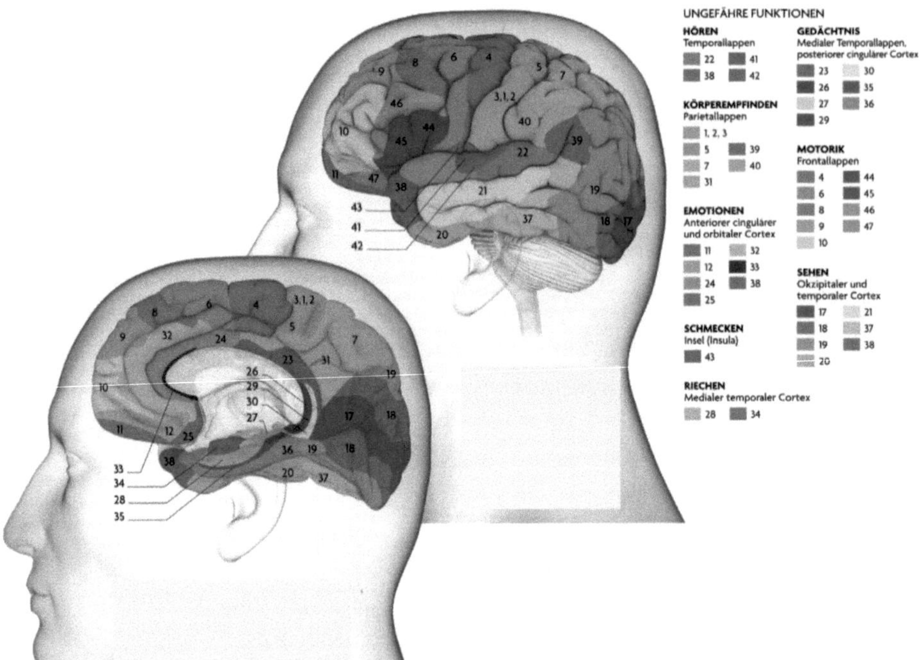

Abbildung 5: Die Einteilung der Areale nach Brodmann (vgl. Carter 2010, S. 67)

Die *sensorischen Areale* verarbeiten Informationen des visuellen Systems (Sehen), des auditiven Systems (Hören), des somatosensorischen Systems (Körperempfindungen) und des Vestibularsystems (Gleichgewicht).

> „Das visuelle System befindet sich überwiegend im Hinterhauptslappen, das Hörsystem am oberen Rand des Schläfenlappens und das somatosensorische System sowie das Vestibularsystem am Vorderrand des Scheitellappens.“ (Roth 2011, S. 316f)

Riech- und Geschmacksinformationen werden nicht im Neocortex verarbeitet, sondern in „älteren“ Rindenfeldern des limbischen Cortex. Auch die Schmerz- und Eingeweidewahrnehmung findet dort statt.

Die *motorischen Areale* beinhalten das „primäre motorische, das prämotorische und das supplementärmotorische Feld, die alle am oberen Rand des Frontallappens liegen." (Roth 2011, S. 317). Das primäre motorische Feld ist für die Steuerung einzelner Muskeln und für die Feinbewegungen zuständig, das prämotorische Feld steuert und plant größere Bewegungsabläufe und das supplementärmotorische Feld ist am bewussten Planen oder am bewussten Wollen beteiligt. Neuronen dieses Feldes sind ebenso aktiv, wenn wir uns eine Aktivität nur vorstellen. (siehe auch Kapitel 2.8. und 3.1.9.)

Alle anderen, nicht sensorischen oder motorischen Rindenfelder, werden als *kognitive* oder *assoziative Areale* bezeichnet, sie verbinden oder assoziieren Informationen miteinander und mit bestehenden Gedächtnisinhalten, wodurch komplexe und bedeutungshafte Inhalte erzeugt werden.

Übergang zum limbischen System
In *limbischen Cortexarealen* nehmen wir Gefühle wahr, die außerhalb des Cortex in den limbischen Zentren subcortikal und unbewusst entstehen. Diese Areale sind ebenso für Moral und Ethik, für die Steuerung unseres Sozialverhaltens, für die Zügelung starker Gefühle und Impulse, für das Abschätzen von Risiken, für Aufmerksamkeit, für Schmerzempfinden, für Geschmack und Geruch und für Empathie zuständig.

Was wir denken, planen, hören, ertasten, sehen, was wir uns vorstellen und woran wir uns erinnern, all das findet in den verschiedensten Gebieten des Cortex statt und wird uns dort auch bewusst. Die limbischen Rindengebiete fügen die bewusst wahrgenommenen Informationen über Schmerz, Geruch und Geschmack hinzu, die aber ursprünglich unbewusst subkortikal im limbischen System entstehen. (vgl. Roth 2011, S. 316ff)

2.4.3. Das limbische System

Zu den Aufgaben des *limbischen Systems* zählen „Stoffwechsel, Reaktionen der inneren Organe, Emotionen, sexuelle Aktivität, Gefühle und auch verschiedene Aspekte des Bewusstseins. Die Regelung des Hormon- und des Immunsystems hängt ebenso von Neuronenkernen ab wie das Gefühlsleben." (Damasio 2011, S. 318) „Zudem verknüpft es übergeordnete Bewusstseinszentren im Cortex mit dem Hirnstamm." (Carter 2010, S. 64)

Zu diesem funktionalen System zählen der limbische Cortex (Gyrus cinguli und Gyrus parahippocampalis) und ebenso die Amygdala, der Hippocampus, der Thalamus, die Mamillarkörper und auch andere zentrale Gehirnstrukturen. (vgl. Carter 2010, S. 58) Diese genannten Kerne sind entwicklungsgeschichtlich älter als die Rindenfelder des Cortex und besitzen *Knowhow.* Innerhalb ihrer Schaltkreise befinden sich Kenntnisse darüber, was zu tun und wie zu handeln ist, wenn eine gewisse Information in diesem Kern eintrifft. Sie sind dabei für die grundlegenden Verwaltungsaufgaben (wie z.B. für den Blutdruck) verantwortlich.
Die älteren Kerne (für die Steuerung der Lebensfunktionen und das Bewusstsein zuständig) stehen näher der Mittellinie und es gibt sie auf jeder Seite einmal. Die etwas moderneren Kerne sind eindeutig voneinander getrennt und seitenweise auch unabhängiger. (vgl. Damasio 2011, S. 318)
Weiters gibt es enge Verbindungen zum sensorischen System, im Besonderen zum Geruchssinn. Das limbische System verknüpft viele Gehirnareale (darunter den Schläfen-, Scheitel-, und Stirnlappen) und ist ebenso über den frontalen Cortex am Erwartungs- und Belohnungssystem beteiligt.

Die Funktionen einiger wichtiger Kerne werden hier erläutert:
In der *Amygdala* (Mandelkern) entstehen unbewusste Emotionen, besonders starke und auch negative Emotionen, außerdem erkennt sie unbewusst Gefahren und verarbeitet Gerüche.

Der *Hippocampus* ist für räumliches Bewusstsein und das Bilden und Abrufen von Erinnerung wichtig. Dabei selektiert er vorläufige Informationen für bleibende Erinnerungen und leitet diese an Areale des Langzeitgedächtnisses weiter. Wird er beschädigt, so kann kaum neue Information als Erinnerung abgespeichert werden.

Der *Thalamus,* wie oben unter „Zwischenhirn“ schon genannt, ist die zentrale Umschaltstelle zwischen Sinnesorganen und Gehirn – und das in beide Richtungen. (vgl. Roth 2011, S. 322ff und Carter 2010, S. 58ff)

2.4.4. Organisation des Gehirns und die Bedeutung der Lage

Wie kann nun ein menschliches Gehirn Verhalten steuern, wie kann sich sein Besitzer dessen Geist bewusst sein, wie können weltweit unterschiedliche Kulturen entstehen?

Einerseits, durch massive Interaktivität der Synapsen und die daraus folgende Komplexität. Und andererseits verbinden sich diese vielfältigen Schaltkreise zu ganzen Regionen, die wiederum zu Systemen zusammengefasst werden. Sowohl der innere Aufbau dieser Regionen wie auch die Lage innerhalb der Gesamtstruktur, welche weitgehend die Partner bestimmt, sind ausschlaggebend. Auch hängt es teilweise von den jeweiligen Interaktionspartnern ab, wo sich eine Region ansiedelt. (vgl. Damasio 2011, S. 314ff)

Wichtig ist, dass die unterschiedlichen Regionen – Kerne und Rindenfelder[8] – *miteinander verknüpft* sind und ebenso mit den Kernen des Thalamus verschaltet sind. Beide, Rindenfelder und Kerne sind mit den verschiedensten Teilen des Gehirns durch ihre Axonen verknüpft. Dadurch werden *Systeme* gebildet. (vgl. Damasio 2011, S. 317ff)
So läuft eine Funktion in unterschiedlichen Systemen ab, ebenso wie einzelne Regionen für mehrere Funktionen zuständig sind. Siri Hustvedt[9] fand, dass man dafür den Ausdruck *„dynamische Lokalisation“* verwenden sollte, dies käme der Arbeitsweise des Gehirns am nächsten. (vgl. http://www.3sat.de/mediathek/?mode=play&obj=27140 aufgerufen am 10.10.2011, 21.42 Uhr)

---

[8] Graue und weiße Substanz: schneidet man das Gehirn in einer beliebigen Richtung durch, so werden dunklere (graue Substanz) und hellere Regionen (weiße Substanz) an der Schnittfläche ersichtlich. Die graue Farbe entsteht durch die dicht gepackten Zellkörper vieler Neuronen, die weiße Farbe aufgrund ihrer die Axone enthaltenden Isolationshüllen. Zur grauen Substanz zählen die Kerne (Basalganglien, Amygdala, Thalamus, Hypothalamus und die grauen Abschnitte des Hirnstamms), sowie die Rindenfelder, die großteils in der Großhirn- und ebenso in der Kleinhirnrinde sind. (vgl. Damasio 2011, S. 323ff)

[9] Amerikanische Literaturwissenschaftlerin und Schriftstellerin

Das Gehirn ist vertikal organisiert und folgt dabei einer gewissen Hierarchie, die sich von *bewusst* bis *automatisch* folgendermaßen gliedert:

CORTEX
⇓
LIMBISCHES SYSTEM
⇓
MITTELHIRN
⇓
HIRNSTAMM
(vgl. Carter 2010, S. 57)

> „Die Anordnung im Gesamtgehirn und der innere anatomische Aufbau sind im Wesentlichen in der Evolution entstanden, sie werden aber auch durch die individuelle Entwicklung beeinflusst. Persönliche Erfahrungen prägen die Schaltkreise, ein Einfluss, der zwar auf der Ebene der Mikroschaltkreise am stärksten ausgeprägt ist, sich aber zwangsläufig auch auf der makroanatomischen Ebene bemerkbar macht." (Damasio 2011, S. 324)

2.4.5. Zusammenfassung

Antonio Damasio[10] fasst all die komplexen Funktionsweisen und Zusammenhänge des menschlichen Gehirns übersichtlich in wenigen Sätzen zusammen:

> „Das Gehirn ist ein System aus Systemen. Jedes System besteht aus der raffinierten Verknüpfung kleiner, aber makroskopisch sichtbarer Rindenfelder und subkortikaler Neuronenkerne, und diese bestehen ihrerseits aus mikroskopisch kleinen lokalen Schaltkreisen, die sich aus Neuronen zusammensetzen; verknüpft wird alles durch Synapsen.
> Was Neuronen tun, hängt von der lokalen Anordnung ab, zu der sie gehören; was die Systeme am Ende tun, hängt davon ab, wie lokale Anordnungen in einer vielfältig verknüpften Architektur andere Anordnungen beeinflussen, und was jede Anordnung schließlich zur Funktion des Systems beiträgt, zu dem sie gehört, hängt von ihrer Stellung in diesem System ab.“ (Damasio 2011, S. 328)

Daraus lässt sich also schließen:

> „Geist und Verhalten sind die jeden Augenblick neu eintretenden Ergebnisse der Tätigkeit ganzer Galaxien von Neuronenkernen und Rindenfeldern, die durch zusammen- und auseinanderstrebende Neuronenfortsätze in Verbindung stehen. Wenn diese Galaxien gut organisiert sind und harmonisch zusammenarbeiten, schreibt ihr Eigentümer Gedichte. Wenn nicht, ist Irrsinn die Folge“ (Damasio 2011, S. 326)

[10] Professor für Neurowissenschaften, Neurologie und Psychologie an der University of Southern California

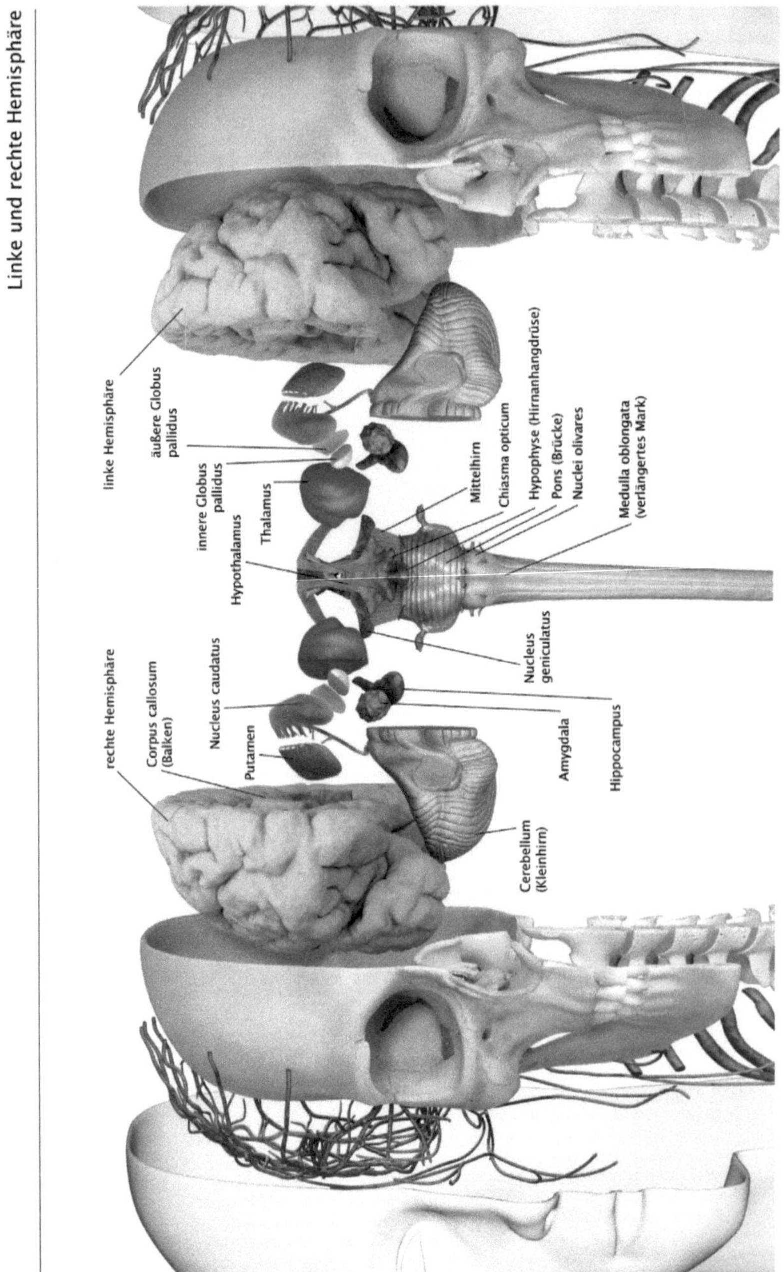

Abbildung 6: Linke und rechte Hemisphäre (vgl. Carter 2010, S. 52f, Beschriftungen vergrößert durch Philipp Comploi)

2.5. Das Nervensystem – Kommunikation zwischen Gehirn und Körper

Von oben aus steuert und koordiniert das Gehirn alle Aktivitäten des Körpers – dies passiert über das Rückenmark und die ihm entspringenden Nerven (*Zentralnervensystem* (ZNS), Gehirn und Rückenmark), ein vernetztes System, das mit allen Stellen des Körpers verbunden ist (*peripheres* Nervensystem). (vgl. Carter 2010, S. 42 und Damasio 2011, S. 320ff)

Über das Rückenmark, das gut geschützt in der Wirbelsäule liegt, werden sensorische und motorische Informationen des gesamten Körpers (außer des Kopfes) zum Gehirn hin- (afferente/aufsteigende Bahnen) und wieder in den Körper zurückgeleitet (efferente/absteigende Bahnen). Dies geschieht über die 31 Spinalnerven, die paarig aus dem Rückenmark austreten. Das Gehirn hingegen ist über die zwölf paarigen Hirnnerven direkt mit dem Kopf verbunden, die Hirnnerven umgehen somit das Rückenmark.

Die verschiedenen Aufgaben des Nervensystems sind:
- Integration aller sensorischen Reize über die afferenten Bahnen
- Verarbeitung, Koordination und Interpretation der eintreffenden Daten im Gehirn
- Entscheidung und Mitteilung der entsprechenden Handlung an die Muskulatur über efferente Bahnen
- Steuerung und Kontrolle der lebenswichtigen Grundfunktionen wie Herzfrequenz, Blutdruck, Körpertemperatur (vgl. Carter 2010, S. 40)

Das Nervensystem lässt sich funktionell einteilen in ein
- *unwillentliches* (vegetatives, autonomes) Nervensystem und in ein
- *willentliches* Nervensystem.

2.5.1. Das vegetative Nervensystem

Zum vegetativen Nervensystem zählen das *sympathische* System (körperaktivierendes System), das *parasympathische* System (körperberuhigendes System) und das *enterische* System (spielt eine wichtige Rolle für Lebenssteuerung, Emotionen und Gefühle). (vgl. Damasio 2011, S. 320ff)

Bei vielen Organen des Körpers passt das Gehirn deren Funktion nur an, im Gegensatz dazu findet die Steuerung der Atmung komplett im Gehirn statt, die respiratorischen Neurone sitzen im Hirnstamm. Bei einer Narkose muss deshalb künstlich beatmet werden. (vgl. Madeja 2010, S. 98f)

2.5.2. Das willkürliche Nervensystem

Die Steuerung der Muskulatur ist zu einem großen Teil willentlich – vor allem was Bewegungsplanung und -handlung betrifft. Jegliche Bewegung, das Sprechen, Ausführen von Handlungen und Ähnliches wird vom willkürlichen Nervensystem, das eng mit den entsprechenden Planungsarealen des Gehirns verbunden ist, an die entsprechenden Stellen im Körper weitergeleitet. Mehr dazu findet sich im Kapitel 2.7.

Gehirn und Körper sind weiters über chemische Substanzen miteinander verbunden, die *Hormone*, die das Blut transportiert. (vgl. Damasio 2011, S. 320ff)

Zwischen dem Gehirn und seiner Umwelt befinden sich zwei neuronale Strukturen: nach innen und nach außen weisende.
Nach innen weisende Strukturen bestehen aus den Sinnesrezeptoren an der Körperperipherie. Dazu zählen z.B. Schnecke, Netzhaut, Nervenenden in der Haut. Diese nehmen allesamt physikalische Reize auf: Schallwellen, Licht, mechanischen Kontakt.
Von den Sinnesrezeptoren wird von außen eine Kette an Signalen in Richtung Gehirn in Gang gesetzt, die am Weg diverse hierarchische Neuronenschaltkreise passieren und dabei an Zwischenstationen auch umgewandelt und verarbeitet werden.
Die nach außen gerichteten Strukturen befinden sich dort, wo die Fortsätze des Gehirns enden und die Umwelt beginnt. Ihre Signalketten

nehmen ihren Ursprung im Gehirn und haben ihre Enden in den Muskelfasern des Körpers oder setzen chemische Substanzen in die Atmosphäre frei. Erstere ermöglichen uns das Sprechen, Bewegen und andere Tätigkeiten. (vgl. Damasio 2011, S. 326ff)
Diese Überlegungen führen uns nun weiter zu den zwei nächsten Kapiteln über „Input und Output“: wie werden also eingehende Informationen verarbeitet und wie entstehen ausgehende Reaktionen als Resultate?

2.6. Der Input – Wahrnehmung über die Sinne

- Reize, Signale und Informationen aus der Umwelt werden über die Wahrnehmung aufgenommen und im Gehirn verarbeitet.

> „Die Wahrnehmung spielt eine zentrale Rolle nicht nur für das Erleben der Welt, sondern auch für das Überleben in der Welt.“ (Gegenfurtner 2006, S. 3)

Nach Renate Zimmer (2004, S. 70) werden die Wahrnehmungssysteme in Nah- und Fernsinne gliedert:

Nahsinne

- Taktiles System (Tastsinn)
- Kinästhetisches System (Bewegungssinn)
- Vestibuläres System (Gleichgewichtssinn)
- Gustatorischer Sinn (Geschmackssinn)
- Olfaktorischer Sinn (Geruchssinn)

Fernsinne

- Auditives System (Hörsinn)
- Visuelles System (Sehsinn)

Die Reihenfolge der hier beschriebenen Sinne entspricht ungefähr der ihrer Entwicklung, so wie sie Eliot (2010) beschreibt:

2.6.1. Das taktile System

Berühren und berührt werden ist unglaublich wichtig – nicht nur für die differenzierte spätere Ausbildung des taktilen Systems, sondern ebenso als Grundlage für die motorischen Fähigkeiten, die Gesundheit und das seelische Wohlbefinden. Das taktile System (der Tastsinn) ist das erste, das relativ gut ausgebildet ist. (vgl. Eliot 2010, S. 179ff)

Reifung des Tastsinns

Innerhalb der sechsten Schwangerschaftswoche spüren Embryonen Berührungen an Lippen und Nase, in der neunten Woche am Kinn, den Augenlidern und an den Armen, in der zehnten Woche an den Beinen und in der zwölften Woche reagiert nahezu der ganze Körper auf Bewegung – die Wahrnehmungsfähigkeit entwickelt sich von Kopf bis Fuß. Die einzige Ausnahme sind die Ober- und Rückseite des Kopfes, dies ist vermutlich eine Schutzreaktion für den Geburtsvorgang.
Diese anfänglichen Berührungswahrnehmungen unterscheiden sich jedoch von denen eines erwachsenen Menschen, da sie auf der untersten Ebene im Rückenmark und im Hirnstamm stattfinden. (vgl. Eliot 2010, 187ff) Ein wenig später werden im Hirnstamm verschiedene Sinne miteinander verknüpft, die Axone des Thalamus bilden Synapsen zu ihren ausgereiften corticalen Zielen und „erst wenn diese Verbindungen entstanden sind, ist dem Fötus die subjektive Wahrnehmung von Berührungen überhaupt möglich.“ (Eliot 2010, S. 188)

Babys stecken anfangs alles in den Mund, sie machen sich mit diesem sehr gut ausgeprägten Sinnesbereich ein abstraktes geistiges Bild von einem Gegenstand, was *Voraussetzung* für die *visuellen Fähigkeiten* ist.
Nach dem ersten Geburtstag scheint die linke Hemisphäre sehr stark mit Sprache beschäftigt zu sein, weshalb sich die rechte (also Tasten mit der linken Hand, siehe nächster Absatz) verstärkt auf die Verarbeitung der taktilen Reize spezialisiert und den somatosensorischen Cortex bildet. Die Reizweiterleitung wird durch die zunehmende Myelinisierung der Axone auf ein Vielfaches beschleunigt. (vgl. Eliot 2010, S. 190ff)

Die Fühlinformation kreuzt am Weg von der Haut zum Gehirn hinüber auf die andere Seite, Berührungen der linken Hand werden in der rechten

Gehirnhälfte verarbeitet und umgekehrt. Der Ort des Wechsels ist dabei von der Art der Sinnesinformation abhängig. Dem Gehirn selbst aber bringen diese Kreuzungen keine besonderen Vorteile (vgl. Madeja 2010, S. 53).

Unterschiedliche Fühlinformationen werden unterschiedlich schnell geleitet: Druck- und Berührung werden aufgrund der myelinisierten Axone schnell (über 300 km/h, vergleichbar mit einem Hochgeschwindigkeitszug) weitergeleitet, Schmerz- und Temperaturempfindungen langsam (vergleichbar mit der Geschwindigkeit eines Fußgängers). Obwohl die Reizweiterleitung auch von den entferntesten Ecken des Körpers weniger als eine Sekunde beträgt, nimmt man trotzdem beim Tritt auf einen Nagel zuerst die Berührung und dann erst den Schmerz wahr (vgl. Madeja 2010, S. 50ff).

Karten der Fühlinformationen im Gehirn
Die einzelnen Körperteile sind im Gehirn repräsentiert, aber nicht entsprechend ihrer eigentlichen Größe, sondern entsprechend ihrer Wichtigkcit. Mehr dazu in Kapitel 3.1.7.
Körperkontakte spielen bei Säuglingen eine sehr wesentliche Rolle. Einerseits bietet ihnen der Tastsinn den detailliertesten Zugang zur Umwelt und uns den direktesten Zugang zu ihrem Gehirn, andererseits sind Berührungserfahrungen „nicht nur für die Entwicklung des Tastsinns wesentlich, sondern ebenso für die allgemeine kognitive Entwicklung". (Eliot 2010, S. 186-187) Darüber hinaus haben sie eine wichtige Bedeutung für die Immunfunktion und den allgemeinen Gesundheitszustand, das Körperwachstum und das emotionale Wohlbefinden. (vgl. Eliot 2010, S. 200)

2.6.2. Das kinästhetische System

Über das kinästhetische System nehmen wir die Bewegungen unseres Körpers im Bezug zur Schwerkraft wahr, ebenso die Stellungen und Bewegungen einzelner Körperteile zueinander im Raum. Dieses Sinnessystem wird auch propriozeptives System genannt, auch Namen wie „Tiefensensibilität" oder den „sechsten Sinn" findet man.

Das Sinnesorgan, welches uns Auskunft über die Empfindungen von Bewegungen gibt, sind die Propriozeptoren (lat. proprius – der Eigene), die sich in Muskeln, Sehnen, Bändern und Gelenken befinden. Dem Gehirn werden über die Propriozeptoren Informationen über die Stellung der Gelenke und die Muskelspannung vermittelt: das Gehirn trifft dann die Entscheidung, ob eine Position behalten oder verändert werden soll und sendet die entsprechenden Signale zurück an die Muskeln, um den Rückkoppelungskreis zu schließen.

Viele propriozeptive Signale gelangen gar nicht ins Bewusstsein, das Gleichgewicht etwa halten wir meist unbewusst (Alkohol und Drogen beeinflussen die Propriozeption, weshalb man sich unter deren Einfluss mehr darauf konzentrieren muss), bewusste Propriozeption benötigt die Beteiligung des Cortex.
Der Weg für die bewusste Propriozeption verläuft über die somatosensorische Bahn durch den Thalamus zum Scheitellappen des Cortex, die unbewusste verläuft über die Tractus spinocerebellares und endet im Cerebellum (Kleinhirn), welches für die Bewegungskontrolle zuständig ist. (vgl. Zimmer 2004, S. 70 und Carter 2010, S. 102f)

2.6.3. Das vestibuläre System

> „Bewegung lieben Kinder von Geburt an. (...) Dass sie für Bewegungen aller Art so empfänglich sind, liegt an ihrem von Geburt an hoch entwickelten Vestibularapparat (...).“ (Eliot 2010, S. 209f)

Alle Organismen der Erde beziehen sich auf die Erdanziehungskraft, nach der es sich permanent auszurichten gilt. Zum Vestibularsystem zählen Gleichgewichts-, Dreh- und Raumlagesinn, welche allesamt großteils unbewusst, also unterhalb der Cortexebene, ablaufen (außer z.B. bei Turbulenzen im Flugzeug – da macht sich das System bemerkbar, weil es überreizt wird). (vgl. Eliot 2010, S. 210ff)
Da das vestibuläre System früh ausgebildet wird, ist es für die frühe Gehirnentwicklung sehr wesentlich. Der Vestibularapparat „erfasst die Richtung von Schwerkraft und Bewegung und erlaubt uns damit, unseren Körper so zu positionieren und zu bewegen, dass wir das Gleichge-

wicht bewahren und jede Handlung ohne zu stocken ausführen können." (Eliot 2010, S. 210)

Wie nimmt das Gehirn Gleichgewicht und Bewegung wahr?
Im Innenohr befindet sich ein kompliziertes Geflecht aus Kammern und Röhren, bestehend aus der Schnecke (Cochlea), den drei flüssigkeitsgefüllten Bogengängen, die den drei Raumebenen entsprechen, und den Innenohrorganen Sacculus und Utriculus.
Die Schnecke ist für die Schallaufnahme zuständig, die Bogengänge für horizontale Kopfbewegungen sowie jegliche Rotationsbewegung. Der Sacculus spürt linear verlaufende horizontale und vertikale Bewegungen auf, der Utruculus kommt ins Spiel wenn sich die Position des Kopfes in Bezug auf die Schwerkraft ändert.
Trotz dieser unterschiedlichen Funktionen der Labyrinthorgane, wie sie zusammengefasst heißen, wandeln sie alle auf ähnliche Art Bewegungen in elektrische Signale um. Haarsinneszellen stehen über Synapsen in Verbindung mit den ersten Neuronen, deren Axone setzen sich fort bis zum Hirnstamm und bilden den Nervus vestibularis. Die Fasern verknüpfen sich im Hirnstamm mit mehreren anderen Neuronengruppen und die Information wird an viele weitere Stellen geleitet, z.B. an das Auge (Auge und Gleichgewicht hängen stark zusammen: beim Joggen springt die Welt deshalb nicht auf und ab, weil das Auge die Bewegungen automatisch ausgleicht).

Es gibt Vestibularfasern, die ihren Weg direkt zum Kleinhirn nehmen, ohne einen Zwischenstopp im Hirnstamm einzulegen. "Das zeigt, welche wichtige Rolle die vestibulären Signale spielen, damit das Kleinhirn Bewegung koordinieren kann." (Eliot 2010, S.213)

Der Vestibularapparat und der Gehörsinn, eng miteinander verknüpft, beginnen ihre Entwicklung gemeinsam, allerdings ist der Vestibularapparat viel schneller, da eine frühe Funktionsfähigkeit des Gleichgewichts essentiell ist für die ordnungsgemäße Entwicklung weiterer Teile des Nervensystems. Gegen Ende des ersten Schwangerschaftsdrittels beginnt der Nervus vestibularis als Erster mit der Myelinummantelung. (vgl. Eliot

2010, S. 213ff) Gerade im Säuglingsalter ist der Vestibularapparat überempfindlich:

> „Die maximale Reaktionsbereitschaft ist zwischen dem sechsten und dem zwölften Monat zu beobachten; bis das Kind etwa zweieinhalb Jahre alt ist, nimmt sie rasch zu und danach, bis zur Pubertät, allmählich ab. Diese Überempfindlichkeit erklärt zum Teil, warum Kleinkinder so wacklig auf den Beinen sind, für viele andere Aspekte der neurologischen Entwicklung mag sie hingegen nützlich sein." (Eliot 2010, S. 219)

Erst im Alter von sieben Jahren oder vielleicht sogar noch später, in der Pubertät, erlangt der Vestibularapparat seine vollständige Reife. Dies ist nötig, um dem ständig sich verändernden und erweiternden Bewegungsradius eines Kindes gerecht zu werden.
Genau wie das taktile System entwickelt sich auch der Vestibularapparat als einer der ersten Sinne, somit dient auch dieser als Basis für die Bildung der sensorischen und motorischen Fähigkeiten, welche wieder bedeutenden Einfluss auf die Entwicklung der höheren emotionalen und kognitiven Funktionen ausüben. (vgl. Eliot 2010, S. 220)

> „Auch wenn wir uns ihrer weitgehend unbewusst sind, spielen Gleichgewichts- und Bewegungssinn eine überraschend wichtige Rolle bei der geistigen und neurologischen Entwicklung. (...) Ein Zusammenhang zwischen gestörtem Gleichgewichtssinn und verzögerter motorischer Entwicklung ist natürlich einleuchtend; jedoch stehen auch emotionale Probleme, Wahrnehmungs- und Konzentrationsdefizite, Lernschwierigkeiten, Sprachstörungen, und Autismus häufig mit einer Schwäche des Vestibularapparats in Verbindung." (Eliot 2010, S. 220)

Natürlich ist der Vestibularapparat nicht der einzige Grund dieser Störungen, aber man vermutet, dass er einen größeren Einfluss hat als erwartet.

Einige Autoren bezeichnen auch die Schmerzempfindung als eigenes Sinnessystem, da Schmerzrezeptoren an den verschiedensten Stellen im Körper sitzen – in der Haut, in den Muskeln, Knochen usw. Das Gehirn besitzt aufgrund der Wichtigkeit von Schmerzempfindungen mehrere Areale, die Schmerz verarbeiten und orten. Im Gehirn selbst befinden sich allerdings keine Schmerzrezeptoren, was sehr hilfreich bei Gehirn-Operationen sein kann: der Patient kann währenddessen Auskunft über die berührten Areale geben und so mithelfen, Schäden zu vermeiden. (vgl. Carter 2010, S. 104ff)

2.6.4. Das olfaktorische und das gustatorische System

Geruchs- und Geschmackssinn sind ebenfalls elementar wichtig für die Entwicklung eines Kindes, allerdings haben sie im pädagogischen Alltag weniger Bedeutung und werden daher hier äußerst kurz und außerdem gemeinsam erläutert:

Neben der Erkennung von genießbaren Speisen spielt der *Geruchssinn* eine wichtige Rolle bei sozialen Interaktionen, bei der Eltern-Kind-Bindung, bei der Erkennung von Familienmitgliedern und bei der sexuellen Anziehung. Die Fernsinne sind anfangs noch eher schwach ausgebildet, der Geruchs- und der Tastsinn, beides Nahsinne, gewährleisten jedoch schon von Anfang an Ernährung, Wachstum und elterlichen Schutz. (vgl. Eliot 2010, S. 225ff)
Schon im Mutterleib und vor allem dann bei der Brusternährung spielt der *Geschmackssinn* für die Entwicklung der Geschmacksvorlieben eine zentrale Rolle, wobei Babys süßen Geschmack bevorzugen. Er ermöglicht durch eine direkte Verbindung vom Mund zum Gehirn die Ausschüttung körpereigener Opiate, die ein Gefühl von Genuss und Wohlbehagen auslösen (näheres siehe Kapitel 3.2.6.). (vgl. Eliot 2010, S. 257ff)

2.6.5. Das visuelle System

Das Sehen ist beim Menschen der höchst angesehenste Sinn, der auch – im Vergleich zu den Tieren – die höchsten Leistungen vollbringt. Dazu gehört das Sehen vieler verschiedener Farben, Sehen in gleißendem Sonnenlicht und bei Dunkelheit und das Abschätzen von Entfernungen. Die meisten dieser Fähigkeiten sind auf das Gehirn und nicht auf das Auge zurückzuführen: „Die hohen Leistungen beim Sehen entstehen erst durch die Verarbeitung der Sehinformation durch das Gehirn.“ (Madeja 2010, S. 58)

Im Gegensatz zum taktilen, vestibulären, olfaktorischen und gustatorischen Sinnessystem ist der Sehsinn eines Neugeborenen noch rudimentär – er erfährt als Einziger in der Gebärmutter keine Stimulation.

> „Vielleicht ist gerade die große Bedeutung des Sehens der Grund, weshalb unser Gesichtssinn seine wichtigsten Entwicklungsschritte erst nach der Geburt durchläuft, so dass die Erfahrung die größte Rolle bei der Gestaltung der Sehzentren im Gehirn spielen kann. (...) Vielleicht führt ihr [in Eliots Buch wird weiter oben der Name eines kleinen Mädchens genannt, Anm. der Autorin dieses Buches] diese recht beschränkte Ausgangssituation genau die richtige Menge an visuellen Reizen zu – nicht zu viel und nicht zu wenig –, damit sie sich nach und nach ein inneres Bild von der äußeren Welt zurechtlegen kann, ohne allzu plötzlich von den ungemein reichen Sinneserfahrungen, die uns der ausgereifte Gesichtssinn beschert, überfrachtet zu werden." (Eliot 2010, S. 279f)

Neugeborene können nur etwa zwanzig Zentimeter klar sehen und auch da erscheint alles noch wie unter einem Schleier. Durch die rasche Neuronenverschaltung aber verbessert sich der Sehsinn radikal: nach sechs Monaten verfügen Säuglinge über eine zielgerichtete Augenbewegung, Tiefenwahrnehmung, über Farbensehen und Scharfsicht – ihre primären Sehfähigkeiten sind somit ausgebildet. Ungefähr zu diesem Zeitpunkt hat auch die Feinabstimmung stattgefunden, was ihnen nun Sehen in bunter, dreidimensionaler Pracht ermöglicht. (vgl. Eliot 2010, S. 279ff)

Entwicklung des visuellen Systems
Die Entwicklung des visuellen Systems beginnt in der vierten Schwangerschaftswoche und findet von außen nach innen statt. Zuerst beginnen sich die Anlagen für die Augen herauszubilden, dann bilden sich Neuronen und Synapsen in der Netzhaut, später in den subkortikalen Sehzentren, dann in der Sehrinde und zuletzt in den höheren Zentren im Scheitel- und Schläfenlappen. Obwohl die Entwicklung dieses Systems früh beginnt, braucht es weitere Monate und Jahre, bis sämtliche Bahnen vollständig ausgereift und stabilisiert sind. (vgl. Eliot 2010, S. 288)

Wie funktioniert der Gesichtssinn?
Wie oben schon erwähnt, bekommt der Gesichtssinn vom Gehirn den meisten Platz eingeräumt. Dies lässt erahnen, welch enorme Datenmengen sich dahinter verbergen, welche Verarbeitungskapazität das Gehirn hierfür leisten muss und wie ausgeklügelt die einzelnen Teile miteinander verknüpft sind. Dabei sind auch komplizierte Berechnungen in einer bemerkenswert rasanten Geschwindigkeit möglich wie z.B. beim Autofahren oder Lesen.

Das Sehen beginnt im Auge. Licht fällt durch die Hornhaut (Cornea) und durch die Pupille auf die Linse, wird dort gebündelt und trifft dann auf die Netzhaut (Retina). Die Retina ist die erste Station der visuellen Verarbeitung, hier trifft das Licht auf die unterschiedlichen Photorezeptoren, die Stäbchen und die Zapfen. Stäbchen (hell-dunkel-Sehen) und Zapfen (Farbensehen) sind dann mit der nächsten Neuronenschicht der Netzhaut verknüpft, die sich bipolare Zellen nennen und wiederum mit einer dritten Neuronenschicht in Verbindung stehen, den Ganglienzellen. Diese bilden zwei lange vom Auge fortführende Axonen, die sich in zwei unterschiedliche Bahnen teilen. Eine davon führt zum Hirnstamm, dort wird die visuelle Information zur Kontrolle von Reflexen und Augenbewegungen verwendet (subkortikal, unbewusstes Sehen). Die andere nimmt ihren Verlauf zum lateralen Kniehöcker (Corpus geniculatum laterale) im Thalamus, welcher die Schaltstelle der zentralen Sehbahn darstellt und die eintreffende Information dann zur primären Sehrinde des Cortex im Okzipitallappen (Hinterhauptslappen) weiterleitet.
Der Reiz – das in elektrische Signale umgewandelte Licht – durchquert das Nervensystem, Helligkeit und Farbe werden dabei exakt wiedergeben. Die Aufgabe des Gehirns liegt darin, nicht einfach nur Helligkeit und Farbe wahrzunehmen, sondern die eintreffenden Reize zu interpretieren: um welches Objekt handelt es sich, wo hört ein Gegenstand auf und wo fängt der nächste an, bewegt er sich, wenn ja, ich welche Richtung usw. (vgl. Eliot 2010, S. 280ff)

Die visuelle Wahrnehmung findet, wie die meisten sensorischen und motorischen Fähigkeiten, in beiden Gehirnhälften statt. Beide Augen empfangen zuerst Licht aus beiden Gesichtshälften, im Chiasma opticum

trennen sich die Axonen, wodurch jede Seite der Sehrinde Information von beiden Augen erhält – diese werden aber nicht miteinander vermischt, solange sie die Großhirnrinde nicht erreicht haben.
Diese ursprüngliche Trennung und Wiederzusammenführung ermöglicht uns das plastische Sehen, in dem die feinen Unterschiede von links und rechts genau verrechnet werden. (vgl. Eliot 2010, S. 285ff)

Die richtige Verschaltung
Wie gelingt es dieser Billion Synapsen nun, den richtigen Weg zu finden? Die Entwicklung findet in zwei Phasen statt: die erste stellt ein grobes Schaltdiagramm bereit und ist genetisch gesteuert. Die zweite Phase übernimmt die Umwelt, sie lässt Verschaltungen aufgrund von Erfahrungen entstehen. Die Axonen erkämpfen sich ihren Platz auf der Landkarte, die besten bestehen, eine Auslese um die effizientesten hat begonnen. (vgl. Eliot 2010, S. 291ff)
Dass die Verschaltung der Sehbahnen durch die visuelle Erfahrung gesteuert wird, zählt zu den wichtigsten Entdeckungen. Sie wurde in den 60er Jahren von den Neurobiologen David Hubel und Torsten Wiesel gemacht, die Katzen und Affen kurz nach der Geburt die Augenlider zunähten, um sie ihrer gesamten visuellen Sinneseindrücke zu berauben. Ohne elektrische Aktivität entstanden keine Verbindungen und die Katzen blieben auch nach Öffnung der Augen blind. Ließ man die Katzen hingegen drei bis vier Monate sehend aufwachsen bevor ihnen die Augen zugenäht wurden, so trugen sie keine visuellen Beeinträchtigungen davon. (vgl. Eliot 2010, S. 292ff)

Zum Glück sind die sensiblen visuellen Phasen von Menschen länger als die von Katzen, das Sehvermögen bleibt bis ins Alter von zwei Jahren formbar.

> „Das Gehirn braucht also die Erfahrung um sich ordnungsgemäß zu verschalten, und zwar zu einem ganz bestimmten Zeitpunkt: während der Auslesephase, wenn die ursprünglichen bunt durcheinander gewürfelten synaptischen Verbindungen sortiert und geordnet werden. Ist die Auslesephase abgeschlossen, kann sich der Kortex nicht mehr tiefgreifend verändern, gleichgültig, wie normal oder abnorm die späteren visuellen Erfahrungen sind." (Eliot 2010, S. 295f)

2.6.6. Das auditive System

„Kleine Kinder lieben Musik." (Eliot 2010, S. 327) So beginnt Eliot ihr Kapitel über das Gehör. Weiters schreibt sie, dass deshalb Kinderlieder und Reime so wirkungsvoll sind.

Bereits bei der Geburt haben Babys schon Präferenzen, was sie gerne hören und was nicht – sie haben sich zu diesem Zeitpunkt schon ein zwölfwöchiges Hörurteil gebildet. An oberster Stelle steht die Stimme der Mutter, ansonsten durchaus – im Gegensatz zum visuellen System – komplexe Dinge wie eben Musik oder modulierte Sprachmelodie (Singsang) anstelle von nur einfachen Lauten. Ebenso im Gegensatz zum Gesichtssinn entsteht das Gehör früh und reift langsam, es braucht für seine vollständige Ausreifung bis zum Schulalter und entwickelt sich parallel zur Spracherlernung.
Was Gehör- und Gesichtssinn gemein haben, ist, dass sie beide durch Erfahrung reifen.

> „Frühe Erlebnisse mit Sprache und Musik sind überaus wichtig für die Ausprägung vieler höherer Aspekte der Gehirnfunktion wie Gefühl, Sprache und anderer kognitiver Fähigkeiten." (Eliot 2010, S. 328)

Wie funktioniert das Hören?

Hören beginnt klarerweise im Ohr, durchläuft dann einige Strukturen im Hirnstamm und steigt schließlich bis zur Hörrinde auf. Die daran beteiligten Bereiche werden als Hörbahn bezeichnet und deren Aufgabe besteht darin, Schallwellen aufzunehmen, in elektrische Signale umzuwandeln und diese dann in die einzelnen Töne zu unterscheiden. Das menschliche Ohr kann Frequenzen im Bereich von 20 bis 20 000 Hertz hören.

Man teilt das Ohr in drei Abschnitte: äußeres Ohr, Mittelohr, Innenohr. Vom Gehörkanal gelangt Schall auf das Trommelfell, wobei eine Vibration erzeugt wird, die von dort aus in die Paukenhöhle im Mittelohr gelangt und die drei Gehörknöchelchen – Hammer, Ambos, Steigbügel – in Schwingung versetzt. Durch diese drei wird die Schwingung verstärkt

und zum ovalen Fenster weiter geleitet, welches die Grenze zum Innenohr bildet. Äußerer Gehörgang und Mittelohr sind mit Luft gefüllt, das Innenohr mit Flüssigkeit (außer bei einer Mittelohrentzündung, da füllt sich auch das Mittelohr mit Flüssigkeit).
Im Innenohr befindet sich eine knöcherne Schnecke (Cochlea), die die Schwingung in elektrische Signale umsetzt. Sie ist ein langes Rohr, auf dem Haarsinneszellen sitzen, die sich durch die erzeugten Vibrationen biegen und einen Reiz in Form eines Ionenaustauschs ans Gehirn weiterleiten. Die Unterscheidung von Tonhöhen beginnt ebenfalls in dieser Schnecke, je weiter man nach innen gelangt, desto tiefer werden die wahrgenommenen Töne, je weiter am Rand, desto höher. Diese räumliche Unterscheidung ist auf die spezialisierten Eigenschaften der Basilarmembran, auf der die Haarsinneszellen sitzen, zurückzuführen und wird *Tonotopie* genannt. (vgl. Eliot 2010, S. 328ff)

Der Weg von der Schnecke zur bewussten Wahrnehmung verläuft über mehrere Umschaltstellen: von den Haarsinneszellen der Schnecke zum Nucleus cochlaris im unteren Hirnstamm, weiter zum Nucleus Olivaris (Olive) im Hirnstamm (bedeutend für die räumliche Ortung von Geräuschen), dann zum Mittelhirn und als letzte Umschaltstelle vor dem Cortex zum Corpus geniculatum mediale (medialer Kniehöcker) im Thalamus, welcher neben dem lateralen Kniehöcker der Sehbahn liegt. Nun steigen Fasern auf zu den primären akustischen Rindenfeldern, der am oberen Rand des Schläfenlappens gelegenen Hörrinde, die von akustischen Feldern höherer Ordnung umgeben sind.

Obwohl die Hör- und Sehbahn zahlreiche Parallelen aufweisen, unterscheiden sie sich in der Funktionsweise der Verarbeitung: das akustische System durchläuft der Reihe nach zahlreiche Schaltstellen im Hirnstamm, bevor es zum Cortex gelangt, das visuelle System hingegen verläuft über getrennte subkortikale und kortikale Bahnen.
Ein weiterer Unterschied besteht darin, dass die eintreffende Information aus beiden Ohren beim akustischen System nicht streng getrennt bleibt. Ab dem Moment, wenn sie den Nucleus cochlearis verlassen, verändern sich die Schallwellen zu Impulsen und werden zum Hirnstamm weitergeschickt, wo die Informationen aus beiden Ohren verglichen oder

vereinigt werden. Der Nucleus olivaris ist der erste Punkt, an dem die Informationen beider Ohren verschmelzen. Aufgrund geringer Unterschiede von links und rechts ist dieser in der Lage, Räumliches zu orten. Die Verarbeitung akustischer Signale erfolgt großteils im Hirnstamm und im Thalamus, doch erst wenn diese Signale in den Schläfenlappen des Cortex eintreffen, können sie als Geräusche bewusst wahrgenommen werden. (vgl. Eliot 2010, S. 332ff)

Was kann ein Fötus hören?

Die meisten Föten beginnen mit Anfang des sechsten Schwangerschaftsmonats zu hören. Geräusche zu unterscheiden gelingt ihnen aber erst später.

Die Bauchdecke der Mutter agiert zwar als eine Art Barriere für Geräusche außerhalb des Körpers, trotzdem aber dringen gewisse Geräusche von außen durch, welche der Fötus im letzten Schwangerschaftsdrittel hören kann. Von innen hört er den Herzschlag der Mutter, das Rauschen des Blutes, ab und zu ein Magengurgeln und natürlich ihre Stimme. Von außen hört er ebenso Stimmen, männliche aufgrund der Art der Reifung der Schnecke (tiefe Töne zuerst) anfangs leichter, genauso aber Melodien und sogar Geschichten. Vermutlich helfen ihnen die Höreindrücke, sich auf die sie erwartende Welt ein wenig einzustimmen – Säuglinge reagieren positiv auf Musikstücke (auch Kennmelodien von Fernsehserien) oder Geschichten, die sie oft während der Schwangerschaft gehört haben, sie erinnern sich. „Das legt die Vermutung nahe, dass die akustische Stimulation möglicherweise schon lange vor der Geburt einen Einfluss auf diesen Aspekt der Gehirnentwicklung ausübt." (Eliot 2010, S. 340)

Doch nicht nur das akustische System profitiert von den vorgeburtlichen Höreinflüssen, auch die Entwicklung des Sprachzentrums im Gehirn (ältere Föten können bereits Vokale wie *a* und *i* unterscheiden) und das emotionale System (durch das Hören der Stimme der Mutter entsteht Bindung) ziehen große Vorteile für die Entwicklung der entsprechenden Bereiche im Gehirn daraus. (vgl. Eliot 2010, S. 337ff)

Im Laufe der Zeit verbessert sich das Gehör in fünf Aspekten:

- Frequenzempfindlichkeit – Bandbreite der Frequenzen wird ausgeweitet, mit einem halben Jahr hören sie fast das ganze dem Menschen mögliche Spektrum
- Schallortung – aus welcher Richtung ein Geräusch kommt: verbessert sich in den ersten sechs Monaten
- Hörschwelle – auch sehr leise Töne können mit der Zeit gehört werden, im Teenageralter besser als Erwachsenen dies möglich ist
- Zeitliche Auflösung – wie schnell der zeitliche Ablauf von Geräuschen unterschieden werden kann. Mit sechs Monaten dauert dieser Vorgang etwa doppelt so lang wie bei Erwachsenen, mit sechs Jahren liegt dieser Wert ungefähr in der Mitte
- Geräuscherkennung vor lautem Hintergrund – die Konzentration auf das Wesentliche ist Kindern erst mit ca. 10 Jahren gut möglich (vgl. Eliot 2010, S. 348ff)

Die höchste Plastizität des Gehörs weist das Gehirn vor der Geburt und im Säuglingsalter auf, allerdings ist es während der Vorschulzeit und bis ins Schulalter hinein sehr formbar – eben solange die synaptische Feinabstimmung noch nicht vollständig abgeschlossen ist. (vgl. Eliot 2010, S. 354ff)

2.7. Der Output

- Das Gehirn setzt diverse Aktionen und Reaktionen in Gang, die der Körper, innerviert[11] vom Nervensystem, ausführt. Bewegungen können Bewegungen der Skelettmuskulatur, aber auch innere Bewegungen wie die des Darmes, Gedanken und Gefühle sein.

In diesem Kapitel wird nur auf die körperliche Bewegung, die Bewegung durch die Skelettmuskulatur eingegangen, in Kapitel 3 finden sich aber weitere Informationen – als Fortsetzung – zu den verschiedenen oben genannten „Bewegungen“.

[11] reizen, anregen

2.7.1. Bewegen

Der motorische Fortschritt, der sich während des ersten Lebensjahrs vollzieht, ist bemerkenswert. Dabei geht dieser in einer festgelegten, konsistenten Reihenfolge vor, die unabhängig von der Kultur bei allen Menschen gleich verläuft.

Entwicklung der Motorik

Die Entwicklung der Motorik beginnt nicht erst mit der Geburt, sondern längst davor im Mutterleib durch Sich-krümmen, Daumenlutschen, die Hand zum Gesicht heben etc. Die Bewegungen des Fötus können mittels Ultraschall beobachtet werden.

> „Bei der Geburt hat das Baby bereits ein sieben- bis achtmonatiges Training hinter sich, das eine wichtige Vorbereitung auf das Leben außerhalb der Gebärmutter war. (...) Insofern die neuronale Aktivität das Dendritenwachstum und die entstehenden Synapsen so entscheidend beeinflusst, ist diese andauernde Bewegung für das fötale Gehirn vermutlich eine der wichtigsten Stimulationen.“ (Eliot 2010, S. 385)

In drei hauptsächlichen Schüben erfolgt die motorische Reifung:

1. Grundlage für die ersten Reflexe bildet lange vor der Geburt die Reifung der motorischen Schaltkreise im Rückenmark (niedrigere Gehirnebenen)
2. Reifung des Hirnstamms und der zentralen Körperpartien bis hin zur Peripherie, Kontrolle über Kopf und Rumpf entsteht, Babys können alleine sitzen
3. Primärer motorischer Streifen reift, beeinflusst die motorische Entwicklung maßgeblich. Es reifen die Pyramidenbahnen, „über die das Gehirn der Körpermuskulatur die willkürlichen Bewegungsimpulse erteilt, insbesondere jede Art feinmotorischer, rascher oder hochspezialisierter Bewegung.“ (Eliot 2010, S. 389)

Diese Reifung findet in der Reihenfolge Kopf bis Fuß statt.

Übung ist wichtig und unabdingbar für die (unter anderem) motorische Entwicklung. Babys und Kleinkinder besitzen normalerweise von Natur aus eine große Neugier und die Motivation, Neues zu entdecken. Bewegung dient dabei als Kommunikationsmittel und wird meist ganz von selbst ausreichend mit geübt.

> „Die Gene setzen die untere zeitliche Grenze, ab der eine Fähigkeit überhaupt erst möglich ist. Ist das Nervensystem des Babys aber erst einmal reif, so ist eifriges Üben erforderlich, um die neu gebildeten Schaltkreise einzustimmen und zu verfeinern und aus den zuerst unbeholfenen Versuchen eine reibungslose, routinierte Bewegung werden zu lassen." (Eliot 2010, S. 395)

Zwei der besonders wichtigen motorischen Meilensteine im Leben eines Babys sind das *Erlernen des Greifens* und *des Laufens.*

Ersteres geschieht mit ungefähr vier Monaten und gilt als große Errungenschaft, als dass ein Baby nun Gegenstände erkundschaften und eine gewisse Kontrolle über seine Erfahrungen ausüben kann. (vgl. Eliot 2010, S. 395)
Laufen lernen geschieht ca. mit 12 – 13 Monaten und bietet eine weitere große Errungenschaft in der Art der Interaktion des Babys mit seiner Umwelt. Es eröffnet ihm ungeahnte Möglichkeiten zur Erforschung der Welt, was ihm ein enormes Gefühl von Unabhängigkeit und Selbstvertrauen schenkt. Studien stellten fest, dass daraufhin ein großer kognitiver und sozialer Entwicklungsschub folgt. (vgl. Eliot 2010, S. 403)

Grob- und Feinmotorik
Die motorischen Fähigkeiten setzen sich aus Grob- und Feinmotorik zusammen. Zur Grobmotorik zählen die Koordination großer Muskeln des Rumpfs und der Gliedmaßen, die an Haltungs- und Fortbewegungsaktivitäten beteiligt sind. Für die feinmotorischen Bewegungen sind kleinere Arm- und Handmuskeln zuständig, welche im Wesentlichen aus gezielten Handgriffen und Gebärden bestehen.
Der Beginn der Grobmotorik wird vom Heben des Kopfes gekennzeichnet und geht über das Umdrehen, Sitzen, Krabbeln und Stehen bis hin zum selbstständigen Gehen.

Die Feinmotorik umfasst schlagende Bewegungen des ganzen Arms, die nach und nach koordinierter werden, und das Ergreifen eines Gegenstands – zuerst mit der ganzen Hand, dann mit Daumen und mehreren Fingern und letztendlich als Zangengriff, mit Daumen und Finger in Opposition. (vgl. Eliot 2010, S. 373ff)

Wann nun genau welcher Entwicklungsschritt stattfindet ist individuell und darf das auch durchaus sein, erst bei geraumen Entwicklungsverzögerungen ist es an der Zeit, sich Maßnahmen zur Unterstützung und Förderung zu überlegen.

> „Gleichzeitig sind die motorischen Fähigkeiten aber nicht ganz ohne Bezug zur geistigen Entwicklung. Insbesondere im Säuglingsalter, wenn das Kind noch über kein Sprachverständnis verfügt, sind die motorischen Fähigkeiten ein wichtiges Hilfsmittel, um die soziale und physische Umgebung kennen zu lernen." (Eliot 2010, S. 376)

Wie erzeugt das Gehirn Bewegungen?

Die Entwicklung willkürlicher Bewegungen bedarf deshalb einer so langen Entwicklungsphase, weil ihr eine unglaubliche Komplexität der motorischen Schaltkreise zugrunde liegt. Andererseits ist die Motorik – im Vergleich zur Sinneswahrnehmung, bei der die Information im Wesentlichen nur in eine Richtung (Sinnesorgan → Gehirn) geht – viel langsamer: sie funktioniert nicht wie eine Einbahnstraße Gehirn → Bewegung im Körper. Die Motorik ist von einer ständigen Rückmeldung aus dem Körper abhängig, somit ist selbst bei der kleinsten Bewegung ein ständig hin- und herlaufender Informationsfluss zwischen Gehirn und Körper nötig. In den höheren Ebenen, dem prämotorischen Cortex und dem zusätzlichen motorischen Feld vollzieht sich die Myelinbildung noch langsamer als in den Pyramidenbahnen, deshalb dauert es auch so lange, bis Kinder Bewegungen mit komplexeren Planungsstrategien wie z.B. auf einem Dreirad sitzen, gleichzeitig treten und lenken, ausführen können. (vgl. Eliot 2010, S. 387ff)

Der Cortex enthält drei motorische Felder, (vgl. Kapitel 2.4.2.), die auf der Hinterseite des Stirnlappens lokalisiert und für Bewegungen zustän-

dig sind: den *primären motorischen Cortex*, das *zusätzliche motorische Feld* und den *prämotorischen Cortex*.
Eine wichtige Leitungsbahn, um eine vom Gehirn geplante Bewegung auszuführen, ist die *Pyramidenbahn*, die bis ins Rückenmark geht und dort durch die corticospinalen Axonen die Motoneuronen, welche wiederum ihre Axonen in die Peripherie zu den Muskeln schicken, innervieren. Die eingehende elektrische Erregung verursacht über die Nerven dann die Muskelkontraktion des *Agonisten*, des arbeitenden Muskels. Ist eine solche Kontraktion erfolgt, so melden die *Propriozeptoren* (besondere dort ansässige Sinnesnervenzellen) die Lage und Stellung der Körperteile zueinander und in Bezug auf den Raum zurück ans Rückenmark und an die Großhirnrinde. Im Rückenmark beeinflussen sie direkt die Motoneuronen des sich bewegenden Muskels, im Großhirn wird dadurch die bewusste Wahrnehmung von der Stellung oder der Bewegung des Körpers möglich.

Im Antagonisten, dem Gegenspieler des Agonisten, findet zum selben Zeitpunkt das Gegenteil statt. Die Motoneuronen drosseln die Aktivität und tragen somit zur Entspannung des Muskels bei – daran sind, ebenso wie beim Agonisten, wieder die Propriozeptoren beteiligt, die die Information ihrerseits ebenso wieder an Rückenmark und Cortex weiterleiten.
So werden alle dafür benötigten Schaltkreise aktiviert und koordiniert, ebenso trägt das visuelle System oft zur Unterstützung bei. (vgl. Eliot 2010, S. 379ff)

Besonders für die Koordination und die zeitlich präzise Abstimmung dieser Bewegungen ist das Kleinhirn maßgeblich verantwortlich. Obwohl es nur ein Zehntel des Gesamtgewichts des Gehirns ausmacht, beheimatet es die Hälfte aller Gehirnneuronen.
Verschiedene Bereiche versorgen es mit Information: der motorische Cortex über die Art der geplanten Bewegung und die Sinnesorgane über die tatsächlich stattfindende Bewegung.

> „Durch Vergleich all dieser Informationen ist das Kleinhirn in der Lage, motorische Befehle zu modifizieren und sicherzustellen (...), dass sämtliche Bewegungen des Körpers planmäßig ablaufen, ohne sich gegenseitig zu behindern." (Eliot 2010, S. 381)

Eine ebenso entscheidende Rolle bei der Erzeugung von Bewegungen spielen die aus mehreren subkortikalen Neuronenkernen (Nuclei) bestehenden Basalganglien. (Eliot 2010, S. 381) Sie befinden sich tief im Inneren des Gehirns und stellen eine wichtige Kontrolle für die willkürlichen Bewegungen dar: Sie vermeiden Schütteln oder Zucken und ermöglichen das Stattfinden der erwünschten Bewegungen.

2.8. Der Zusammenhang von Wahrnehmung und Bewegung

Alle so viel gepriesenen und faszinierenden Höchstleistungen des Gehirns wie Intelligenz, Sprache und Bewusstsein nehmen ihren Ursprung im konkreten Handeln, im Erfahren über die Sinne und in der Auseinandersetzung mit dem Erfahrenen über den Körper.
Kinder setzen sich durch Bewegung und Spiel mit der personalen und materialen Umwelt auseinander.

> Damit ist Bewegung „ein wichtiges Medium der Erfahrung und Aneignung der Wirklichkeit. Selbsttätigkeit und Eigenaktivität gehören zu den wesentlichen Voraussetzungen dafür, dass Kinder die Welt kennen lernen und sich ein Bild von ihr machen können. Sie sind der Motor der Entwicklung und gleichzeitig die Basis des Lernens." (Zimmer/Hunger 2009, Vorwort S. 9)
>
> Die „Erkundung der Welt und damit die Entfaltung der eigenen Geisteskraft ist jedoch nie allein Sache des Gehirns. Sie schließt stets auch die Sinne, den Körper mit ein." (GEOkompakt Nr. 28 11/2011, S. 50)

In diesem Kapitel soll nun der enge Zusammenhang zwischen Wahrnehmung und Bewegung und deren massiv wichtige Auswirkung auf die oben genannten (Höchst-)leistungen veranschaulicht werden:

- Aus dem konkreten Handeln entwickelt sich das abstrakte Denken
- Aus „Greifen" wird „Begreifen"
- Als Voraussetzung für Sprache gelten sensomotorische Erfahrungen
- Für das Schreiben muss die Hand-Auge-Koordination geschult sein
- (Bewegungs-)erfahrungen in Raum, Zeit Kraft und Form gelten als Voraussetzung, um später abstrakte Operationen wie die Ortung von Buchstaben im Raum (z.B. den Unterschied zwischen b und d erkennen) bewerkstelligen zu können
- Mathematik braucht in hohem Maße räumliche Vorstellungskraft. Um einen Zahlenraum begreifen zu können, müssen zuerst physische Raumerfahrungen gemacht worden sein – Vorwärtsgehen kann dem Addieren, Rückwärtsgehen dem Subtrahieren dienlich sein

- Ausreichende Bewegungserfahrung ist für die Handlungsplanung Grundvoraussetzung
- Zählen ist anfangs eine feinmotorische Angelegenheit – ein Finger nach dem anderen wird für das Erfassen von Mengen verwendet, mit der Zeit schafft ein Kind dann, diese Mengen visuell zu erfassen oder sie sich abstrakt vorzustellen
- Die Dimensionen des dreidimensionalen Raumes leiten sich von der Haltung, vom Gleichgewicht, dem Körperschema und der Kinästhesie ab
- Um die Buchstaben und Wörter eines Satzes gleichmäßig und sorgfältig nacheinander mit den Augen abzutasten, ist eine wohldosierte feinmotorische Koordination der Augenmuskulatur nötig.
- „Grundvoraussetzungen für Lesen und Schreiben sind allgemein ein klares Körperschema, eine gute Raumwahrnehmung, Koordination von Bewegung und Wahrnehmung, Fließen der Bewegung, Auge-Handkoordination, Gleichgewicht halten, sich selbst zuzuwenden, Erwartungen haben." (Klicpera 2007, S. 10)
- Für das Halten des Stiftes sind ganzkörperliche feinmotorische Fähigkeiten notwendig, vor allem die Koordination der Hand- und Greifgeschicklichkeit.
- Lesen und Schreiben sind „rhythmisch gegliederte Vorgänge, die durch rhythmische und musikalische Aktivität beim Singen, Spielen und Tanzen als eine Art Reifungshilfe vorbereitet bzw. begleitet werden können." (Korte 2011, S. 213f)
- Mehr als hundert Milliarden Nervenzellen besitzt der Mensch bei seiner Geburt. Profitieren von diesem Reichtum kann man allerdings erst, wenn sie miteinander verknüpft werden – diese Verknüpfungen (Synapsen) entstehen in der frühen Kindheit vor allem durch Sinneswahrnehmung und körperliche Aktivität
- „Use it or loose it" ist das Prinzip, nach dem das Gehirn arbeitet. Nicht gebrauchte Verbindungen werden abgebaut. Besonders durch körperliche Bewegung werden sie aber erhalten, bei älteren und alten Menschen genauso wie bei Kindern.
- Durch eigenständiges Handeln gewinnen Kinder die Erkenntnis, dass sie auf die Umwelt einwirken können

- Während körperlicher Bewegung wird nicht nur der Bewegungsapparat, sondern auch das Gehirn besser durchblutet – besonders der Cortex, der für das Speichern von Langzeiterinnerungen entscheidend ist
- Durch die verbesserte Blutzufuhr werden dem Gehirn vermehrt Endorphine (körpereigene Opiate) zugespült, die mit dem Cortex, aber vor allem auch mit dem limbischen System, in Wechselwirkung treten und eine herausragende Rolle für das emotionale Befinden sowie für Motivation und Antrieb spielen
- „Generell gilt, dass Bewegung direkt über die motorischen Areale im Gehirn, aber auch indirekt über Endorphine und andere Substanzen die Reifung des Gehirns fördert.“ (Korte 2011, S. 215)

(vgl. Klicpera 2006, S. 9ff; ebd. 2007, S. 8ff; Zimmer 2004, S. 11ff, Korte 2011, S. 213ff)

Giacomo Rizzolatti[12], der Entdecker der Spiegelneurone[13], sieht das motorische System als den *Protagonisten* und die Basis für kognitive Prozesse, ebenso führt er Wahrnehmung und Bewegung sogar auf ein *gleiches Format* zurück.

Jahrzehntelang wurde dem motorischen System nur eine Nebenrolle zugeschrieben, es war ausschließlich auf ausführende Tätigkeiten in Folge von seriell geschalteten (hintereinander ablaufenden) Prozessen beschränkt:

Wahrnehmung ⇨ Kognition ⇨ Bewegung

Da dieses System aber sehr viel komplexere funktionelle Eigenschaften besitzt und aus einem Mosaik aus frontalen (Stirnbereich) und parietalen (Scheitelbereich) Arealen besteht, die untereinander und mit sensori-

12 Professor für Physiologie an der Universität Parma

13 Spiegelneurone sind bestimmte Neurone im Gehirn, die durch bloßes Beobachten einer anderen Person das Nachahmen einer Handlung oder das Nachempfinden von Emotionen ermöglichen. Die Neurone sind also aktiv, unabhängig davon, ob die Handlung nur beobachtet oder auch selbst ausgeführt wurde. Mehr dazu in Kapitel 3.1.9.

schen Bereichen (taktilen, visuellen, auditiven) enge Verbindungen aufweisen, muss die oben dargestellte Abbildung folgendermaßen aussehen:

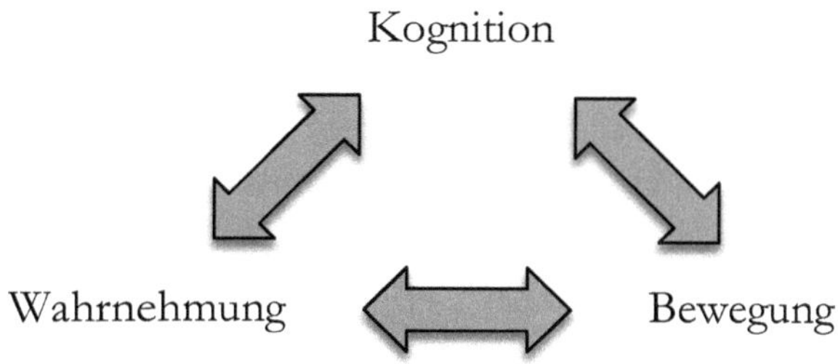

Rizzolatti und Kollegen fanden heraus, dass gewisse Bereiche, die auch als assoziativ[14] bezeichnet werden, *selbständig sensomotorische Transformationen durchführen*, sie haben sensorische *und* motorische Eigenschaften:

> „Funktionell äußert sich das darin, daß (sic!) jede dieser Schaltungen an einer bestimmten sensomotorischen Transformation beteiligt zu sein scheint, also einer bestimmten „Übersetzung" einer sensorischen Beschreibung des Reizes in eine motorische." (Rizzolatti 2008, S. 31)

Sie aktivieren sich außerdem nicht nur bei einer selbst ausgeführten Bewegung oder einer selbst gefühlten emotionalen Empfindung, sondern ebenso wenn man diese nur beobachtet. „In short, it's as though seeing and doing are one and the same." (Lindstrom 2010, S. 56)
Weiters gibt es vielfältige Verschaltungen zu anderen Bereichen, wobei aus den hinteren (Parietallappen) eher sensomotorische Informationen gelangen und der vordere Bereich (Stirnlappen, genauer präfrontaler Cortex) eher handlungsplanende Aufgaben erfüllt und für Arbeitsgedächtnis und Motivation zuständig ist, die cinguläre Rinde könnte an affektiven und motivationalen Informationen beteiligt sein, „die an der Genese der Intentionen teilhaben, und beinflusse auf diese Weise den Ablauf von Handlungen." (Rizzolatti 2008, S. 29) (vgl. ebd. S. 18ff)

---

[14] assoziativ: miteinander verbinden. Rizzolatti fand, dass die Bezeichnung assoziativ gar nicht verwendet werden sollte, da diese Areale oftmals nicht nur sensorische und motorische Information miteinander verbinden, sondern eine richtige Transformation, eine Übersetzung der sensorischen Information in eine motorische selbstständig ausführen.

Ein Wörterbuch aus Bewegungen

Bewegungen speichert unser Gehirn nicht als bloße abstrakte Bewegungen, sondern als *Akte,* d.h. eine Bewegungshandlung wird für einen bestimmten Zweck, mit einem bestimmten Ziel gespeichert. Unser Gehirn ist dabei ein agierendes und verstehendes Gehirn, wenn dies auch ein vorsprachliches und vorbegriffliches Verstehen ist, aber darauf stützen sich viele der so gefeierten kognitiven Fähigkeiten. „Diese Art von Verstehen äußerst sich auch in der Aktivierung der Spiegelneurone." (Rizzolatti 2006, S. 14)

Das Erkennen von Handlungen und Intentionen hängt dabei vorwiegend von unserem *motorischen Vermögen* ab. Ob es nun das Ergreifen eines Gegenstandes oder das Erleben eines Theaterstückes, einer Klaviersonate etc. ist, „gestatten die Spiegelneurone unserem Gehirn, die beobachteten Bewegungen mit unseren eigenen in Beziehung zu setzen und dadurch deren Bedeutung zu erkennen." (Rizzolatti 2006, S. 14) Dass wir rein aus dem Beobachteten die Intentionen, Motivationen und Erwartungen anderer verstehen ohne darüber nachzudenken, verdanken wir allein dem motorischen System. Dieses speichert, wie oben schon genannt, die Bewegungen als Akte, deren Wörter von Neuronengruppen repräsentiert werden und je reichhaltiger dieses Wörterbuch aus Bewegungen, dieses Wörterbuch der Akte ist, desto umfangreicher ist unser Erleben, Erkennen und Verstehen. (vgl. Rizzolatti 2008, S. 57)

Beschränkt ist dies allerdings ganz und gar nicht auf bloßes Bewegungshandeln, denn Gefühle sind stets im Spiel und auch genau dafür aktivieren sich die Spiegelneurone: für Empathie, für das Mitempfinden bei Schmerz, usw. Die Aktivität der Spiegelneurone macht außerdem deutlich, dass wir als gesellschaftliche Subjekte (Individuen in einer Gemeinschaft) handeln, was für Lernen, Kommunikation und das Erkennen von Gefühlen anderer ausschlaggebend ist. (vgl. Rizzolatti 2066, S. 11ff)

Zusammenfassend lässt sich also sagen:

> „Die Tatsache, daß (sic!) die sensorische und die motorische Information auf ein gemeinsames Format zurückgeführt werden können, das von bestimmten parietofrontalen Schaltungen kodiert wird, legt im übrigen nahe, daß (sic!) nicht nur unsere motorischen Verhaltensweisen, sondern auch bestimmte Prozesse, die gewöhnlich als von höherer Ordnung betrachtet und sogenannten kognitiven Systemen zugeschrieben werden – beispielsweise die Wahrnehmung und das Erkennen der Akte anderer, die Nachahmung und sogar die gestischen und sprachlichen Kommunikationsformen –, auf das motorische System verweisen und in ihm ihr primäres neurales Substrat finden könnten." (Rizzolatti 2008, S. 34)

Dies bestätigt auch Hollmann:

> „Bewegung stellt eine der wesentlichsten Grundlagen für die Entwicklung hinsichtlich kognitiver, sozialer und emotionaler Verhaltensweisen dar." (Hollmann in Zimmer/Hunger 2009, S. 34)

Lange sagte man, „der Geist formt den Körper". Die Gehirnforschung der letzten Jahre bewies jedoch, *dass auch der Körper den Geist formt.*

Eine Fortsetzung zum Thema Spiegelneurone findet sich in Kapitel 3.1.9

2.8.1. Wahrnehmung und Bewegung als Voraussetzung

...für die Entwicklung des Selbst
Das Kind entwickelt ein Bild der eigenen Fähigkeiten sowie eine Vorstellung von seinem „Selbst" hauptsächlich über die mit dem Körper gemachten Erfahrungen. Es erlebt dabei Können und Nichtkönnen, Erfolg und Misserfolg, Chancen und Grenzen und ebenso dass es imstande ist, etwas zu leisten und zu vollbringen. Besonders bei kleinen Kindern äußert sich das Bemühen um Selbstständigkeit in einer körperlich-motorischen Art, wenn sie z.B. unermüdlich versuchen zu stehen oder zu gehen. Die sinnlichen Erfahrungen der ersten Lebenswochen über die sensorischen Systeme gelten als die erste Stufe in der Entwicklung des Selbst. (vgl. Zimmer 2004, S. 27ff) „Der Körper ist das Bindeglied zwi-

schen dem Selbst und der Umwelt, es vermittelt zwischen ‚innen' und ‚außen'." (Zimmer 2004, S. 29)

> „Der Aufbau des ‚Selbst' ist beim Kind wesentlich geprägt von den Körpererfahrungen, die es in den ersten Lebensjahren macht. Sie können damit auch als Grundlage der kindlichen Identitätsentwicklung angesehen werden." (Zimmer 2004, S. 28)

Rückschlüsse auf die eigene Person können aus der Beobachtung der Wirkung des eigenen Tuns gezogen werden. Dieses Gefühl des Etwas-bewirken-Könnens durch Experimentieren und Ausprobieren liefert erstes Selbstvertrauen bei Leistungsanforderungen.
Bei Kindern ist das Selbstwertgefühl fast immer an ihre körperlich-motorischen Fähigkeiten geknüpft.

> „In einem Alter, in dem Geschicklichkeit, körperliche Leistung und motorische Fähigkeiten sehr hoch im Kurs stehen, wirkt sich die Erfahrung körperlicher Unterlegenheit, Ängstlichkeit und Unsicherheit schnell auf das Selbstbild des Kindes und ebenso auf den sozialen Status und die Position in der Gruppe aus." (Zimmer 2004, S. 31)

Das Selbstkonzept nimmt bei Kindern wie bei Erwachsenen großen Einfluss auf ihr gesamtes Verhalten. Haben sie ein negatives Selbstkonzept, so blicken sie neuen Aufgaben eher ängstlich entgegen, empfinden sie als bedrohlich und geben schneller auf. Die meisten Menschen haben eine gewisse früh entstandene Grundeinstellung ihr Selbstkonzept betreffend, die sie meistens ihr Leben lang kaum bis nicht ändern. Eppstein (1993 in Zimmer 2004, S. 32) meint dazu, dass in der frühen Kindheit erworbene Erfahrungen hierbei am schwierigsten zu ändern sind. Gibt es negative Erfahrungen aufgrund von körperlichen Fähigkeiten, so übertragen sich diese auch leicht auf andere Gebiete.

Zusammenfassend lässt sich sagen:

> „Positive Bewegungserfahrungen können vor allem bei jüngeren Kindern wesentlich dazu beitragen, dass sie ein realistisches, aber leistungszuversichtliches Selbstbild aufbauen. In der richtigen Form von Erzieherinnen

> und Eltern angeleitet und begleitet, können Kinder auch unabhängig von ihrer objektiven Leistungsfähigkeit die Voraussetzungen für Selbstvertrauen und Selbstbewusstsein entwickeln." (Zimmer 2004, S. 34)

...für die soziale Entwicklung

Geprägt ist die soziale Entwicklung von den ersten in der Familie erlebten Bindungserfahrungen, später erweitert der Kindergarten das Netz sozialer Beziehungen. Lernprozesse finden dabei weniger durch bestimmte Erziehungsmaßnahmen oder Anleitungen statt, sondern durch das tägliche Zusammenleben und den Umgang mit anderen. Nachgeben, sich behaupten, streiten und versöhnen, aushandeln und bestimmen können hier erprobt werden, genauso erlebt man das Gefühl von geliebt und angenommen oder abgelehnt und ausgeschlossen werden.
Besonders in der Kindergartenzeit werden wichtige Entwicklungsschritte sozialer Verhaltensweisen gemacht. „*Kinder brauchen Kinder*, um in eine soziale Gemeinschaft hineinwachsen zu können." (Zimmer 2004, S. 34) Dabei sind auch altersgemischte Gruppen sehr von Vorteil, weil ein sich Gegenseitig-helfen und ein Voneinander-lernen hier sehr gut stattfinden kann. Besonders im Spiel auftauchende konkrete Probleme können Anlass sein, ein lösungsorientiertes Handeln und die Grundregeln des Sozialverhaltens zu erproben und unbewusst zu üben. (vgl. Zimmer 2004, S. 34ff)

Zu den Grundqualifikationen des sozialen Handelns zählen:

- die soziale Sensibilität
- das Regelverständnis
- die Kontakt- und Kooperationsfähigkeit
- die Frustrationstoleranz
- die Toleranz und Rücksichtnahme

...für die kognitive Entwicklung

> „Bewegung ist der Motor der Entwicklung – auch der kognitiven Entwicklung." (Zimmer 2004, S. 41) Kinder „lernen nur das, was sie auch

> selber tun können, was sie sich selbst aneignen und mit den Mitteln und Methoden, über die sie verfügen, verstehen können." (Zimmer 2004, S. 42)

Sensorische Reize können als *Nahrung für das Gehirn* bezeichnet werden. Die Bildung neuer synaptischer Verbindungen wird durch Bewegungsaktivitäten unterstützt, die vermehrt Botenstoffe produzieren und somit Lernprozesse fördern. Die Synapsen sind aktivitätsabhängig.
Piaget (1975 in Zimmer 2004, S. 45) beschreibt die Entwicklung der Intelligenz „in der handelnden Auseinandersetzung des Kindes mit den Objekten seiner Umwelt. Denken vollzieht sich zunächst in der Form aktiven Handelns. Über die praktische Bewältigung von Situationen gelangt das Kind zu deren theoretischer Beherrschung."
Dabei werden die praktischen Handlungen so verinnerlicht, dass sie später dann als eine Abstraktion der konkreten Tätigkeit möglich sind, Ergebnisse von Handlungen vorweggenommen werden können und die Vorstellung anstelle des Ausprobierens tritt. Dies ist besonders durch Ausprobieren und den dadurch erfahrbaren Ursache-Wirkungs-Zusammenhang gegeben, ebenso erfahren Kinder Eigenschaften von Dingen und Gesetzmäßigkeiten der Umwelt.

Nach Piaget vollzieht sich die Entwicklung der Intelligenz in fünf Stufen:

1. Sensomotorische Periode: Erkenntnisse werden hier vorwiegend über Wahrnehmung und Bewegung gewonnen – umfasst die ersten beiden Lebensjahre.
2. Symbolisches oder vorbegriffliches Denken: entsteht mit dem Auftreten der Vorstellung und äußert sich vor allem in Symbolspielen
3. Anschauliches Denken: zwischen vier und sieben Jahren, dem Kind ist zwar Begriffsbildung möglich, diese sind jedoch noch sehr bildhaft.
4. Konkrete Denkoperationen: ab dem siebten Lebensjahr, geistige Handlungen sind nun unabhängig von der Außenwelt
5. Formale Denkoperationen: ab dem elften Lebensjahr, Denken besteht nun aus abstrakten Überlegungen. (vgl. Zimmer 2004, S. 47ff)

Eine Untersuchung an 300 4-6jährigen Kindern, die über einen Zeitraum von einem Jahr hinweg ein regelmäßiges Bewegungsprogramm mit dem Ziel der Förderung der Eigenaktivität erhielten, gab besonderen Einblick in die Zusammenhänge zwischen „der Bewegungsentwicklung eines Kindes, seiner Intelligenz und dem Grad seiner Selbsttätigkeit". (Zimmer 2004, S. 54) Neben der nachweislichen Zunahme der motorischen Leistung schnitten sie auch in Intelligenztests erheblich besser ab. (vgl. Zimmer 1996 in Zimmer 2004, S. 54)

...für die Gesundheit und das Wohlbefinden

Schon im Kindergarten ist eine gezielte Gesundheitserziehung möglich und wichtig, die aus gesunder Ernährung, ausreichend frischer Luft und kindgemäßem Bewegungsangebot besteht. Für Erwachsene kann Gesundheit ein Motiv für sportliche Betätigung sein, sie möchten widerstands- und leistungsfähiger, gesünder, fitter oder schlanker sein. Kinder stellen keine Überlegungen dergleichen an, sie bewegen sich weil es Spaß macht. Trotzdem hat Bewegung auch für sie eine wichtige gesundheitliche Komponente, dazu zählen:

- die körperliche Gesundheitsfunktion: Verbesserte körperliche Fitness, starkes Immunsystem, leistungsfähiges Herz-Kreislauf-System, Kräftigung der Muskulatur, Verbesserung der Körperhaltung
- die personale Gesundheitsfunktion: zuversichtliche und optimistische Grundeinstellung, Unterstützung von Selbstvertrauen und Selbstwertgefühl
- die soziale Gesundheitsfunktion: Integration in einer Gruppe und Akzeptanz unter Gleichaltrigen, Bindung an andere Personen (vgl. Zimmer 2004, S. 56ff)

Die Organsysteme des Menschen brauchen (im Kindesalter tägliche) Bewegung um gut ausgebildet und leistungsfähig zu sein. Dazu zählen „der passive und aktive Stütz- und Bewegungsapparat, das Atmungs-Herz-Kreislaufsystem, das Stoffwechselsystem, das Nervensystem" (vgl. Cicus 1990 in Zimmer 2004, S. 57). Während Erwachsene gezielt dafür

trainieren, setzen sich Kinder normalerweise die nötigen Reize ganz von selbst, ohne es zu merken, im Spiel.
Wichtig dabei ist auch das Erfahren der körperlichen Reaktionen auf Belastung, z.B. wie fühlt es sich an außer Atem zu sein. Solche Erfahrungen können über den motorischen Bereich hinaus belastungs- und widerstandsfähiger machen.

Die WHO (World Health Organization, in Zimmer 2004, S. 58) definiert Gesundheit als *„vollkommenes körperliches, geistiges und soziales Wohlbefinden"*, was weit über die rein körperliche Konstitution hinausgeht und die tiefgreifenden Zusammenhänge zwischen körperlichen und seelisch-geistigen Befindlichkeiten deutlich macht.
Zu Bewegungsmangelerkrankungen zählen Verhaltensauffälligkeiten, Ängste, Aggressivität, kommunikative Störungen, mangelnde Konzentration und Hyperaktivität. Die Verbesserung der körperlichen Leistungsfähigkeit und die personalen Gesundheitsressourcen wirken sich aber stärkend auf das Selbstvertrauen und das Selbstwertgefühl aus. (vgl. Zimmer 2004, S. 58ff)

Zimmer weist ausdrücklich auf die essentielle Bedeutung der Bewegungserziehung hin:

> „Ein pädagogisches Konzept, das auf der Grundlage des Zusammenwirkens von Bewegung, Wahrnehmung, Denken, Erleben und Handeln konzipiert ist, wird zu einer vielseitigen, nachhaltigen Bildung des Kindes beitragen.
> **Noch hat PISA den Körper nicht entdeckt** – dabei gibt es doch so viele Anhaltspunkte, die darauf hinweisen, dass mit einer stärkeren Berücksichtigung der Körperlichkeit der Kinder und Jugendlichen sich auch ihre Lernleistungen verbessern." (Zimmer (Hrsg.) 2004, S.16f)

2.9. Extrakt aus Kapitel 2

Dieses Extrakt des vorangegangenen Kapitels enthält zusammenfassend die wichtigen Aspekte. Diese Grundlagen und Erkenntnisse dienen als Basis für die kommenden Kapitel:

- Die Entwicklung des Gehirns beruht auf einem Wechselspiel zwischen Genen und Umwelt/Erfahrung.
- Nervenzellen (Neuronen) erleben nach ihrer letzten Teilung keine weitere mehr, sie sind ein für alle Mal spezialisiert. Wäre das nicht so, würde großes Chaos entstehen – allerdings sind Schäden dadurch relativ irreversibel.
- Der endgültige Bestimmungsort der Nervenzellen verläuft nach einer festgelegten Choreographie.
- Unbenutzte Nervenzellen und Synapsen werden wieder abgebaut – ein Entrümpelungsvorgang für bessere Ordnung.
- Das Gehirn reift allmählich: untere Gehirnstrukturen (wichtig für die Steuerung lebenswichtiger Funktionen) entstehen zuerst, das Großhirn mit all seinen komplexen Strukturen entwickelt sich zuletzt.
- Der grobe Aufbau des Gehirns ist evolutionär bedingt, jedes Gehirn aber ist einzigartig, weil es durch individuelle Erfahrungen geprägt wird.
- Die Verknüpfungen der 10^{15} Synapsen entstehen selektiv (je nach Benutzung – wichtige werden verstärkt, unwichtige verkümmern).
- Neuronen wären ohne Gliazellen nicht lebensfähig – diese bilden eine Stütze und Hülle für die Neuronen, sie kümmern sich um den Stoffwechsel und sind für die Isolierung der Axone und die beschleunigte Übertragungsgeschwindigkeit zuständig.
- Reize, Signale und Informationen werden über die Wahrnehmung aufgenommen (Input) und im Gehirn verarbeitet. Daraus entstehen Aktionen und Reaktionen, die der Körper, innerviert vom Nervensystem, ausführt (Output). Bewegung kann Bewegung der Skelettmuskulatur, aber auch eine innere Bewegung wie die des Darmes, oder der Gedanken und Gefühle sein.

- Unterschiedliche Zuständigkeitsbereiche sind im Gehirn an unterschiedlichen Stellen lokalisiert, jedoch ist das Gehirn sehr vernetzt und für eine Aufgabe arbeiten mehrere Bereiche zusammen.
- Das Gehirn kommuniziert mit dem Körper über das Nervensystem – Gedanken im Gehirn werden zu Signalen im Nervensystem und schließlich zu Handlungen des Körpers. Manches geschieht bewusst, manches unbewusst. Auch Hormone beeinflussen diese Kommunikation.
- Die Wahrnehmung über die Sinne verschafft den ersten Zugang zur Welt.
- Das Gehirn eines Kindes ist sehr plastisch, es ist formbar. Kinder lernen leicht im Gegensatz zu Menschen im hohen Alter, deren Gehirne eine geringere Plastizität aufweisen.
- Die Umgebung eines Kleinkinds beeinflusst die Entwicklung seines Gehirns.
- Eine Entwicklungsstufe baut auf der vorherigen auf: aus dem konkreten Erleben und Erfahren über Wahrnehmung und Bewegung wird später Vorstellungsvermögen und abstraktes Denken.
- Zum Lernen tragen die Spiegelneurone einen großen Teil bei: diese Neurone aktivieren sich schon beim bloßen Beobachten einer Handlung. Das Verstehen dieser Handlungen beruht auf dem motorischen System. Selbiges gilt für das Mitempfinden von Emotionen.
- Bis zum Beginn der Schulzeit etwa ist das Gehirnwachstum abgeschlossen, nicht aber seine Entwicklung.
- Bewegung gilt als wesentliche Grundlage für die soziale, kognitive und emotionale Entwicklung und hat Auswirkung auf das Selbstbild/-vertrauen, die Gesundheit und die Intelligenz.
- Bewegung muss mehr Einzug in den Bildungsalltag von Kindern und Jugendlichen finden, der Bildungsbegriff muss weiter gefasst werden.
- Wahrnehmung, Bewegung und Kognition befinden sich in einem sich ständig gegenseitig bedingenden und beeinflussenden Wechselspiel.

3. Lernen aus neurobiologischer Sicht

3.1. Wie wir lernen

Wie kann der Transfer von Lehrinhalten von draußen nach drinnen „in den Kopf" vor sich gehen? Manfred Spitzer[15] meint dazu:

> „Je bunter und bewegter, je lustiger und spielähnlicher, je interaktiver und leibhaftiger diese zu lernenden Inhalte dargeboten würden, desto besser würde gelernt." (Spitzer 2002, S. 2)

Was beim Lernen also im Gehirn geschieht und welche neurobiologischen Grundlagen hinter dem Lernen stecken – diesen Fragen wollen wir im folgenden Kapitel auf die Spur gehen.

3.1.1. Allgemeines

> „Wenn es etwas gibt, was Menschen vor allen anderen Lebewesen auszeichnet, dann ist es die Tatsache, dass wir lernen können und dies auch zeitlebens tun." (Spitzer 2002, aus dem Vorwort)

- Lernen geschieht im Kopf – das Organ mit dem wir lernen ist das Gehirn.
- Lernen ist ein aktiver Vorgang.
- Lernen geschieht andauernd – wir lernen immer und können dagegen auch nichts tun.
- Man kann seine Zeit daher nicht in „Lernzeit" und „Freizeit" einteilen, da das Gehirn sowieso permanent lernt.
- Menschen sind für das Lernen optimiert – am eindrucksvollsten ist Lernen bei Babys zu beobachten[16].

---

[15] Diplompsychologe, promovierter Philosoph und Professor für Psychiatrie an der Universität Ulm, Leiter des dortigen Transferzentrums für Neurowissenschaften und Lernen

[16] Manfred Spitzer berichtet von einem sehr eindrucksvollen Fall eines siebenjährigen Mädchens, dem die linke Gehirnhälfte mit drei Jahren entfernt wurde, um eine sonst tödlich verlaufende Gehirnhautentzündung mit unbeherrschbaren epileptischen Anfällen zu vermeiden.

- Informationen sind Nahrung für den Geist – so wie Junk Food keine wertvolle Nahrung für den Körper darstellt, so gibt es auch viel leere und unbefriedigende Information für das Gehirn (wollen wir es mit „Junk Food" ernähren?).
- Kinder wollen lernen. Sie sind neugierig und wissbegierig. Schon vor der Geburt und in jungen Jahren lernt das Gehirn zu lernen. (vgl. Korte 2011, S. 14ff)
- Ziele sollen nicht zu hoch und unerreichbar gesteckt sein – nichts ist für das Gehirn frustrierender. (ebd. 2011, S. 14)
- Man kann Kinder zum Lernen nicht *in der Schule abgeben.* Kinder lernen immer, vor allem auch zu Hause. (ebd. 2011, S. 14)
- Eltern haben, unabhängig von der Qualität der Schule, „maßgeblichen Einfluss auf den Schulerfolg ihrer Kinder". (Korte 2011, S. 12)
- Erlebnisse aus der Seele werden zu Spuren im Gehirn.
- Lernen verändert – lernen wir wirklich Neues, so verändern wir uns: Dadurch kann Lernen auch mit Angst und Scheu verbunden sein.
- Die Spuren der Eindrücke von draußen werden in uns Repräsentationen genannt. Diese entstehen und verändern sich, was als Vorgang des Lernens bezeichnet wird.
- Repräsentationen entstehen nicht nur aus der Wahrnehmung – zu ihnen zählen auch Werte, Zusammenhänge, Handlungen, Ziele, die Sprache und Empfindungen aus dem Körper. (vgl. Spitzer 2002, S. 2ff)
- Acht Schlüsselqualifikationen, die Kinder für die Zukunft brauchen: „Flexibilität, Kommunikationsfähigkeit, Medienkompetenz, Kreativität, Teamgeist, Konfliktfähigkeit, Organisationstalent und Stressresistenz." (Korte 2011, S. 26) Diese soft skills, im Gegensatz zu den harten Wissensfakten, sind der Schlüssel für die Zukunft, sie machen die Persönlichkeit von Kindern aus und wirken sich auf deren Erfolg aus.

Obwohl in der linke Gehirnhälfte das Sprachzentrum sitzt, spricht das Kind zwei Sprachen fließend und war auch sonst praktisch völlig normal. Spitzer stellt dazu fest: „Wenn das möglich ist, dann sollte jeder mit einem ganzen Gehirn wahre Höchstleistungen vollbringen können!" (Spitzer 2002, S. 15)

3.1.2. Definition von Lernen

„Lernen bezieht sich auf relativ dauerhafte Veränderungen im Verhalten oder den Verhaltenspotentialen eines Lebewesens in Bezug auf eine bestimmte Situation. Es beruht auf wiederholten Erfahrungen mit dieser Situation und kann nicht auf angeborene bzw. genetisch festgelegte Reaktionstendenzen, Reifung oder vorübergehende Zustände (z.B. Müdigkeit, Krankheit, Alterung, Triebzustände) zurückgeführt werden." (Bower & Hilgard, 1983; Klein, 1996; in Winkel, Petermann und Petermann 2006, S. 12)

3.1.3. Gedächtnis

„Voraussetzung für alles Lernen ist das Gedächtnis und damit die Fähigkeit, Informationen über längere Zeiträume im Gehirn zu chern." (Madeja 2010, S. 111)

„Aufmerksamkeit, Gedächtnis und Lernen sind untrennbar miteinander verbunden. Lernen ist eine Veränderung des Verhaltens als Resultat von Erfahrung, Gedächtnis ist die Auswirkung von Erfahrung, und beide werden durch Aufmerksamkeit vereinfacht. (...) Die Untersuchung des Gedächtnisses ist eigentlich eine andere Art, das Lernen zu untersuchen." (Lefrancois 2006, S. 255)

ZEITLICHE GLIEDERUNG
Atkinson & Shiffrin (1968) haben 1968 ein Modell zur Erforschung des Gedächtnisses entworfen, das modale Modell, welches in drei Bereiche geteilt wird:

- Sensorisches Gedächtnis
- Kurzzeitgedächtnis
- Langzeitgedächtnis

Sensorisches Gedächtnis

Unter dem sensorischem Gedächtnis (oder auch Ultrakurzzeitgedächtnis, vgl. Roth 2011, S. 108) versteht man die „unmittelbaren, unbewussten Wirkungen von Stimuli." (Lefrancois 2006, S. 260) Seine Merkmale sind: Es läuft unbewusst ab, kann aber durch bedeutungsvolle Inhalte unsere Aufmerksamkeit verlagern. Als Beispiel: Während einer Party mit vielen Gesprächen rundherum kann man dem eigenen Gespräch folgen ohne die anderen zu beachten. Wird die Aufmerksamkeit aber durch etwas anderes erregt (man hört z.B. seinen eigenen Namen), so wird sie dorthin verlagert und das sensorische Gedächtnis hat, obwohl es unbewusst und nur für einen Bruchteil einer Sekunde verfügbar ist, seinen Teil geleistet. Lefrancois nennt dieses Phänomen das „Cocktailparty-Phänomen". (vgl. Lefrancois 2006, S. 260f)

Kurzzeitgedächtnis oder Arbeitsgedächtnis

Gelangt ein unbewusster Input aus dem sensorischen Gedächtnis in unser Bewusstsein, so landet er zunächst im Kurzzeit- oder Arbeitsgedächtnis. Darunter versteht man ein kurzzeitiges Erinnern (wenige Sekunden) an ein paar Details (z.B. eine Telefonnummer), der Arbeitsspeicher umfasst eine Kapazität von etwa 7 +/- 2 Elementen (dies können sieben einzelne Buchstaben aber auch sieben Wörter sein). Die Telefonnummer kann gewählt werden, ohne dass nach jedem Eintippen ein erneutes Nachsehen nötig wäre, allerdings vergisst man die Telefonnummer anschließend wieder, wenn sie nicht bewusst wiederholt wird, um ins Langzeitgedächtnis zu gelangen. Ebenso ist das Kurzzeitgedächtnis wichtig, um den Anfang eines Satzes immer noch zu wissen wenn man am Ende desselben angelangt ist und man somit den Sinn des Gelesenen erfassen kann. (vgl. Lefrancois 2006, S. 261ff)

- Erst mit ca. 25 Jahren ist das Arbeitsgedächtnis vollständig ausgebildet! Bei Kindern beschränkt sich diese Zahl noch auf ein bis zwei Elemente.
- Die Leistungsfähigkeit des Arbeitsgedächtnisses wirkt sich auf alle anderen Gedächtnisleistungen aus.
- Lesen ist ein wunderbares Training für das Arbeitsgedächtnis. (vgl. Korte 2011, S.67ff)

Langzeitgedächtnis

Die Speicherkapazität für dauerhafte Erinnerungen ist sehr hoch; „man schätzt sie für jedes menschliche Gehirn auf eine Informationsmenge, die einer großen Bibliothek von einigen tausend Büchern entspricht.“ (Madeja 2010, S. 114) Korte stellt den Vergleich mit dem Inhalt von zwei Millionen CDs – ca. 1,4 Petabyte auf. (Korte 2011, S. 68)

Die Merkmale des Langzeitgedächtnisses sind:

- sehr stabil und nur schwer störbar, besonders z.B. das Gedächtnis für Gerüche
- generativ – es kann Erinnerungen generieren oder reproduzieren, unabhängig davon ob sie passiert sind oder nicht
- Verständnis ist ein wichtiger Aspekt – wir erinnern uns an das Wesentliche, haben wir etwas verstanden, so erinnern wir uns umso besser und wahrheitsgetreuer
- manche Dinge lassen sich leichter erinnern – bedeutungsvolle Inhalte, emotionale Geschehnisse, Gerüche. Genannt werden diese Erinnerungen Flashbulb Memories (Blitzlichterinnerungen), man erinnert sich auch an alle Umstände sehr genau – z.B. wo man bei 9/11 war und wie man davon erfuhr (vgl. Lefrancois 2006, S. 265ff)
- Das kindliche (wie auch das erwachsene) Gedächtnis kann nicht überfordert werden

> Das Langzeitgedächtnis ist „kein statischer Mechanismus wie eine Festplatte, sondern ein dynamisches Geschehen, d.h. unser Langzeitgedächtnis wird durch neue Erlebnisse und Erfahrungen ständig umgeschrieben und wiederaufgefrischt, und es unterliegt auch rein internen Reorganisationsprozessen, die an Datenkompression erinnern.“ (Roth 2011, S. 108)

Unklar bleibt jedoch vorerst noch, ob die drei Gedächtnissysteme parallel oder hintereinander geschaltet arbeiten und was genau bei der Konsolidierungsphase[17] passiert. (vgl. Roth 2011, S. 107ff)

[17] Die Phase des Einspeicherns und Festigens von Inhalten

Welche Inhalte werden nun über lange Zeit hinweg gespeichert und welche nicht?
Madeja (2010, S.115) schreibt dazu:

> „Die Entscheidung, welche Inhalte über längere Zeiten erinnert werden sollen, ist ein Auswahlprozess des Gehirns, der zum Ziel hat, wichtige Informationen möglichst lange zu speichern. Das Kriterium Wichtigkeit ist dabei durch die Häufigkeit bestimmt, mit der die Information immer wieder auftaucht."

Neben den genannten Kriterien Wichtigkeit und Häufigkeit spielen auch Emotionen besonders beim Ersterwerb der Inhalte eine wichtige Rolle. Siehe dazu „Das emotionale Gedächtnis" weiter unten, sowie Kapitel 3.2.3.

FUNKTIONALE GLIEDERUNG

Wäre man vor die Aufgabe gestellt, die deutsche Grammatik zu erklären, z.B. für welche Verben man wie die Vergangenheitsform bildet, so könnten wir dazu wahrscheinlich nicht viel sagen. Trotzdem aber sind wir in der Lage, uns ganz normal und fehlerfrei in unserer Muttersprache zu unterhalten, egal ob in der Gegenwart, der Zukunft oder der Vergangenheit, und denken dabei auch nicht über die Grammatik nach. Genauso geht es Sportlern bei Interviews nach ihren Glanzleistungen oder Musikpädagogen beim Unterrichten ihres Instruments, dieses „Wissen" ist kaum verbalisierbar. Spitzer beschreibt dies als *Können,* eine Wissensleistung, die *prozedural* in uns gespeichert ist (wie z.B. Schifahren) und sich daher schwer versprachlichen lässt (das wäre nochmals eine mühevolle Extraleistung). Im Gegensatz dazu gibt es das *Wissen*, also Faktenwissen und persönliche Erinnerungen, welches klar benennbar ist. (vgl. Spitzer 2002, S. 60ff)

Funktional lässt sich das Gedächtnis einteilen in:

- das deklarative (explizite) Gedächtnis
- das prozedurale (implizite) Gedächtnis
- das emotionale Gedächtnis

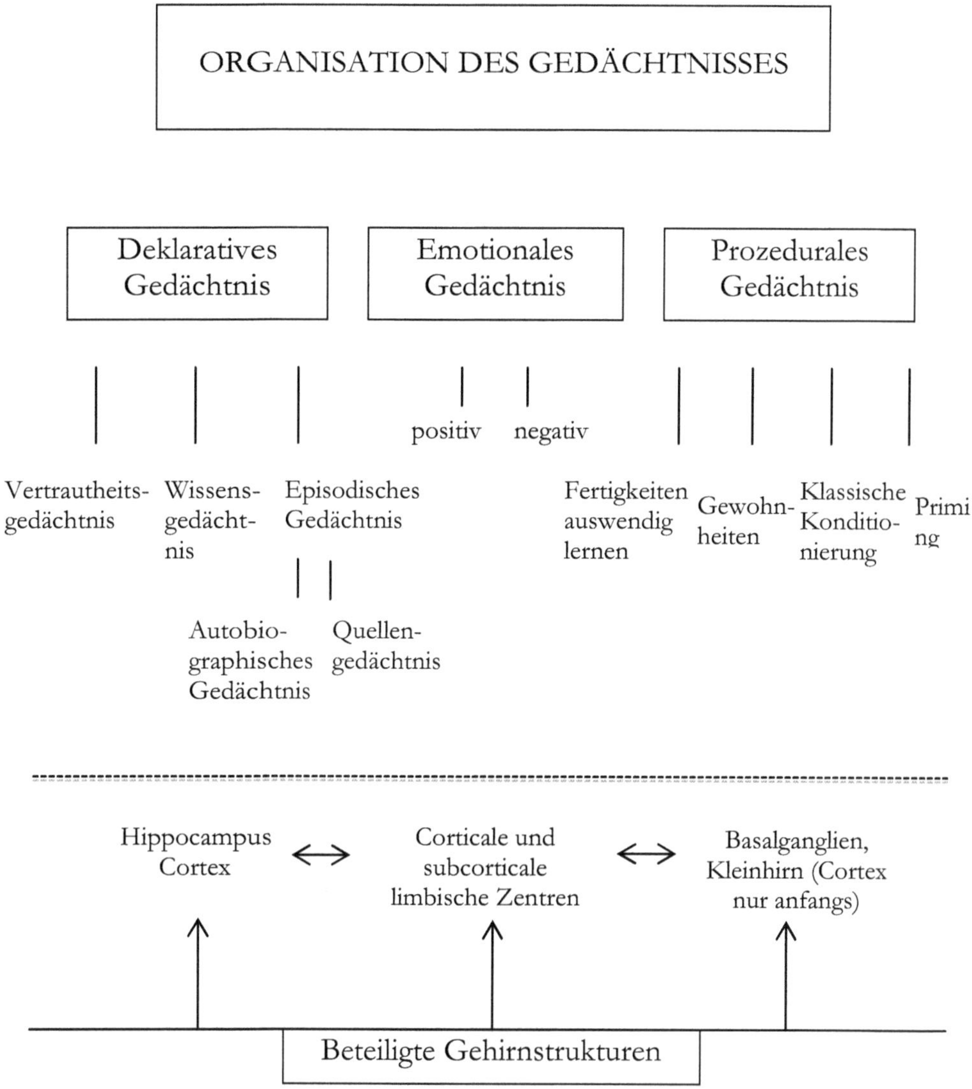

Abbildung 7: Organisation des Gedächtnisses (vgl. Roth 2011, S.103ff; S. 60; Carter 2010, S. 50ff)

Das deklarative (explizite) Gedächtnis
ist von Bewusstsein begleitet und kann sprachlich berichtet werden. Zu ihm zählen:

- das *Vertrautheitsgedächtnis* (ermittelt den Bekanntheitswert einer Sache – ob uns eine Sache bekannt vorkommt)
- das *Wissensgedächtnis* (2x2=4)
- das *Episodische Gedächtnis* (umfasst Erinnern – remembering), welches man wiederum in ein *autobiographisches* und ein *Quellengedächtnis* teilt (autobiographisches Gedächtnis: inhaltlich, räumlich, zeitlich konkrete Erlebnisse, auch Kontext[18]; Quellengedächtnis: von wem man wann und wo etwas gelernt hat, spielt eine Rolle bei der Wissensvermittlung und steht mit der Vertrauenswürdigkeit des Lehrenden in Zusammenhang)

Die Strukturen des deklarativen Gedächtnisses sind der Hippocampus und ihm anliegende Cortexanteile: der entorhinale, parahippocampale und perirhinale Cortex. Der Hippocampus ist unerlässlich für das Lernen von neuen Dingen und für das mittel- und langfristige Abspeichern von Inhalten. Dabei ist er nicht der wahrhaftige Speicherort des Langzeitgedächtnisses, sondern dessen Organisator, er bestimmt wo im Cortex was abgelegt wird, ebenso den Bedeutungskontext und ist für den Abruf von Gedächtnisinhalten ausschlaggebend. „Man nimmt an, dass für jeden Gedächtnisinhalt räumliche, zeitliche und semantische Codes im Hippocampus abgelegt werden, die dann den Abruf ermöglichen." (Roth 2011, S. 110)

[18] Neurowissenschaftler und auch Literaturwissenschaftler erkannten, dass unser Leben nach einer Erzählstruktur drängt. Wir organisieren dabei unsere Vergangenheit im Gedächtnis als autobiographische Erinnerung, sie erzählt unser Leben. Antonio Damasio beschreibt dies als autobiographisches Selbst – wir speichern unsere Selbsterfahrung und können sie später abrufen, erweitern, verändern. „Gelebte Zeit wird zu einer großen Erzählung geknüpft, die wiederum unsere Erwartungen für die Zukunft formt." (http://www.3sat.de/mediathek/?mode=play&obj=27140 online Sendung vom 06.10.2011 „Zwischen Psycholanalyse und Neurowissenschaften" Gerd Scobel, gesehen am 10.10.2011 um 21:42 Uhr)
Wir ordnen unsere Zeit dadurch. Dies hat nicht unbedingt eine objektive Chronologie, sondern kann als narrative Zeit beschrieben werden. (vgl. ebd.)

> „Der Hippocampus hat als Organisator des deklarativen Gedächtnisses aber nicht nur engste Beziehungen mit dem Isocortex, sondern steht mit den für Emotionen und Motivation zuständigen corticalen und subcorticalen limbischen Zentren in enger Wechselwirkung." (Roth 2011, S. 110) – Siehe Abbildung oben!

Emotionen und Wahrnehmung/Erinnerung beeinflussen sich gegenseitig über die enge Beziehung des Hippocampus zu beiden. Auch die enge Verflechtung mit der Amygdala, dem mesolimbischen System und ebenso dem basalen Vorderhirn sorgen für emotionale Tönung deklarativer Gedächtnisinhalte.
Das deklarative Gedächtnis besteht aus zahlreichen Modulen, die über den assoziativen Cortex verteilt sind, und je nach Inhalt „modalitätsspezifisch" gespeichert sind.

> „Allgemein glaubt man, dass das Einspeichern eines Gedächtnisinhaltes auf der Leistungssteigerung synaptischer Übertragungsmechanismen innerhalb kleinerer oder größerer Netzwerke beruht – beim deklarativen Gedächtnis des Menschen in Netzwerken des Isocortex. Hierdurch verändert sich der Erregungsfluss durch diese Netzwerke und damit ihre Funktion." (Roth 2011, S. 111)

Das prozedurale (implizite) Gedächtnis
ist in seinen Funktionen relativ heterogen und umfasst:

- Fertigkeiten (kognitiv) wie schnelles Erkennen von Fehlern oder (motorisch) wie Klavierspielen, Radfahren usw.; die Ausbildung von Gewohnheiten
- Priming (Wissen wird durch Stichwörter und sonstige Lernhilfen reproduziert, z.B. einen Fisch das erste Mal erkennen und dann alle Fische als solche erkennen) (vgl. Roth 2011, S. 106)
- kategoriales Lernen („klassifizieren anhand von Prototypen" [ebd.] z.B. die richtige Vergangenheitsform von Verben anwenden, ohne explizit die grammatikalischen Hintergründe benennen zu können)
- die klassische Konditionierung
- nicht-assoziatives Lernen („Gewöhnung und Sensitivierung") (Roth 2011, S. 106)

Spitzer (2002) beschreibt diese Art von Wissen als das oben schon genannte *Können.*

Zu Beginn des Erlernens einer neuen Fertigkeit ist ein hohes Maß an Konzentration (Aufmerksamkeit und Bewusstsein) nötig, später immer weniger, die Tätigkeit ist auch immer schlechter in Worten beschreibbar. Wir wissen, dass wir über Fertigkeiten verfügen, aber ohne Kenntnis über Details. Bewusstsein kann sogar störend sein – wenn man z.B. beim Klavierspielen überlegt, was die Finger da eigentlich machen und wieso sie das können.

Das prozedurale (implizite) Gedächtnis ist nicht vom Hippocampus abhängig, sondern findet vermutlich in zu den Basalganglien zählenden Strukturen statt. Allerdings sind die genauen Mechanismen zur prozeduralen Gedächtnisbildung nicht bekannt. (vgl. Roth 2011, S. 114f)

> „Das Gehirn bewerkstelligt die Produktion des Outputs durch die richtigen Synapsenstärken. In diesen ist unser Können gespeichert.“ (Spitzer 2002, S. 63)

Während explizites Wissen sprunghaft vor sich geht, „entwickelt sich das implizite Können langsam und stetig.“ (Spitzer 2002, S. 65)

Das emotionale Gedächtnis

weist Merkmale der beiden anderen Gedächtnissysteme (deklaratives und prozedurales) auf und beruht auf emotionaler Konditionierung. Eine Handlung hat bestimmte positive oder negative Folgen, die entsprechende Gefühle auslösen, welche mitgespeichert werden. Wird eine ähnliche Handlung abgerufen, so geschieht selbiges auch mit dem dazu gespeicherten Gefühl. Dies ist die Grundlage von Motivation und dem dadurch wiederholten Ausführen einer Tätigkeit, sowie dem Vermeiden negativ besetzter Ereignisse. Hauptorte der unbewussten emotionalen Konditionierung sind die Amygdala und das mesolimbische System (vgl. LeDoux 1998 in Roth 2011, S. 116). Dort wird „die neuronale Repräsentation des Erlebnisses oder Objekts und eines bestimmten emotionalen Zustands (Furcht, Freude, Lust) über spezielle synaptische Kontakte so eng miteinander verbunden, dass beide regelmäßig zusammen auftreten“ (Roth 2011, S. 116)

> „Im Alltag spielen solche Konditionierungen eine große Rolle und bringen uns oft dazu, Dinge zu tun oder zu lassen, ohne dass wir eigentlich wissen, warum.“ (Roth 2011, S. 116)

Durch wiederholte positive und besonders negative (vor allem frühkindliche) Erfahrungen entstehen auf der Ebene der Amygdala und des mesolimbischen Systems hartnäckige synaptische Verbindungen, die aus neurobiologischer Sicht nicht gelöscht sondern nur durch Neu-Lernen verändert werden können. Viele solche emotionalen Prägungen sind uns nicht bewusst, weil sie zu einer Zeit entstehen, in der wir noch kein erinnerungsfähiges Bewusstsein haben (seit Sigmund Freud infantile Amnesie genannt). Das limbische, emotionale Gedächtnis lernt aber schon vor der Geburt (besonders dramatisch sind deshalb stark negative und traumatisierende Erlebnisse) und bewertet negative oder positiv besetzte Handlungen. Diese Bewertung wird später zu Gefühlen, die uns, scheinbar unbewusst, Dinge tun oder eben nicht tun lassen. (vgl. Roth 2011, S. 116ff)

Unklar ist dabei noch, „ob die Amygdala auch längerfristiger Speicherort oder nur Kurzzeitspeicher und ‚Organisator’ des emotionalen Gedächtnisses ist, so wie man dies für den Hippocampus im Hinblick auf das deklarative Gedächtnis annimmt.“ (Roth 2011, S. 118)

> „Das Gedächtnis hat keinen festen Platz im Gehirn, sondern ist Ergebnis der Zusammenarbeit verschiedener neuronaler Strukturen.“ (Winkel, Petermann und Petermann 2006, S. 48)

Folgerungen für Gedächtnis-sinnvolles Vermitteln von Wissen:

- „Für die Zwecke der Wissensvermittlung ist besonders der Zusammenhang zwischen episodischem und semantischem Gedächtnis wichtig, denn erlebnishaft-episodisch erfahrene Dinge bleiben schneller und nachhaltiger hängen als reine Fakten." (Roth 2011, S. 105)
- detailreiche Episoden, anschauliche Geschichten
- mehrfache Wiederholungen in Variationen, um mehr Wege zu einem spezifischen Inhalt zu schaffen ohne Langeweile zu erzeugen, Faktenwissen destilliert sich dann von selbst heraus (vgl. Roth S. 102ff)
- Unbewusst Menschen nachzuahmen zählt zu Priming, ein wichtiger Aspekt im Umgang mit Kindern.
- Kinder lernen mehr aus dem, was man ihnen vorlebt und was sie selbst erleben als aus den Sachverhalten, die man ihnen explizit erklärt.
- Spiegelneurone in der Großhirnrinde – Nervenzellen, die aktiv werden, obwohl man das Gegenüber nur bei einer bestimmten Handlung mit bestimmter Intention beobachtet – spielen hierbei eine ganz bedeutende Rolle. (siehe auch Kapitel 3.1.9.)
- Je vertrauter die beobachtete Person ist, je mehr sie akzeptiert wird und je authentischer man sie erlebt, desto besser funktioniert das System der Spiegelneurone.
- Bei Kindern ist das implizite Gedächtnis schon sehr gut ausgeprägt, das explizite Gedächtnis hingegen ist noch von der kindlichen Amnesie betroffen.
- Der Hippocampus bildet eine wichtige Basis für das explizite Gedächtnis und reift erst nach und nach, in ihm werden (als eine der wenigen Gehirnstrukturen) auch nach der Geburt noch Nervenzellen gebildet. (vgl. Korte 2011, S. 63)
- Die einzelnen Gedächtnissysteme arbeiten keinesfalls unabhängig voneinander, sondern stark zusammen und greifen ineinander[19].

[19] Ein gutes Beispiel dafür ist die Sprache: hier werden Bewegungskoordination der Stimm-, Gesichts-, und Atemmuskulatur durch das motorische Gedächtnis koordiniert. Dass die Wörter eine Bedeutung bekommen erledigt das Faktengedächtnis und worüber gesprochen wird, z.B. eine Episode aus dem Leben, entstammt dem autobiografischen Gedächtnis. (vgl. Korte 2011, S. 66)

- Echte Bildung ist, „abstraktes und neues Wissen intelligent in ein bestehendes Wissenssystem“ einzuordnen. Dies ermöglicht schnellstmöglichen Zugriff auf die Unzahl gespeicherter Daten in unseren neuronalen Netzwerken. (Korte 2011, S. 27)
- Geschieht Lernen unter Zwang und mit Widerwillen, so erschwert dies einerseits den Umgang mit den lernenden Kindern, andererseits speichert das Kind die Lernsituation als negativ ab – neue Informationen können schlechter abgespeichert werden, mit diesen Inhalten lässt sich weniger flexibel hantieren.
- Positive Assoziationen hingegen erleichtern das Lernen.

3.1.4. Erinnern und Vergessen

> „Die Stärkung von Synapsen ist ein entscheidender Aspekt des Lernens. Stärke bedeutet leichtere Impulsweiterleitung und damit eine leichtere Aktivität der nachgeschalteten Neuronen. Von solchen Vorgängen hängt das Gedächtnis ab. (Damasio 2011, S. 317)

Vergessen ist eine wichtige und ökonomische Eigenschaft des Gehirns, Wichtiges wird von Unwichtigem getrennt.

> „Die Effektivität unseres Handelns und Denkens wird nicht nur durch Erinnern und selektives Wahrnehmen bestimmt, sondern ebenso sehr durch Vergessen und Weglassen.“ (Korte 2011, S. 72)

Vergessen ist kein Zerfall oder Verschwinden von Gedächtnisinhalten. Das deklarative Gedächtnis betreffend können zwei Dinge auftreten: einerseits, dass Erlebnisse/Inhalte des episodischen Gedächtnisses verblassen. Beispiel: an einen schönen Urlaub erinnert man sich sehr lebhaft direkt danach, nach drei Jahren allerdings nicht mehr in allen Details. Bestimmte Stichworte oder Anlässe genügen aber, um die scheinbar verschütteten Erinnerungen wieder hervorkramen zu können.
Und andererseits kann etwas momentan „weg“ sein, wie eine „Erinnerungssperre“ bei einer Prüfung, ein gewisser Inhalt ist also nicht zugäng-

lich. Bekommt man dann aber einen Tipp, z.B. den Anfangsbuchstaben der gesuchten Stadt, lässt sich der Weg dorthin wieder finden.
Das prozedurale Gedächtnis betreffend ist das meist anders, denn Fertigkeiten verschwinden nicht einfach plötzlich. Es kann zwar sein, dass wir einen bestimmten Ablauf nicht mehr ausführen können, es nicht mehr „hinkriegen" wenn wir darüber nachdenken, wie nun z.B. Fahrradfahren funktionieren kann. Aber meist wenn wir auch nach jahrelangem Nicht-Fahrradfahren wieder in die Pedale treten, so funktioniert dies oft gleich wieder einwandfrei. Allerdings nur, wenn wir über eine jahre- oder jahrzehntelange Erfahrung verfügen. Auch Inhalte des emotionalen Gedächtnisses können verblassen und sich verändern.
Zusammengefasst lässt sich sagen, Vergessen hat „mit Veränderungen in der Verankerung bzw. Vernetzung von Inhalten und mit dem Prozess der *Verdrängung*" (Roth 2011, S. 123) zu tun.

Die Vergessensrate ist ganz wesentlich von:
- der Art des Stoffes
- der Art und Weise wie er gelernt wird
- seiner Sinnhaftigkeit
- und seinem emotionalen Kontext abhängig.

Wie Erinnern und Vergessen beeinflusst werden:
- Früher gelernte Dinge merkt man sich leichter (auf Grund der großen Beschränktheit des Arbeitsgedächtnisses) – Ribotsches Gesetz
- Ähnliche Dinge hemmen sich – Interferenz-Effekt
- Vergessen beruht auf Problemen beim Einspeichern und Abrufen
- Sinnhaftigkeit der Inhalte
- Anknüpfmöglichkeit an schon bestehendes Wissen
- Emotionale Einfärbung der Inhalte
- Die Zahl der Zugänge zu einem Inhalt (vgl. Roth 2011, S. 121ff)

> „'Mit drei Jahren können wir offensichtlich den Unterschied zwischen unseren früheren und jetzigen Gedanken nicht begreifen', erläutern Alison Gopnik und ihre Kollegen. Dies sei möglicherweise eine Erklärung dafür, dass wir uns an nichts von dem erinnern, was in unseren ersten Lebensjahren geschehen ist." (GEOkompakt Nr. 28, 11/2011, S. 54)

Die Verdrahtung im Nervensystem ist zu diesem Zeitpunkt noch unvollkommen – die Erinnerungen sind zwar da, aber wir haben keinen oder nur kaum Zugriff darauf. Wir verfügen über ein implizites, unbewusstes Gedächtnis.

Erinnerungen lassen sich beim Abrufen nicht wie ein Film abspielen, sondern werden dabei immer wieder neu bewertet und rekonstruiert. Somit ist es auch wichtig, beim Erinnern eine gute Lernatmosphäre für Kinder zu schaffen. Genauso wie Lernen ein aktiver Prozess ist, so ist es auch Erinnern. Dafür ist ein hohes Maß an Assoziationskraft nötig. (vgl. Korte 2011, S. 75) Im Laufe der Zeit verändern sich Erinnerungen, sie werden immer wieder neu geordnet und bewertet. „Erinnerungen können sich in der Gegenwart neue Wege bahnen."
(http://www.3sat.de/mediathek/?mode=play&obj=27140 aufgerufen am 10.10.2011, 21:42 Uhr)

3.1.5. Bewusstsein

Als Voraussetzung für Bewusstsein benötigt man ein funktionierendes Gedächtnis. Hätte man dies nicht, so könnte man die Frage „Wein oder Bier?" nicht beantworten. Auch wenn die hierfür benötigte Gedächtnisleistung nur von kurzer Dauer sein muss, so hätte man keine Chance eine Antwort zu geben, könnte man sich an die Frage nicht mehr erinnern. Aufmerksamkeit (siehe Kapitel 3.2.2.), Arbeitsgedächtnis (siehe Kapitel 3.1.3.) und Bewusstsein sind aufs Engste miteinander verbunden. Damasio betont folgende Grundvoraussetzung: „Der Körper ist das Fundament des bewussten Geistes." (Damasio 2011, S. 32) Dies begründet er unter anderem darin, dass das Gehirn detaillierte Karten (Abbilder, Repräsentationen) vom Körper herstellt.

Damasio definiert Bewusstsein folgendermaßen:

> Bewusstsein ist „in seiner üblichen Form also ein Geisteszustand, der auftritt, wenn wir wach sind und in dem es ein privates, persönliches Wissen um unsere eigene Existenz gibt, das im Verhältnis zu allem, was in einem bestimmten Augenblick seine Umgebung ausmacht, einen bestimmten Platz einnimmt." Bewusste Geisteszustände arbeiten daher mit Wissen, das auf verschiedenen Sinneseindrücken beruht. „Bewusste Geisteszustände werden *gefühlt*." (Damasio 2011, S. 170)

Bewusstsein kann nie von irgendjemandem von außen beobachtet werden kann, es ist ausschließlich ein Erlebnis privater Natur. (vgl. Damasio 2011, S. 169)
Große Fragen wie „Wie entsteht Bewusstsein?" sind in der Wissenschaft noch lange nicht endgültig erforscht, Ergebnisse werden immer wieder überarbeitet und korrigiert.
(vgl. http://www.3sat.de/mediathek/?mode=play&obj=27140, aufgerufen am 10.10.2011, 21:42 Uhr)

„Bewusstsein braucht eine mittlere Aktivität der Hirnrinde." (Madeja 2010, S. 123) Sowohl bei einem Zuwenig – wie etwa einer Narkose – oder auch bei einem Zuviel – wie bei einem epileptischen Anfall – kann kein Bewusstsein mehr stattfinden. Dieser mittlere Zustand wird vom sympathischen und parasympathischen System kontrolliert und in der Waage gehalten.
Bewusstsein entsteht durch das Zusammenwirken vieler Gehirnzentren, allerdings muss die assoziative Großhirnrinde durch ihre Aktivität das Geschehen begleiten, was nach gegenwärtigem Wissen Voraussetzung für Bewusstsein ist. Weitere beteiligte Gehirnzentren sind im unteren Bereich die *Formatio Reticularis* im Hirnstamm, die die corticale Aktivität für ein waches Bewusstsein stimuliert, der *Hippocampus,* der das Einspeichern im Langzeitgedächtnis organisiert (ohne ihn gäbe es nur Bewusstsein im Moment) und der *Thalamus*, der Aufmerksamkeit und sensorischen Input steuert. In den höheren Zentren des Gehirns sind diese der *temporo-parietale Übergang*[20], der eine Karte des Selbst in Bezug zur Umwelt

20 Übergang zwischen Temporal- (Schläfen-) und Parietallappen (Scheitellappen)

abgebildet hat und Informationen aus anderen Arealen sammelt, der *Temporallappen*, der für Sprache und persönliche Erinnerungen zuständig ist, der *orbitofrontale Cortex*, der bewusste Emotionen generiert und der *dorsolaterale präfrontale Cortex*, der unterschiedliche Ideen und Wahrnehmungen miteinander verbindet. Zusätzlich beteiligte Gehirnstrukturen sind noch das *supplemetär-motorische Areal*, das willkürliche Handlungen probt, der *motorische Cortex*, der für körperliches Bewusstsein sorgt, welches wichtig für das Ich- und das Gesamtbewusstsein ist, und die primären sensorischen Areale, die Voraussetzung für bewusstes Wahrnehmen von Sinneseindrücken sind. Weiters spielen die Neuromodulatoren (Dopamin, Serotonin, Noradrenalin,...) eine wichtige Rolle. (vgl. Roth 2011, S.142ff und Carter 2010, S. 178)

Wichtig für diese vielfältigen Verbindungen ist, dass Bewusstsein nicht sofort auftritt, wenn Inhalte den primären oder sekundären Cortex erreichen. Sie werden dort sortiert und kategorisiert, dann zu höheren Zentren geschickt, die dieses Mosaik an Kategorien mit Bedeutung versehen und einen „Interpretationsvorschlag" wieder zurückschicken. Bestmöglich zu diesem Vorschlag passend werden dann die Elementarkategorien zusammengefügt. Das ist der Moment, in dem Dinge uns bewusst werden „D.h. Bewusstsein tritt erst auf, wenn Details und Bedeutung zusammenkommen und ein sinnvolles Ganzes bilden." (Roth 2011, S. 146)

> „Während der Bewusstseins- und Aufmerksamkeitszustände finden nach gegenwärtiger Anschauung Umstrukturierungen bereits vorhandener corticaler neuronaler Netzwerke aufrund von Sinnesreizen und Gedächtnisinhalten statt, und zwar durch eine schnelle Veränderung synaptischer Übertragungsstärken und damit der Kopplungen zwischen Neuronen in einem bewusstseinsrelevanten corticalen Netzwerk." (Roth 2011, S. 144)

Solche Prozesse sind sehr stoffwechselintensiv und führen zu vermehrter corticaler Blutzufuhr, sowie erhöhtem Glukoseverbrauch.

Bewusstsein ist nicht ein konkreter ausschließlicher Zustand, sondern eine Vielzahl unterschiedlicher Zustände, deren allgemeinste Form Vigilanz (die allgemeine Aufmerksamkeit, siehe Kapitel 3.2.2.) ist, welche mit konkreten Inhalten verbunden ist:

„(1) Sinneswahrnehmungen von Vorgängen in der Umwelt und im eigenen Körper
(2) mentale Zustände und Tätigkeiten wie Denken, Vorstellen und Erinnern
(3) Selbst-Reflexion
(4) Emotionen, Affekte, Bedürfniszustände
(5) Erleben der eigenen Identität und Kontinuität
(6) ‚Meinigkeit' des eigenen Körpers
(7) Autorschaft und Kontrolle der eigenen Handlungen und mentalen Akte sowie Willenszustände
(8) Verortung des Selbst und des Körpers in Raum und Zeit
(9) Realitätscharakter von Erlebtem und Unterscheidung zwischen Realität und Vorstellung." (Roth 2011, S. 135+136)

Die Punkte 5-9 bilden hier eine Art „*Hintergrundbewusstsein*", vor dem die unter Punkt 1-4 beschriebenen *spezielleren Bewusstseinszustände* in unterschiedlichen Intensitäten sowie in verschiedenen Kombinationen auftreten.

Das Vorbewusste und das Unbewusste
Das *Unbewusste* umfasst alle Vorgänge in unserem Körper, die außerhalb der assoziativen Großhirnrinde verarbeitet werden. Hierzu zählen z.B. Vorgänge wie die Aktivität unserer Niere, der Verarbeitungsprozess im Innenohr oder ähnliches (ebenso zählen Sinneseindrücke bevor sie bewusst werden zum Unbewussten, da die primären oder sekundären Areale nicht zum assoziativen Cortex gerechnet werden). Auch alle Abläufe auf unterer oder mittlerer limbischer Ebene, sowie der Amygdala, dem Hypothalamus und den Basalganglien finden unbewusst statt. Diese Vorgänge gelangen normalerweise nicht ins Bewusstsein, außer bei Schmerzen. Deshalb ist es auch nicht möglich, das Unbewusste bewusst zu machen (so wie dies in Freuds Psychoanalyse geschehen soll).
Das *Vorbewusste* umfasst Inhalte des deklarativen Gedächtnisses, die aktuell zwar nicht bewusst sind (weil sie z.B. nicht abgefragt werden), aber

bei Bedarf erinnert oder abgerufen werden können. Somit sind die Inhalte unseres deklarativen Gedächtnisses vorwiegend vorbewusst, treten ins Bewusstsein durch den Akt des Erinnerns und gleiten anschließend wieder zurück in das Vorbewusste.

Das aktuelle Bewusstsein ist somit nur ein kleiner Ausschnitt von unserem gesamten Erleben und von all dem, was in unserem Langzeitgedächtnis gespeichert ist. (vgl. Roth 2011, S. 137f) Diese Enge von Bewusstsein und Aufmerksamkeit „resultiert aus der extremen Beschränktheit unseres Arbeitsgedächtnisses". (Roth 2011, S. 138)

Zusammengefasst

Aufmerksamkeit und Bewusstsein sind eng miteinander verknüpft, denn in aufmerksamem Zustand verarbeitet das Gehirn wichtige und neue Information und blendet alles in diesem Moment Nicht-Relevante aus. Diese Entscheidung darüber, was wichtig ist und was nicht, trifft das Arbeitsgedächtnis durch die Arbeit des Hippocampus als Organisator des deklarativen Gedächtnisses und der Amygdala (und weiterer limbischer Zentren) als Organisatoren des emotionalen Gedächtnisses. (vgl. Roth 2011, S. 146) Das Arbeitsgedächtnis verknüpft dann Neues mit schon Bekanntem zu einem sinnvollen Ganzen – je klarer und sinnvoller dies geschieht, desto besser kann ein Inhalt im deklarativen Gedächtnis eingespeichert und abgerufen werden.

> „Die große Symphonie namens Bewusstsein umfasst die grundlegenden Beiträge des Hirnstamms, die auf ewig an den Körper gebunden sind, und die ungeheuer weit gefasste Bilderwelt, die durch das Zusammenwirken der Großhirnrinde mit den subkortikalen Strukturen entsteht. Das alles ist harmonisch verwoben, bewegt sich ständig vorwärts und kann nur von Schlaf, Narkose, Funktionsstörungen des Gehirns oder den Tod unterbrochen werden." (Damasio 2011, S. 36)

3.1.6. Neuronale Repräsentationen

Es stellt einen erheblichen Vorteil dar, ein inneres Abbild der Umwelt zu haben. Je näher dieses Abbild der richtigen Welt kommt, desto besser.

> „Ein inneres ‚Abbild' bestimmter äußerer, durch Reize vermittelter Charakteristika und Strukturen der Umwelt nennt man ganz allgemein Repräsentationen. (...) Eine Repräsentation ist ein Neuron mit ganz bestimmten Synapsenstärken der eingehenden Verbindungen. Diese sorgen dafür, dass das Neuron nur dann aktiv wird, wenn ein ganz gestimmtes Muster als Input vorliegt." (Spitzer 2002, S. 79)

Diese Repräsentationen können im Gehirn als einzelne Ereignisse ebenso wie als allgemeine Regeln repräsentiert sein. Dieses Wissen (z.B. grüne Beeren sind ungenießbar) ist uns nicht angeboren, wir lernen es durch allgemeine Regeln, die wir dann anwenden können. So kam es, „dass die Evolution nicht nur die Muskeln und Gelenke, die Verdauung und den Blutkreislauf optimierte, sondern auch die innere Repräsentation. (...) Die Form all dieser Repräsentationen sind unterschiedliche Synapsenstärken." (Spitzer 2002, S. 80)
Diese Repräsentationen bestehen nie (oder äußerst selten) aus nur einem einzelnen Neuron – zu groß wäre der Schaden, wenn es beschädigt wird oder abstirbt. (vgl. Spitzer 2002, S. 79ff)

Auf den verschiedenen Stufen der Verarbeitung eines wahrgenommenen Reizes repräsentieren jeweils bestimmte Neuronen bestimmte Aspekte davon.
Es gibt bestimmte Neuronen für die Erkennung von Kanten und Ecken, Farben, Töne, Gerüche usw., aber ebenso gibt es welche für höhere Sachverhalte wie Kategorien und Regeln.

> „Kategorien sind Kombinationen von Merkmalsausprägungen, die es erlauben, eine Sache eindeutig einer Klasse von Sachen nen." (Spitzer 2002, S. 85)

Das Gehirn merkt sich nicht jedes Gesicht in seinen Einzelteilen (- besteht aus zwei Augen, einer Nase, einem Mund), sondern es kategorisiert Gesichter, um Platz zu sparen und effizienter arbeiten zu können – es

„*extrahiert die für die Aufgabe wesentlichen Merkmale* und repräsentiert diese so, dass nicht Einzelheiten, sondern *das Allgemeine* und das Wichtige der wahrgenommenen Stimuli besonders klar und deutlich kodiert werden.“ (Spitzer 2002, S. 89)
Gedanken und Ideen beschreibt Damasio als „Anwesenheit bestimmter Repräsentationen, die in einem Zeitfluss aufeinander folgen.“ (http://www.3sat.de/mediathek/?mode=play&obj=27140 aufgerufen am 10.10.2011, 21:42 Uhr)

Neuroplastizität
bezeichnet die sich ändernden Repräsentationen. Ging man vor ca. 30 Jahren noch davon aus, dass das Gehirn ein statisches Organ sei, so ist jetzt in vieler Hinsicht nachgewiesen, dass es sich um ein äußerst plastisches Organ handelt, welches sich äußeren Bedingungen und Gegebenheiten zeitlebens anpasst. Dabei ist die Lebenserfahrung das, was das Gehirn jedes Menschen so einzigartig macht. (vgl. Spitzer 2002, S. 94ff)

> „Man bezeichnet die Anpassungsvorgänge im Zentralnervensystem an die Lebenserfahrung eines Organismus ganz allgemein als *Neuroplastizität.*“ (Spitzer 2002, S. 94)

Die Veränderung der Synapsenstärke gilt als Grundlage des Lernens. Dies wurde einerseits in Form von erlernten Reflexen (wie beim Pawlow'schen Hund) an der Meeresschnecke Aplysia, einem sehr einfachen Tier, nachgewiesen. Andererseits bestätigen weitere Versuche, dass die Verbindungsstärke zwischen zwei Neuronen dann zunimmt, wenn diese gleichzeitig aktiviert werden.
Repräsentationen der Welt oder unseres Körper in unserem Gehirn haben die Funktion der Verhaltenssteuerung, damit dieses Verhalten möglichst erfolgreich und so nahe wie möglich der realen Welt ist. Gelangt ein bestimmter Reiz ins Gehirn (visuell, auditiv), so werden bestimmte Neurone aktiviert. (vgl. Spitzer 2002, S. 96ff)

> „Hirntechnisch bedeutet Lernen eine Veränderung an den Synapsen (...). Derartige Veränderungen finden aber nur statt, wenn die Synapsen aktiv sind. Je aktiver ein neuronales Netzwerk ist, umso leichter können Informationen in ihm gespeichert werden.“ (Korte 2011, S. 51)

Neuronale Netzwerke und Assoziationen

Der Prozess des Lernens und eines funktionierenden Gedächtnisses beruht auf den Netzwerkeigenschaften vieler Nervenzellen.

> „Gemäß dem Prinzip der Aufgabenteilung durch sogenannte multimodale Repräsentationen nimmt man an, dass das Gedächtnis über die Großhirnrinde verteilt ist. Dem liegt die Vorstellung zugrunde, dass es nicht nur eine Gruppe von Nervenzellen gibt, die etwas gespeichert hat, sondern dass überlappende Aspekte einer Erinnerung in verschiedenen Netzwerken abgelegt sind." (Korte 2011, S. 75)

Taucht ein Reiz öfter oder immer wieder auf, so kommt es zunächst im Hippocampus zur Verstärkung von spezifischen Synapsen, was als *Langzeitpotenzierung* bezeichnet wird. Dieser Reiz erhält dann ein gewisses „Vorfahrtsrecht", die Zellen erinnern sich, auch, wenn er in anderem Kontext erscheint. Werden so zwei Ereignisse miteinander verknüpft, spricht man von *assoziativem Lernen.*

> „Ein einmal gemachter Weg wird für Signale gleichen Typs in Zukunft leichter zu beschreiten – er bleibt im Netzwerk eingeschrieben." (Korte 2011, S. 79)

Es ist also nicht überraschend, dass man am leichtesten Neues lernt, in dem man es mit Bekanntem verknüpft – die zellulären Grundlagen von Lern- und Gedächtnisvorgängen agieren so, dass ein Teil des Erregungsmusters mit schon bekannten Informationen mitgeliefert wird.

- „Wer Kindern etwas erklären will, muss sie also da abholen, wo ihre Welt endet." (Korte 2011, S. 80)
- Informationen werden im Gehirn an verschiedenen Stellen, ihren Assoziationen entsprechend, abgelegt. Deshalb ist es umso wichtiger, Knotenpunkte zu schaffen und so viele Assoziationen wie möglich zu einem Gegenstand zu haben – umso leichter fällt es, ihn dann abzurufen.
- „Je mehr Wege zu einem Ort führen, umso leichter kann er gefunden werden." (Korte 2011, S. 80)

3.1.7. Plastische Karten

Da das Gehirn an sich schmerzunempfindlich ist, kann es sogar mit Lokalanästhesie operiert werden und es ist gleichzeitig möglich, mit dem Patienten zu sprechen. Wenn man dabei die Großhirnrinde mit einem kleinen Draht mit schwachem Strom berührt, so kann der Patient, abhängig vom berührten Gebiet, im entsprechenden Körperteil etwas spüren. Daraus wurde deutlich, dass die Körperoberfläche in einem Bereich im Cortex *landkartenförmig* repräsentiert wird (wie kurz schon in Kapitel 2.6.1. „Das taktile System" erwähnt). Das bedeutet, dass jeder Körperteil einen Platz auf der Großhirnrinde hat, an dem dessen eingehende Signale verarbeitet werden, was nach folgenden Prinzipien funktioniert:

- *ähnliche* Signale liegen nahe beieinander
- *häufige* Eingangssignale nehmen einen größeren Raum ein als seltene
- Diese Ordnungsprinzipien, *Ähnlichkeit* und *Häufigkeit*, sind natürlich und entstehen durch bestimmte neuronale Muster, die auf drei Funktionsprinzipien basieren:

- „Synapsen sind plastisch"
- „Im Gehirn herrscht hohe Konnektivität"
- „Neuronen sind mit ihren Nachbarn auf ganz bestimmte Weise verbunden, die dafür sorgen, dass bei Erregung an einer Stelle die nahe gelegenen Zellen mit erregt werden, weiter entfernt liegende Zellen hingegen aktiv gehemmt werden (man spricht vom Center-Surround Prinzip und nennt die Funktion ihrer Form wegen auch Mexikanerhut-Funktion)." (Spitzer 2002, S. 102)

Nach diesen drei Prinzipien werden aus flüchtigen Input-Aktivitätsmustern neuronale Repräsentationen dieser Muster über Synapsen auf der Output-Schicht geknüpft. Diese halten sich wieder an die Prinzipien Ähnlichkeit und Häufigkeit. (vgl. Spitzer 2002, S. 102ff)

Entstehung der Karten

Für die Kartierung ist einerseits – für die Anlage – das genetische Programm ausschlaggebend und andererseits herrscht ein erfahrungsbedingter Wettstreit der Körperteile, je nachdem welche Sinne wie stark gefordert werden. (vgl. Madeja 2010, S. 184) Dies findet in hohem Maße bei Säuglingen und Kleinkindern statt, hier „bestimmen unsere frühen Berührungserfahrungen das Ausmaß der *möglichen* Tastempfindlichkeit. Sie spielen auch eine erstaunlich mächtige Rolle bei der Gesamtqualität der Gehirnentwicklung." (Eliot 2010, S. 186) Die Feinabstimmung setzt sich das ganze Leben lang fort, Neuroplastizität bedeutet hier die erfahrungsbedingte Umorganisation. Bei Musikern zum Beispiel wurde nachgewiesen, dass die akustische Landkarte um ca. 25 Prozent größer als bei Nichtmusikern ist[21]. (Pantev et al. 1998 in Spitzer 2002, S. 105ff)

> „Wahrnehmung ist in allen sensorischen Formen das Ergebnis der kartographischen Fähigkeiten unseres Gehirns." (Damasio 2011, S. 82)

Bei den primären und sekundären sensorischen Arealen, also niederen kortikalen Arealen, sind Karten relativ leicht nachvollziehbar: man weiß, welcher Reiz von außen kommt und verfolgt seine Verarbeitung. Schwieriger wird es bei den höheren Verarbeitungsstufen, da diese ja wiederum schon weiterverarbeitete Information aus anderen kortikalen Arealen bekommen, die nicht so leicht zu identifizieren ist. Man nimmt an, dass es auch Karten auf den höheren Ebenen gibt – Befunde der multimodalen funktionellen Bildgebung sprechen dafür.
Diese Karten lassen sich nur bei den primären Feldern so genau nachvollziehen. Sie existieren, so wie man vermutet, auch in höheren Ebenen des Gehirns, lassen sich aber durch die zunehmende Komplexität der Verarbeitung schlechter nachweisen.

---

[21] Vergrößert ein bestimmter Bereich seinen Platz auf der Landkarte, so stellt sich die Frage, was mit den Nachbargebieten passiert und ob dies auf deren Kosten stattfindet. Kossut und Siucinska (1998) wiesen allerdings anhand der Tasthaare von Ratten (über die bekannt ist, dass jedes einzelne einen gewissen Platz im Cortex einnimmt) nach, dass dem nicht so sei. Vielmehr findet eine Überlappung der beiden Bereiche statt. Allerdings bewiesen Cruikshank und Weinberger 1996 das Gegenteil bei Ratten und Tönen: sie waren klassisch konditioniert auf einen bestimmten Ton, worauf das den Ton repräsentierende Areal zunahm bei gleichzeitiger Abnahme der Nachbarareale. Offen bleibt also, ob die „Überlappung sensorischer Repräsentanzen für alle kortikalen Areale gilt, oder ob hier von landkartenspezifischen Prozessen auszugehen ist." (Spitzer 2002, S. 110) Weiters offen ist auch noch die Frage, was passiert wenn beide Bereiche gleichzeitig durch entsprechende Inputmuster aktiviert werden – ob es dann zu einer wechselseitigen Hemmung oder einem Bahnungsphänomen kommt. (vgl. Spitzer 2002, S. 108ff)

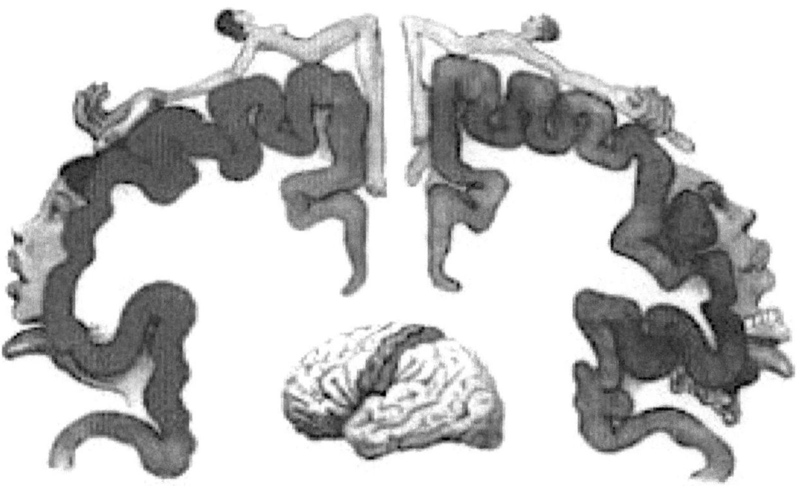

Abbildung 8: „Motorischer (links) und sensorischer (rechts) Penfieldscher Homunkulus (modifiziert nach Posner & Raichle 1996)" aus Spitzer 2002, S. 101

Anhand dieser Bilder des motorischen und sensorischen Homunculus lässt sich deutlich erkennen, dass die gezeichneten Proportionen gar nicht denen des Menschen in Wirklichkeit entsprechen. Daher hat er auch seinen Namen (Homunculus – lateinisch „Menschlein").
Der Grund dafür ist, dass die verschiedenen Körperteile je nach Wichtigkeit mehr oder weniger Platz auf der Großhirnrinde erhalten. (vgl. Spitzer 2002, S. 100ff)

> „Diese hohe Fähigkeit, mit Fingern und Lippen besonders genau und intensiv zu fühlen, ist auch der Grund, warum wir Dinge beim Erkunden anfassen, warum Kleinkinder unbekannte Gegenstände in den Mund nehmen – und warum wir küssen." (Madeja 2010, S. 56)

Zusammenspiel der Karten

Bei einer bestimmten geistigen Leistung (sprechen, musizieren,...) sind mehrere Dutzend kortikaler Landkarten aktiviert, die aufgrund ihrer enormen inneren Konnektivität die Signale nicht nur in einer Einbahnstraße senden, sondern im Gegenverkehr: niedere kortikale Anteile empfangen zwar die Eingangssignale zuerst und liefern sie an die höheren Anteile, diese wiederum schicken aber auch Signale zurück, die der Strukturierung und Gestaltbildung dienen. (vgl. Mumford 1992 in Spitzer 2002, S. 118)

Fazit

> „Unter Neuroplastizität versteht man ganz allgemein neuronale Reorganisationsvorgänge, die in Abhängigkeit von den zu verarbeitenden Signalen sowie den internen Funktionszuständen vonstatten gehen." (Spitzer 2002, S. 119)

Das heißt, das Gehirn baut sich abhängig vom zu verarbeitenden Input ständig um, es knüpft neue Verbindungen, damit Eingangssignale besser verarbeitet werden können. (vgl. Spitzer 2002, S.119)

3.1.8. Intelligenz

Jean Piaget[22] beschreibt als Intelligenz das, „was man benutzt, wenn man nicht mehr weiter weiß." (Piaget in Korte 2011, S. 90)
Intelligenz laut Roth ist die „Fähigkeit zum Problemlösen unter Zeitdruck" (Roth 2011, S. 149) Ein intelligenter Mensch ist demnach jemand, der schnell erkennt was Sache ist und ebenso schnell sinnvolle Handlungen parat hat.
Charles Spearman[23] teilt die Intelligenz in eine *allgemeine* und eine *bereichsspezifische* Intelligenz, sein Schüler Raymond Cattell bezeichnet diese als *fluide* (allgemeine) und *kristalline* (bereichsspezifische) Intelligenz. Die allgemeine Intelligenz geht einher mit der „grundlegenden Schnelligkeit und Effektivität der Informationsverarbeitung im Gehirn, die bereichsspezifische oder kristalline Intelligenz mit dem Wissen in ganz unterschiedlichen Bereichen und seiner Verfügbarkeit, oft auch Expertenwissen genannt." (Roth 2011, S. 149) Heute gängige Intelligenztests prüfen beide Arten von Intelligenz und sind laut Roth auch sehr brauchbar.

---

22 Schweizer Entwicklungspsychologe
23 Intelligenzforscher, 1863-1945

Dabei wird ein Mittelwert (IQ – Intelligenzquotient) von 100 angenommen (normale Intelligenz), welcher auf eine vom Lebensalter abhängige Durchschnittsintelligenz normiert ist. Ein höherer Wert bedeutet eine höhere Intelligenz, ein niedrigerer Wert das Gegenteil.

Ist Intelligenz angeboren oder umweltabhängig?

Dazu wurden Forschungen an eineiigen Zwillingen durchgeführt, die ja dasselbe Erbgut besitzen, und deren IQ man mit dem ihrer Eltern bzw. Adoptiveltern verglich. Wuchsen eineiige Zwillinge gemeinsam bei ihren leiblichen Eltern auf, so stimmten die Werte der IQs von Eltern gegenüber ihren Zwillingen relativ gut miteinander überein (74%), wuchsen sie getrennt voneinander auf, so waren es zwischen 45 und 61%. Früh adoptierte Kinder ähneln in ihrem IQ den Adoptiveltern sehr gering, ihren biologischen Eltern (auch wenn sie sie nie gesehen haben) erheblich mehr.

> „Dies alles lässt den Schluss zu, dass Intelligenz, zumindest in Form der ‚allgemeinen Intelligenz' (...) stark, wenngleich nicht ausschließlich, von den Genen und vorgeburtlich wirkenden Faktoren wie körperlichem oder psychischem Stress, Misshandlungen, Unterernährung, Infektionen während der Schwangerschaft bestimmt wird, die in derselben Weise auf die Zwillinge einwirken." (Roth 2011, S. 155)

Bei Menschen kann man diese beiden Faktoren nicht trennen, da eine vorgeburtliche Manipulation rechtlich und ethisch nicht vertretbar ist. (vgl. Roth 2011, S. 151ff) Trotz eines angeborenen Anteils an Intelligenz haben Umwelteinflüsse und Erziehung immer noch einen geraumen Einfluss. Auf nicht genetische aber ebenso bedeutende Weise beeinflussen Eltern die Intelligenz ihrer Kinder durch das eigene Vorleben der beiden Hauptfaktoren für beruflichen Erfolg: *Motivation* und *Fleiß*.

Roth betont auch, dass Intelligenz nicht nur für den Einzelnen von Bedeutung ist, sondern „auch für unsere Gesellschaft ist Intelligenz ein enorm positiver Faktor. Intelligentere Menschen sind sorgfältiger und fleißiger, sie sind emotional ausgeglichener, können besser mit Risiken umgehen und sind in der Regel empathischer. Intelligenz zieht meist positive soziale Fähigkeiten mit sich." (Roth in GEOkompakt Nr. 28 11/2011, S. 70)

Multiple Intelligenzen (MI)

Das Modell der Multiplen Intelligenzen („Theorie der multiplen Intelligenz, MI-Theorie)“ wurde von Howard Gardner[24] 1983 erstmals beschrieben. Nach Gardener handelt es sich dabei um ein Konstrukt verschiedener Intelligenzen, die auch unabhängig voneinander auftreten bzw. in unterschiedlichen Bereichen unterschiedlich stark ausgeprägt sein können. Ursprünglich unterschied er die folgenden sieben Intelligenzen:

- Musical Intelligence
- Bodily-Kinesthetic Intelligence
- Logical-Mathematical Intelligence
- Linguistic Intelligence
- Spatial Intelligence
- Interpersonal Intelligence
- Intrapersonal Intelligence

In den letzten Jahren erweiterte er seine Liste noch um folgende zwei Intelligenzen:

- Natural Intelligence
- Spiritual Intelligence (vgl. Gardner 2006, S. 8ff)

Roth (und ebenso Asendorpf 2007 in Roth 2011) kritisieren, dass dieses Modell nicht genügend wissenschaftliche Untermauerung hat, die einzelnen Komponenten von Intelligenz nicht unabhängig voneinander arbeiten und es außerdem mehr die Fähigkeiten und Begabungen beschreibt als wirkliche Intelligenzfaktoren.

[24] Psychologe an der Harvard University

Gibt es eine allgemeine Intelligenz?
Oft versteht man unter „intelligenten Menschen“ solche mit einer einseitigen Hochbegabung, einer sogenannten Inselbegabung (auch mit einhergehenden Defiziten in anderen Bereichen). Tatsächlich aber gilt, dass intelligente Menschen vielseitig begabt sind.
Von den Grazer Neurobiologen Neubauer und Freudenthaler 1994 erforscht und mittlerweile mehrfach bestätigt, nehmen intelligentere Menschen schneller wahr, können Probleme schneller identifizieren und nach für das Problemlösen brauchbaren Gedächtnisinhalten suchen. Diese werden abgerufen und unter Zusammensetzung der entsprechenden Inhalte wird das Problem schließlich gelöst. Dies bedeutet, dass intelligentere Menschen ein effektiveres Arbeitsgedächtnis besitzen (siehe auch Kapitel 3.1.3. und 3.1.5.)
Der Frage, ob es eine allgemeine Intelligenz gibt, konnten britisch-deutsche Neurowissenschaftler durch eine PET-Untersuchung[25] auf den Grund gehen: Wenn dem so sei, dann muss ein bestimmtes Gehirnareal ganz unabhängig von den getesteten Aufgaben immer aktiv sein. (Howard Gardner hingegen nimmt an, dass es nur voneinander unabhängige Intelligenzen gibt). Die eindeutige Antwort der Untersuchungen war, dass der dorsolaterale präfrontale Cortex bei allen Teilaufgaben aktiv war. Ebenso als aktiv erwies sich der anteriore cinguläre Cortex, beide haben mit Aufmerksamkeit und Fehlererkennung zu tun.

> „Man kann also aufgrund dieser und anderer neurowissenschaftlicher Untersuchungen sagen, dass zumindest die allgemeine oder „fluide“ Intelligenz in Form des Arbeitsgedächtnisses im dorsolateralen präfrontalen Cortex angesiedelt ist.“ (Roth 2011, S. 173)

Weitere Untersuchungen zeigen, dass intelligentere Menschen weniger Gehirnareale aktivieren müssen, um zu einer Lösung zu kommen. Da solche Prozesse teuer, stoffwechselintensiv und fehleranfällig sind, ist es ökonomischer, weniger Areale zu gebrauchen. Besonders wenig Aktivität war in ihrem präfrontalen Cortex erkennbar, der Bereich in dem das Ar-

---

25 Positronen-Emissions-Tomographie – Untersuchungsmethode, die elektronische Schnittbilder von Organen und Geweben herstellt
(vgl. http://www.imedo.de/medizinlexikon/positronenemissionscomputertomographie 06.04.2012, 23.14 Uhr)

beitsgedächtnis sitzt, die Hauptaktivierung wird schneller auf die aufgabenrelevanten Gehirnareale verlagert (parietaler und okzipitaler Cortex) (vgl. Roth 2011, S. 170ff) – Carter schreibt dazu, dass diese Schnelligkeit auf der Leitungsfähigkeit der sogenannten „Datenautobahn“ zwischen dem Frontal- (Planen und Organisieren) und dem Parietallappen (sensorische Information) beruhen dürfte.[26] (vgl. Carter 2011, S. 166)

Unterschiede bei Jungen und Mädchen
Insgesamt schneiden Jungen bei Intelligenztest um 4-5 IQ-Punkte besser ab als Mädchen. (Neubauer und Stern 2007 in Roth 2011)
Sind Jungen im Handlungsteil eines IQ-Tests besser, also bei Aufgaben zur Mathematik und zur Raumvorstellung, so schneiden Mädchen im Verbalteil, das bedeutet Aufgaben zur Wahrnehmungsgeschwindigkeit, zur verbalen Flüssigkeit, zur Wortfindung, zum verbalen Benennen, zum visuellen Gedächtnis, episodischen Gedächtnis und zur Feinmotorik, besser ab. Bereits im Mutterleib agieren genetische und kultur- bzw. erziehungsbedingte Faktoren miteinander, deshalb ist es schwer, diese hinsichtlich Begabung und Intelligenz zwischen den Geschlechtern sauber voneinander zu trennen. (vgl. Roth 2011, S. 159) Auch nutzen sie ihre Gehirnhälften oft unterschiedlich, was bildgebende Verfahren sichtbar machen können. (vgl. GEO kompakt Nr. 28 11/2011, S. 28f) Trotzdem muss dies aber nicht in Vorurteilen resultieren, wie Eliot in ihrem Buch „Wie verschieden sind sie?“ betont.

Einigkeit herrscht darüber, dass das Gehirn, um Intelligenz entwickeln zu können, einen Körper braucht, über den es Input bekommt.

---

[26] Mit ungefähr sechs Jahren kommt es zu einem Entwicklungsschub, etwa zu dem Zeitpunkt, zu dem auch die Vernunft wächst. „Im sechsten Lebensjahr vereinigen sich bei den meisten Kindern einzelne kognitive und motorische Fertigkeiten zu einem harmonischen Ganzen, welches es dem Kind ermöglicht, zielgerichtet zu lernen.“ (Korte 2011, S. 101) Neben den Fertigkeiten Malen, Gedächtnis und Sprachverständnis sind die „für die Schule entscheidenden Fähigkeiten wie Aufmerksamkeit, emotionale Kontrolle und Selbstbewusstsein“ (Korte 2011, S. 101) bereits gut entwickelt. Dieser Entwicklungssprung des Gehirns ist kulturunabhängig und findet überall auf der Welt ungefähr zum gleichen Zeitpunkt statt. Viele Teile der Großhirnrinde haben sich nun effektiver miteinander verschaltet. Der Rohbau steht, die Gehirnentwicklung setzt sich noch lange fort. (vgl. Korte 2011, S. 101ff)

„Deshalb gehen die meisten Forscher heute davon aus, dass unsere Intelligenz nicht nur von unserem Gehirn, sondern vom gesamten Körper geprägt wird. Und dass sie stets aus dem Kontakt zur Umgebung entsteht.“ (GEOkompakt Nr. 28 11/2011, S. 29)

➢ Exkurs: macht Musik schlau?[27]

Eltern tragen, neben dem oben schon genannten Vorleben der lernfördernden Faktoren Motivation und Fleiß, einen weiteren wichtigen Teil zur Intelligenz ihres Kindes bei:

> „Fürsorglichkeit, gepaart mit Körperkontakt, vor allem im Säuglingsalter, gibt den Kindern einen Startvorteil, den ihnen niemand mehr nehmen kann. Kinder aus Familien, die Geborgenheit vermitteln, erreichen in IQ-Tests regelmäßig bessere Ergebnisse als Kinder, die in gefühlskälteren Familien aufwachsen.“ (Korte 2011, S. 104)

Emotionale Intelligenz

Emotionale Intelligenz ist für den Umgang mit uns selber, mit unseren Mitmenschen und mit unserer Umwelt wichtig. Sie umfasst folgende wichtige Komponenten:

- „der Zugang zu eigenen Gefühlen und die Fähigkeit, zwischen verschiedenen Gefühlsregungen sehr genau unterscheiden zu können
- Emotionen angemessen kontrollieren zu können

---

[27] Tests an Probanden haben ergeben, dass Musik ihre Leistungsfähigkeit für kurze Zeit erhöht. Hatten Probanden vor dem Absolvieren von Intelligenztests Musik gehört, so waren ihre Ergebnisse anschließend durchschnittlich um vier Prozentpunkte besser. Der Effekt lässt sich damit erklären, dass Sprache und Musik sehr ähnlich in Bezug auf das Analysieren von Sequenzen sind. Weiters kann Musik auch einen auflockernden Effekt haben.
Dass Musikhören dauerhaft die Intelligenz bei Kindern steigert, ist ein Mythos.
Was allerdings schon von dauerhafter Wirkung ist, ist das Selber-Musik-machen.
„Ein Musikinstrument zu erlernen fördert die Intelligenz von Kindern, wenn ihnen Musizieren Freude bereitet. Von allen Umweltfaktoren, die mit Lernen in Zusammenhang stehen, ist Musikmachen bislang der Faktor, bei dem am stärksten nachgewiesen werden konnte, dass er die Intelligenz eines Menschen positiv beeinflusst und seine Gehirnstruktur verändert.“ (Korte 2011, S. 109)
Hierbei werden, vermutet man, besonders die Verschaltungen zwischen den beiden Großhirnhemisphären gut ausgebildet. Durch die rhythmische Unabhängigkeit der beiden Hände wird die Kombinationsfähigkeit des Gehirns durch dieses hohe Maß an Gehirnjogging trainiert. (vgl. Korte 2011, S. 92f)
Genauso aber haben Sport und Tanz positive Auswirkungen auf die Intelligenz.

- Emotionen in den Dienst eines Ziels zu stellen, z.B. in dem man in der Lage ist, auf eine große Belohnung zu warten und dafür auf eine kleinere, sofort verfügbare, zu verzichten
- Empathie, d.h. gut einschätzen zu können, was andere Menschen fühlen (Menschenkenntnis)
- Umgang mit den Emotionen anderer Menschen (Familie, Freunde, im Beruf Chefs, Kollegen oder Angestellte) und das Lösen von Konflikten." (Korte 2011, S. 113)

Howard Gardner (in Korte 2011, S. 113+114) meint, „(...) Wer kein gutes Einfühlungsvermögen hat, trifft in seinem Leben immer wieder die falsche Wahl – sei es nun beim Lebenspartner oder im Beruf." Auch Damasio betont immer wieder, dass Denken, Abwägen und Entscheiden nicht ausschließlich rechnerische Vorgänge sind:

> „Entgegen der oft vertretenen Meinung, dass Gefühle beim Nachdenken stören, ist das Gegenteil richtig: Gefühle behindern uns nicht im Denken, sie sind im Laufe der Evolution überhaupt erst entstanden, um die Entscheidungsfindung zu beschleunigen. Emotionen besitzen also eine „eigene Intelligenz". (Damasio in Korte 2011, S. 115)

Emotionen helfen uns, aus der oft unüberschaubaren Anzahl an Wahlmöglichkeiten Entscheidungen zu treffen, weil sie manche Optionen wegstreichen und manche hervorheben. (vgl. Korte 2011, S. 113ff) Da wir Menschen in sozialen Gefügen, Netzwerken und Beziehungen leben, ist es denkbar bedeutend, emotional und sozial intelligent interagieren zu können, wie dies im folgenden Kapitel dargestellt wird. Eine Fortsetzung zum Thema „Emotionen" findet sich in Kapitel 3.2.3.

3.1.9. Soziales Lernen und Spiegelneurone

Zu den bedeutendsten wissenschaftlichen Errungenschaften der vergangenen Jahre zählt, dass Erfahrungen, die wir machen (besonders mit anderen Menschen) eine biologische Auswirkung in unserem Körper haben.

> „Was wir mit anderen Menschen erleben, hat Einfluss auf die Aktivität unserer Gene und verändert die neuronale Architektur unseres Gehirns.“ (Bauer in Caspary 2006, S. 36)

Zwischenmenschliche Beziehungen können also die Biologie des Gehirns und die Biologie des Körpers verändern.
Wie kommt es – oder wie funktioniert es neurobiologisch – dass wir, ohne andere Menschen danach zu fragen, intuitiv über ihr Befinden informiert sind? Grund dafür sind die Spiegelneurone, die mittlerweile in allen Zentren des Gehirns gefunden wurden, die mit Erleben und Verhalten zu tun haben.

Während Rizzolatti und Kollegen Affen Anfang der Neunzigerjahre frei experimentieren ließen statt sie auf eine bestimmte Tätigkeit abzurichten, entdeckten sie, dass die kanonischen Neurone[28] nicht der einzige Typ von Neuronen mit visuomotorischen Eigenschaften war. Vor allem im Rindenareal F5 (das beim Menschen dem Brodmann Areal 44 – motorisches Sprachzentrum – entspricht) gab es Neuronen, die feuerten, wenn der Affe eine Handlung ausführte und sie taten dies genauso, wenn der Affe die Handlung nur beobachtete. Man benannte sie *Spiegelneuronen* (mirror neurons). (vgl. Rizzolatti 2008, S. 91)
Spiegelneuronen reagieren dann, wenn eine andere Person bei einem motorischen Akt beobachtet (oder auch nur gehört) wird, bei dem eine Interaktion zwischen Effektor und Objekt stattfindet. Sie aktivieren sich außerdem unabhängig von der Entfernung im Raum.

Eigenschaften und Funktionen der Spiegelneurone
Beobachtet ein Schüler seinen Meister beim Spielen einer gefinkelten Passage auf der Geige, so muss er sich eine motorische Vorstellung von dessen Bewegungen machen, was durch die Spiegelneurone geschieht.

---

[28] Kanonische Neurone sind in der prämotorischen Rinde vorhandene Neurone, die an visuomotorischen Transformationen beteiligt sind.

> „Die Aktivierung der Spiegelneurone generiert also mit anderen Worten eine ‚innere motorische Repräsentation' des beobachteten Aktes, von der dann die Möglichkeit abhängt, durch Nachahmung zu lernen." (Rizzolatti 2008, S. 105)

Durch die visuomotorischen Eigenschaften der Spiegelneurone können visuelle Informationen mit dem motorischen Wissen des Beobachters verknüpft werden, sie haben quasi ein Wissen kodiert, dass sich sowohl beim Selbst-Ausführen einer Handlung als auch beim Beobachten derselben aktiviert. Das Verstehen beim Beobachten der Handlungen anderer setzt dasselbe motorische Wissen voraus wie beim Selbst-Ausführen. Fehlt dieses Wissen, welches über den eigenen Körper erlangt wird, so können Handlungen anderer nicht verstanden werden. (vgl. Rizzolatti 2008, S. 107ff) Dabei handelt es sich um „eine implizite, originär *pragmatische* und nicht reflexive Form des Verstehens, die nicht an eine bestimmte Sinnesmodalität, wohl aber an die potentiellen Handlungen gebunden ist, die in dem Wörterbuch der Akte enthalten sind, das bei jedem Individuum die Ausführung der Bewegungen reguliert und kontrolliert." (Rizzolatti 2008, S. 113)

- Verstehen der Handlungen anderer funktioniert nur über eigenes motorisches Wissen (vgl. ebd. S. 109, S. 120, S. 131, S. 132, S. 142)
- Die Einbeziehung der für Organisation und Planung zuständigen motorischen Areale ermöglicht uns ein Verstehen der Bedeutung des Beobachteten
- Verstehen ist vorbegrifflich und bedarf keiner Sprache, sondern beruht allein auf dem *Wörterbuch der Akte* und dem *motorischen Wissen* (Rizzolatti 2008, S. 132)
- Spiegelneurone sind nicht an eine Sinnesmodalität gebunden
- Spiegelneurone können das Ende der Handlung antizipieren, da sie den Sinn erfassen bzw. das Ziel verstehen (ebd., S. 119, S.133)
- Um eine flüssige Bewegung entstehen zu lassen, sind die Neurone auch jeweils mit dem nachfolgenden motorischen Akt verbunden („kinetische Melodien", nach Alexander Romanowitsch Lurija in Rizzolatti 2008, S. 117)

- Spiegelneurone beim Menschen können die zeitlichen Aspekte der Handlung kodieren, das heißt auch die aufeinanderfolgenden Bewegungen werden durch die Aktivierung der motorischen Rinde zeitlich getreu reproduziert (vgl. S. 125)
- Resonanz kann auf motorischer Ebene, aber ebenso auf emotionaler Ebene geschehen

Nachahmung und Lernen

Was aber passiert, wenn nicht nur die Nachahmung im Sinne einer bloßen Wiederholung verlangt, sondern auch ein neues Handlungsmuster erwartet wird? Ein Modell dieser Art von Nachahmung wurde von Richard Byrne[29] erstellt, welches besagt, dass Lernen durch Nachahmung der Integration zweier Prozesse bedarf: Der erste ermöglicht es dem Beobachter, die einzelnen Elemente der nachzuahmenden Handlung, also die Kette von Akten, zu erkennen. Der zweite ermöglicht es, die geeignetste Abfolge dieser motorischen Akte herauszufiltern. Dabei wird die visuelle Information (beobachtete Handlung) durch die Spiegelneuronen in eine passende motorische Reaktion (motorische Befehle) umgesetzt.
Besonders Areale der frontalen Rinde, die auch mit dem Arbeitsgedächtnis zu tun haben, sind beteiligt an der Wiederzusammenführung der einzelnen motorischen Akte, damit daraus ein neues Handlungsmuster entstehen kann. Dieser enge Bezug zwischen Beobachtetem und Nachahmung (in beiden Bedeutungen) wird durch einen direkten Koppelungsmechanismus des Spiegelneuronensystems zwischen visueller Information und den entsprechenden motorischen Repräsentationen ermöglicht. Weiters braucht es für diesen gelingenden Prozess ein die Spiegelneurone kontrollierendes System, das hemmend oder erleichternd sein kann. Besonders Teile des Frontallappens sind daran beteiligt, Nachahmung geschehen zu lassen „wenn das Individuum es für angebracht oder nützlich hält, die Handlungen anderer nachzuahmen" oder dies im Fall auch zu unterbinden (sonst wären wir einer ständigen Nachahmung aller visuellen Reize ausgesetzt). (vgl. Rizzolatti 2008, S. 148ff)

[29] Verhaltensforscher aus St. Andrews, UK

Schule bedeutet nicht nur die Vermittlung von Fachwissen, sondern es geht auch um eine sinnvolle Gestaltung menschlicher Beziehungen, was den Lehrerberuf sowohl spannend als auch anstrengend macht. Damit Resonanz entsteht, bedarf es Lehrkräfte mit hoher Beziehungskompetenz und kooperationsbereiter Schüler und Eltern.

> „Emotionale und soziale Aspekte des Lernens spielen eine mindestens ebenso wichtige Rolle für das Schulgeschehen wie die intellektuell-kognitiven." (Bauer in Caspary 2006, S. 47)

Die Spiegelneurone ermöglichen in pädagogischen Prozessen ein „Lernen am Modell", bei dem der Pädagoge/die Pädagogin als Vorbild agiert und persönlich anwesend und erlebbar sein muss. Lernen geschieht durch Vormachen, Erläutern, Wiederholen, durch persönliches Engagement, durch das Stecken nachvollziehbarer Ziele und die Einbettung der Inhalte in die unmittelbare Erfahrungswirklichkeit der Schüler.

> „Das Kind erwirbt nur im Zusammenspiel mit anderen Menschen Kompetenzen, die es ihm später erlauben, ein autonomes starkes Individuum zu werden." (Bauer in Caspary 2006, S. 48)

Die Funktion der Spiegelneurone kann also als weitere Basis für die Wichtigkeit von Persönlichkeit und Beziehung und die zwischenmenschliche Interaktion im Lernalltag gesehen werden. Ebenso arbeiten Spiegelneurone eng mit dem neuroendokrinen System zusammen, besonders mit Dopamin, und stellen somit eine wichtige Grundlage für Motivation dar:

> „But mirror neurons don't work alone. Often, they work in tandem with dopamine, one of the brain's pleasure chemicals." Dopamine is described as „the brain's flush of reward, pleasure and well-being." (Lindstrom 2010, S. 62)

3.1.10. Sprache

> „Auch eines der wichtigsten Werkzeuge zur Weitergabe von Wissen, zur Vermittlung abstrakter Gedanken und damit zur Ausbildung von Intelligenz ist ohne kulturelles Lernen nicht denkbar: die Sprache.“ (GEOkompakt Nr. 28 11/2011, S. 52)

Zeigt die Mutter auf einen Gegenstand und benennt diesen, so bekommt ein Ding einen abstrakten Namen. Wörter zu verstehen und auch selbst zu sprechen beschleunigt die Aufnahme von Wissen. Kinder erweitern durch die Sprache explosionsartig ihren geistigen Horizont und eignen sich innerhalb kürzester Zeit unzählige Wörter an.
Das Gehirn leistet dafür eine bemerkenswerte Transferleistung: es gilt nicht mehr nur, eine innere Repräsentation, ein Abbild für einen bestimmten Gegenstand im Kopf zu haben, sondern dieser wird zusätzlich mit einem abstrakten Begriff verknüpft. Worte sind Symbole für etwas und müssen für diese Leistung verstanden werden.

> „Symbole sind nichts anderes als Zeichen, die für etwas anderes stehen – gleich ob Worte, Bilder oder Modelle. Die Leichtigkeit, mit der Menschen sie verwenden, unterscheidet sie von allen anderen Lebewesen. Erst Zeichen machen die Weitergabe komplexer Erfahrungen und Kenntnisse möglich.“ (GEOkompakt Nr. 28 11/2011, S. 53)

Das Sprechen-Lernen ist eine eher mühelose Sache. Die etwa 8000 Sprachen der Welt kommen alle mit maximal 70 Phonemen (kleinste lautliche Einheiten) aus (Deutsch: 40, Englisch: 44, Italienisch 30). Ein Neugeborenes ist anfangs auf alle 70 sensibel, hört aber in der eigenen Muttersprache immer nur die jeweils relevanten und spezialisiert sich dann darauf. (vgl. Spitzer 2002, S. 69)
Schreiben-Lernen hingegen ist eine relativ mühevolle Aufgabe, zumal für diese Leistung ein Symbol- sowie ausgeprägtes Raumbewusstsein nötig sind.

Darauf, wie genau Sprache sich entwickelt, kann hier nicht eingegangen werden. Es sollte lediglich die Wichtigkeit der Sprache für die Begriffsbildung, für die (Ein-)ordnung von Wissen und letztlich für die Entwicklung von Intelligenz deutlich gemacht worden sein.

3.1.11. Schlaf

> „Schlafen ist eine Funktion, auf die unser Gehirn nicht verzichten kann. So schlafen wir auch nicht, um den Körper, sondern um das Gehirn zu erholen." (Madeja 2010, S. 129)

Dabei ist es wichtig zu wissen, dass diese Erholungsphase des Gehirns eine höchst aktive ist, eine Zeit des Strukturierens und Ordnens.

- Schlaf ist ganz unabdingbar wichtig für erfolgreiches Lernen
- Allerdings kann man im Schlaf nichts lernen, was einem nicht schon am Tag begegnet ist (vgl. Korte 2011, S. 73)

Schlafen Kinder nach einem anstrengenden Tag nicht ausreichend, so verpufft ein Teil der Anstrengung. Während des Schlafs wiederholt, sortiert, komprimiert und organisiert das Gelernte und Erlebte des Tages: Erlebnisse und gelernte Fakten werden in einer Aktivitätsschleife aus Hippocampus und Großhirnrinde mehrfach durchlaufen, auch motorische Programme werden nachts eingeübt. Sie aber finden in neuronalen Schaltkreisen aus Basalganglien, Kleinhirn und Großhirnrinde bestehend statt.

Die Neuronen von Hippocampus und Cortex sind zeitlich eng miteinander verbunden, also synchronisiert. Hat der Hippocampus in seinem kleinen Speicher etwas gelernt, so überträgt er dies nachts auf den Cortex, was ideale Voraussetzungen für die plastische Beeinflussung von Schaltkreisen darstellen dürfte. Madeja beschreibt Schlafen als eine „Choreografie von Aktivitätsänderungen im Gehirn." (Madeja 2010, S. 129; vgl. Spitzer 2002, S. 123ff und Korte 2011, S. 73)

Dieses nächtliche Lernen durch Wiederholung gilt gleichermaßen für das explizite und das implizite Gedächtnis.

Dass Schlaf für das Lernen eine große Bedeutung aufweist war schon länger bekannt, zur Frage des „Warum" trugen Jan Born[30] und Mitarbeiter entscheidend bei. Um deren Forschungsergebnisse zu verstehen, sei vorweg geklärt:

Beim Schlaf unterscheidet man REM- (rapid eye movement) und non-REM-Phasen, die sich ungefähr alle 90 Minuten während einer Nacht

---

[30] Lübecker Neurobiologe und Neuroendokrinologe

abwechseln. Träume finden in beiden Phasen statt, allerdings können Personen, die während einer REM-Schlafphase geweckt wurden, doppelt so oft von ihren Träumen berichten.
Die REM-Phasen weisen im corticalen Elektroenzephalogramm[31] Wellen im Bereich von 4-8 Hertz auf, flache non-REM-Phasen zwischen 10-15 Hertz und tiefe non-REM-Phasen unter 4 Hertz.
Born und Mitarbeiter konnten eine Verbindung „zwischen dem non-REM-Schlaf und der Konsolidierung von Inhalten des *deklarativen* Gedächtnisses sowie zwischen dem REM-Schlaf und der Konsolidierung von Inhalten des *prozeduralen* und *emotionalen* Gedächtnisses (obwohl es hier auch Übergänge gibt)" zeigen. (Roth 2011, S. 119)

„Das deklarative Gedächtnis beruht (...) auf der Interaktion zwischen assoziativem Cortex und Hippocampus." (Roth 2011, S. 118f) Der Cortex ist während der Akquisitionsphase (Phase der frühen Gedächtnisbildung) hochaktiv, in einem Oszillationsbereich von 30-90 Hz, wie es normalerweise bei kognitiven Leistungen der Fall ist. Der Hippocampus hingegen, der während dieser Phase als Zwischenspeicher dient (wie Born und Mitarbeiter annehmen), im Bereich von 4-8 Hz. Er wird dabei durch das basale Vorderhirn, den Locus coeruleus und die Amygdala angesteuert.
Anschließend an die Akquisitionsphase folgt die Konsolidierungsphase, in der das intermediäre Gedächtnis (über welches noch relativ wenig bekannt ist) aktiv ist und diese Phase wiederum leitet über in die Bildung des Langzeitgedächtnisses.

Während des non-REM-Schlafs nun werden die im Hippocampus zwischengespeicherten Gedächtnisinhalte quasi „offline" in die in der Großhirnrinde gelegenen jeweiligen Speicherorte des Langzeitgedächtnisses transferiert. Vermutlich hängt dies mit den langsamen Wellen der non-REM-Phase zusammen. Man nimmt an, dass die Aktivität des Hippocampus währenddessen gedrosselt wird, damit die Einpassung der neuen in schon bestehende Inhalte, ohne dass einer der beiden dabei

---

[31] EEG: „The neurophysiologic exploration of the electrical activity of the brain by the application of electrodes to the scalp." (http://de.dict.md/definition/eeg, 06.04, 23.47 Uhr)

zerstört wird, ungestört vor sich gehen kann. Gleichzeitig aktiviert die niederfrequente Aktivität des Cortex die betroffenen corticalen Gedächtnisareale, damit die Einpassung bewerkstelligt werden kann.
Bei diesem Datentransfer vom Hippocampus zum Cortex sind nur die zuvor bewusst gelernten expliziten Gedächtnisanteile betroffen, die prozeduralen und emotionalen Gedächtnisinhalte hingegen werden in der REM-Schlafphase konsolidiert. Wie weit all dies mit dem Träumen zusammenhängt, ist noch unklar. (vgl. Roth 2011, S. 118ff)

Das Gehirn übt also während der Nacht weiter und am nächsten Tag ist ein sprunghafter Leistungsanstieg zu verzeichnen. Bekommt man allerdings nicht genügend Schlaf in der folgenden Nacht, so ist dies in Bezug auf die Lernergebnisse auch später nicht mehr nachzuholen. Daraus ergibt sich:

> „Entscheidend für den Lernerfolg ist der Schlaf unmittelbar nachdem man etwas Neues gelernt hat!" (Korte 2011, S. 74)

Auch Koffein (mit einer Halbwertszeit von sieben Stunden) und Alkohol können den Schlaf als zentralnervöse aktive Psychopharmaka stören. (vgl. Spitzer 2002, S. 132ff)

Zusammenfassung und Übersicht:

REM-Schlaf	**Non-REM-Schlaf**
4-8 Hertz	10-15 Hertz oder unter 4 Hertz
Konsolidierung von prozeduralen und emotionalen Gedächtnisinhalten	Konsolidierung von deklarativen Gedächtnisinhalten

3.2. Was das Lernen beeinflusst

3.2.1. Sensible Phasen

Gene setzen die untere Grenze, ab wann frühestens eine Fähigkeit oder Fertigkeit ausgebildet werden kann. Erst wenn sich die dafür benötigten Synapsen verschaltet haben, sind gewisse Entwicklungsschritte möglich. Man kann z.B. ein wenige Monate altes Baby nicht dazu bringen, sein Harnlassen durch Rechtzeitiges-auf-die-Toilette-Gehen zu steuern, weil es aufgrund von noch nicht vorhandener Verschaltungen nicht über die bewusste Steuerung des Schließmuskels verfügt. Genauso fällt es Dreijährigen oft schwer, ihre Wutausbrüche zu kontrollieren: die kortikalen Zentren im Gehirn, die die aus dem limbischen System aufsteigenden eher „rohen“ Emotionen kontrollieren, dämpfen und der Situation anpassen, sind noch nicht ausgebildet.
Somit kann Lernen auch zu früh sein. Ist aber der Startschuss für etwas gegeben, so bedarf es einer Neugier bedingten Übung, um Fähigkeiten und Fertigkeiten auszubilden und zu verfeinern.[32]

3.2.2. Aufmerksamkeit

„Aufmerksamkeit ist ein Zustand erhöhter Wahrnehmung.“ (Roth 2011, S. 129) Widmen wir Dingen viel Aufmerksamkeit, so nehmen wir sie klarer und deutlicher wahr, verstehen und behalten sie besser.

Es gibt zwei Arten von Aufmerksamkeit: *Vigilanz* und *selektive Aufmerksamkeit.*
Vigilanz beschreibt eine *allgemeine Aufmerksamkeit* und eine generelle Wachheit. Die Leistungsfähigkeit unserer Wahrnehmung und das Lernvermögen nehmen mit zunehmender Erregung zu – eine gute Anspannung ist also förderlich, während ein zu viel an Anspannung kontraproduktiv ist. (vgl. Korte 2011, S. 47ff)

---

[32] Hier ließe sich auf die Montessori-Pädagogik verweisen: diese geht davon aus, dass es für jedes Kind individuell ein Fenster gibt, in dem es einen bestimmten Inhalt oder eine bestimmte Fertigkeit von selbst lernen will und aufgrund dieser Motivation auch sehr leicht lernt – wenn es die Gelegenheit und die erforderliche Umgebung dazu hat.

„Je größer die allgemeine Aufmerksamkeit, desto höher die Chance, dass ein bestimmtes Erlebnis oder auch ein Detail aus dem Unterricht gespeichert wird.“ (Korte 2011, S. 48)

Die *selektive Aufmerksamkeit* spielt insofern eine große Rolle, als dass unsere Wahrnehmung der Welt kein passiver, sondern ein höchst aktiver Vorgang ist. Die selektive Aufmerksamkeit ist für die Filterung der Unmengen an einprasselnden Reizen und für die Entscheidung, welche davon relevant sind, zuständig. Durch die begrenzte Bearbeitungskapazität muss das Gehirn Informationen mit hoher Priorität bevorzugt behandeln, es kommt auf den „pop-out-Effekt“ an (Roth 2011, S. 129). Für das Lernen bedeutet dies, dass man einer anspruchslosen Plauderei stundenlang zuhören könnte, während für das Verstehen anspruchsvoller Zusammenhänge hohe Konzentration benötigt wird, die nur für kurze Zeit aufrecht erhalten werden kann. Auflockerungen können kurze Bemerkungen, ein zusammenfassender Satz, eine Verständnisfrage oder ein Witz sein.
„Meist ist Aufmerksamkeit mit Neugier, einer hohen Erwartung bis hin zur starken Aufregung verbunden.“ (Roth 2011, S. 130) Je intensiver wir unsere Aufmerksamkeit auf einen Gegenstand richten, desto mehr entschwindet alles andere aus unserem Bewusstsein. Dies wird die *Enge der Aufmerksamkeit bzw. des Bewusstseins* genannt (Zauberer machen sich diese kleinen Unaufmerksamkeiten der Zuseher für ihre Zaubertricks zunutze). Da es nicht wirklich möglich ist, mehrere Dinge gleichzeitig mit ungeteilter Aufmerksamkeit zu erledigen, springt bei der fast zum Modewort gewordenen Tätigkeit *multi-tasking* die Aufmerksamkeit flink von der einen zur nächsten Sache, was eine hohe Fehlerquelle und Ermüdung mit sich bringt. (vgl. Roth 2011, S. 129ff und Korte 2011, S. 46ff)

- Aufmerksamkeit ist eine Leistung des Gehirns, die einen hohen Energieverbrauch erfordert. Pausen in Form von Bewegung, Frischluft und Flüssigkeitsaufnahme müssen daher eingeplant werden.
- Ein sechsjähriges Kind kann sich am Stück lediglich ca. 15 Minuten konzentrieren, ein neunjähriges etwa 20 Minuten, Elfjährige 30 Minuten und selbst 12- bis 14jährige können sich noch nicht so lange konzentrieren wie 18- bis 20jährige.

- „Je aktiver ein Areal beim Einspeichern ist, umso höher ist die Wahrscheinlichkeit, dass man sich an das Abgespeicherte erinnert. Eine simple Aktivitätszunahme von Nervenzellen erhöht also die Chance, dass Wahrnehmungen, Ereignisse und Fakten besser und längerfristig erinnert werden." (Korte 2011, S.51)
- Konzentration beeinflusst an entscheidender Stelle das Lernen: beim ersten Abspeichern. Denn was nicht abgespeichert wird, kann auch nicht erinnert werden.
- „Je mehr Dinge und Ereignisse wir gleichzeitig beachten, desto geringer ist die Detailauflösung." (Roth 2011, S. 133; vgl. Korte 2011, S. 49ff)
- „Je mehr Aufmerksamkeit der Lehrende bei den Lernenden wecken kann, desto besser gelingt das Lernen." (Roth 2011, S. 147) Dies sollte nicht in Form von verbalen Ermahnungen, sondern durch inhaltliche und motivationale Mittel geschehen. Ebenso sollte er auf eine „hirngerechte" Untergliederung seines Unterrichts achten.
- Caine/Caine nennen den für Lernprozesse optimalen emotionalen Zustand „*relaxed alertness*", also eine gewisse entspannte Aufmerksamkeit, die geprägt ist von einer geringen Dosis Angst und einer hohen Dosis Herausforderung. Der Lernende erlebt sich dabei als selbstbewusst, kompetent, interessiert und intrinsisch[33] motiviert. (Caine et al. 2004 in Arnold 2002 in Herrmann 2006, vgl. S. 156)

> „Aufmerksamkeit ist eng mit zwei anderen Phänomenen verbunden, nämlich mit dem Bewusstsein und dem Gedächtnis." (Roth 2011, S. 130, siehe auch Kapitel 3.1.3. und 3.1.5)

3.2.3. Emotionen

Emotionen sind etwas Universelles und genauso wie der Atem überall auf der Welt sehr ähnlich. Zu diesen elementaren Gefühlen zählen „Freude, Trauer, Ekel, Kummer und Überraschung, aber auch Liebe, Eifersucht, Zorn, Rachsucht, Scham, Neid, Angst und eine Vielzahl von Mischformen." (Korte 2011, S. 115)

---

[33] von innen kommend

> „Emotionen, d.h. Gefühle, sind neben Wahrnehmen und Denken die *Grundzustände unseres Erlebens.*“ (Roth 2011, S. 73, Hervorhebung durch die Autorin dieses Buches)

> „Gefühle sind eine Form von Bildern, die wegen ihrer einzigartigen Beziehung zum Körper eine Sonderstellung einnehmen. Gefühle sind spontan gefühlte Bilder. Alle anderen Bilder werden gefühlt, weil sie von den besonderen Bildern, die wir Gefühle nennen, begleitet sind.“ (Damasio 2011, S. 88)

Wie entstehen Gefühle im Gehirn?

Für die Entstehung von Gefühlen sind sowohl unbewusste als auch bewusste Anteile des Gehirns nötig: sehr starke und „rohe“ Gefühle wie Angst oder Panik entstehen auf unterer limbischer Ebene, Gefühle mit kognitiven Komponenten oder beziehungsverarbeitenden Aspekten in der mittleren und oberen limbischen Ebene (zum limbischen System zählen Amygdala, Hippocampus, Gyrus cinguli). Die Großhirnrinde agiert als Kontrollinstanz über diese ursprünglichen Gefühle, verstärkt sie oder schwächt sie ab und hier werden sie auch bewusst wahrnehmbar (hätten wir ausschließlich eine funktionstüchtige Amygdala, so wären noch keine normalen menschlichen Beziehungen möglich).

Emotionen gehen auch einher mit deutlichen körperlichen Empfindungen und Reaktionen, wie z.B. Gesichtsmimik, Schwitzen, Ankurbeln der Herzfrequenz usw.[34] Die Amygdala ist außerdem bestens verbunden mit dem Hypothalamus, der für die Ausschüttung der Stresshormone zuständig ist: Glück und Zufriedenheit z.B. gehen einher mit der Ausschüttung von Serotonin, Endorphinen, Prolactin, Oxytocin usw. Diese haben eine schmerzlindernde und stressmindernde Funktion. (vgl. Roth 2011, S. 80f und Korte 2011, S. 115ff)

[34] „Wird ein Schüler an die Tafel gerufen, so wird dabei immer seine Amygdala sehr aktiv sein. Wie der Schüler dann mit der Stresssituation umgeht, bestimmen die Kontrollinstanzen im oberen Teil des limbischen Systems, die eine emotionale Bewertung vornehmen und die Aktivität der Amygdala überwachen.“ (Korte 2011, S. 116)

Die enge Zusammenarbeit zwischen subcorticalen limbischen Zentren und der bewusstseinsfähigen Großhirnrinde funktioniert folgendermaßen: ein positives oder negatives Ereignis (z.B. visueller Art) wird subcortical wahrgenommen – z.B. von der Netzhaut – und gelangt dann zum dorsalen Thalamus. Von dort aus laufen Teile zur basolateralen Amygdala und weiter (nach wie vor unbewusst) zu den vegetativen Zentren, die dann die Erhöhung der Pulsrate und Ähnliches induzieren. Gleichzeitig gibt es aber noch einen anderen Weg vom dorsalen Thalamus weg, der zuerst zur primären Sehrinde und dann zu temporalen und parietalen visuellen Arealen des Cortex verläuft. Im Cortex wird die eintreffende noch neutrale Information mit Inhalten des deklarativen Gedächtnisses verknüpft, die der Hippocampus und die ihn umgebende limbische Hirnrinde aktiviert haben. Somit wird die Wahrnehmung bewusst und schließlich verknüpft mit den Inhalten des emotionalen Gedächtnisses.

> „Aufgrund der komplexen Interaktion vieler corticaler und subcorticaler Zentren entsteht dann in den entsprechenden assoziativen visuellen Arealen die bewusste, inhaltsreiche Emotion. Derartige bewusst-corticale Zustände sind anschließend in den meisten Fällen in der Lage, die weiteren Verhaltensweisen zu verstärken oder abzuschwächen, indem corticale, z.B. präfrontale Areale auf die limbischen Zentren einwirken." (Roth 2011, S. 79)

Auch nicht-bewusste Emotionen haben einen starken Einfluss auf unser Denken und Handeln, sie lenken uns, treffen durch die unbewusste emotionale Konditionierung eine Vorauswahl zwischen unzähligen Entscheidungsmöglichkeiten und helfen bei Entscheidungen selbst dann als „Bauchgefühl". Entscheidungen sind nie rein rational, weil Gefühle (egal ob bewusst oder unbewusst) immer beteiligt sind. Deshalb kann auch „der Bauch" beim Entscheiden nicht „stören" (siehe auch Kapitel 3.1.3 Das emotionale Gedächtnis und Kapitel 3.1.8. Emotionale Intelligenz) (vgl. Roth 2011, S. 77ff). Gefühle haben neben den genannten Aspekten dann noch eine andere Funktion: „das Ermöglichen einer längerfristigen Handlungsplanung, insbesondere im Hinblick auf unsere soziale Umwelt." (Roth 2011, S. 79) Dies beeinflusst unsere positiven oder negativen Erwartungsvorstellungen.

Antonio Damasio betont, dass Emotionen auch für einen kreativen Denkprozess unerlässlich sind. Rationale, analytische Gedanken sind die eine Seite, die andere sind die Emotionen. Beide wirken zusammen, sind nicht trennbar und ergänzen sich – am Ende entsteht eine „wohlklingende Harmonie" (Damasio).

Wie entwickeln sich Gefühle?

Erstens wachsen die beiden Hemisphären unterschiedlich schnell, weshalb es phasenweise Dominanzen in Bezug auf die Stimmung eines Kindes geben kann, zweitens wird die Amygdala von einem mächtigen Faserstrang in der Großhirnrinde kontrolliert, welcher erst relativ spät reift. Dreijährigen fällt es deshalb auch so schwer, ihren Jähzorn zu kontrollieren. Und drittens ist die Reifung der Großhirnrinde, in diesem Fall insbesondere des Gyrus orbitofrontalis im präfrontalen Cortex, ausschlaggebend: erst wenn diese Verbindungen myelinisiert sind, können Emotionen effektiv kontrolliert werden – was erst nach der Pubertät der Fall ist. Auch die Reifung der Gefühle ist ein Produkt aus Genen und Umwelt, selbst wenn sie oft als selbstverständlich angenommen wird. Fehlen allerdings gewisse Aspekte (wie z.B. Liebe und Zuneigung), so können sich bestimmte Komponenten gar nicht entwickeln und hinterlassen massive und dauerhafte Veränderungen im Gehirn. Selbst wenn Säuglinge Gefühle noch nicht so bewusst wahrnehmen und kontrollieren können, können sie durch Beobachten und Nachahmen Gefühle anderer erkennen, was eine wichtige Voraussetzung für die spätere Empathie ist. (vgl. Korte 2011, S. 115ff)

Gefühle bei Mädchen und Jungen

Die Gefühlswahrnehmung bei Mädchen und Jungen verläuft unterschiedlich. Mädchen sind schneller bereit, über ihre Gefühle zu reden oder diese preiszugeben, ebenso lesen sie Gefühle bei anderen Menschen besser. Sie haben somit eine höhere interpersonale Intelligenz als Jungen. Die Amygdala, die auch aggressives Verhalten initiiert, ist bei Männern größer als bei Frauen und somit weniger leicht durch den präfrontalen Cortex kontrollierbar. Dies erklärt auch, warum Jungen und Männer eher zu aggressivem Verhalten tendieren. „Es gibt also eine angeborene Ten-

denz, dass Jungen und Mädchen anders fühlen und ihre Gefühle unterschiedlich gut kontrollieren können." (Korte 2011, S. 127)
Besonders in der Ausbildung der emotionalen Intelligenz spielt die Verhaltensweise der Eltern eine Schlüsselrolle – durch Imitation wird interpersonale Kommunikation und das intrapersonale Wahrnehmen von Gefühlen gelernt. Denn:

> „Emotionale Intelligenz kann man nicht lehren wie Faktenwissen in der Schule. (...) Sozialkompetenz und emotionale Kontrolle sind lernbar, aber nur schwer lehrbar. Dementsprechend ist es vor allem das Vorbild und kein spezieller Unterricht, mit dem Eltern auf die kognitive und emotionale Entwicklung ihres Kindes Einfluss nehmen." (Korte 2011, S. 130)

Motivation und Motive

> „Die beste Methode, die Sprache eines fremden Menschen zu erlernen, besteht darin, sich in diesen zu verlieben." (Madeja 2010, S. 116)

- Gefühle agieren als mächtige Motivatoren und sollten nicht unterschätzt werden

> „Menschen streben danach, Ereignisse herbeizuführen, die zu positiven Gefühlszuständen führen, und solche zu vermeiden, die von negativen Gefühlszuständen begleitet sind" (vgl. Weiner 1994, Kuhl 2001, Puca und Langens 2002 in Roth 2011, S. 81), die Motivationspsychologie nennt das „Affektoptimierung".

Bei den Motiven werden *biogene Motive* und *soziogene Motive* unterschieden. Biogene Motive betreffen das Stillen von Bedürfnissen wie Durst, Hunger, Sexualität; soziogene Motive umfassen Anschluss bzw. Intimität, Macht und Leistung.
Anschluss bezeichnet das Streben nach sozialer Nähe, *Intimität* findet sich oft bei positiv gestimmten Personen. Dies zeichnet typische Zuhörer-Persönlichkeiten aus; man vermutet, dass sie einen hohen Oxytocin-Spiegel haben. Zum Motiv *Macht* zählen Einfluss, Kontrolle, Dominanz und das Streben nach Status. Das Motiv *Leistung* ist mit Neugier gekoppelt, man möchte Dinge besser machen und sich selbst und/oder andere

übertreffen. Auch Erfolgsaussichten, der Wert des angestrebten Ziels und die Belohnungserwartung sind hierbei wichtig.

Extrinsische und intrinsische Motive / Motivation

Es gibt zwei Arten von Motivation: die extrinsische und die intrinsische. Die extrinsische oder von außen kommende Motivation (z.B. durch eine in Aussicht gestellte Belohnung) kann kurzzeitig Leistungen steigern, nutzt sich aber durch den Gewöhnungseffekt schnell ab und kann dann die intrinsische, von innen kommende Motivation „überschreiben". Durch intrinsische Motivation (eine „selbstbelohnende" Tätigkeit) allerdings sind Menschen zu Unglaublichem imstande, es entsteht ein hohes Aktivierungspotenzial in den Nervennetzen. Intrinsische Motivation kann Spaß, Wohlgefühl und innere Zufriedenheit auslösen. (vgl. Korte 2011, S. 34ff) Roth fasst dies zusammen: niemand tut etwas „um der Sache selbst willen, immer geht es darum, ein Bedürfnis zu befriedigen." (Roth 2011, S. 88)

Was die Motivation entscheidend beeinflusst:

- Dopamin

ist ein Gehirnbotenstoff. Er ist für Motivation und Belohnung zuständig und „steuert Wachheit und Aufmerksamkeit, steigert das Lernvermögen, steigert die Neugierde, facht die Fantasie an, unterstützt das Selbstvertrauen, macht optimistisch, motiviert, bestimmte Ziele erreichen zu wollen, kann Euphorie induzieren." (Korte 2011, S. 40) Er kurbelt das motorische System an, macht das Gehirn aufmerksam auf besonders interessante Situationen und sorgt dafür, dass sich positive Erfahrungen leichter und effektiver einprägen. Kurzum, Dopamin wirkt sich entscheidend positiv auf das Lernen aus. (vgl. Korte 2011, S. 40ff)

- Verstehen
kann Euphorie auslösen.

> „Nachdenken und dabei etwas zu verstehen, ohne dass notwendigerweise eine Handlung vollzogen werden muss, kann ein Gefühl der Euphorie, Freude und des Wohlfühlens, also der inneren Belohnung hervorrufen." (Korte 2011, S. 42)

Dieser „Kapiertrieb" dürfte eine zweite treibende Kraft neben der Belohnung sein. Dabei werden Aufgaben danach bewertet, ob man denkt, sie lösen zu können oder nicht. Eine zu leichte Aufgabe kann dann für das Gehirn genauso fatal sein wie eine zu schwierige. Somit kann es sowohl für ein hochbegabtes als auch für ein schwächeres Kind äußerst mühsam sein, einem ihm so gar nicht entsprechenden Unterricht zu folgen.

An diesem Prozess sind Substanzen beteiligt, die im Laufe der Evolution ursprünglich dazu dienten, aus dem Körper kommenden Schmerz am Weg in das Gehirn zu blockieren – musste man z.B. vor einem Löwen davonlaufen, so sollte man nicht den Dorn im Fuß spüren. Man bezeichnet diese körpereigenen Schmerzkiller als Opiate und sie wirken auf Strukturen im Stirnlappen ein, die Euphorie erzeugen können, besonders wenn Erwartungen übertroffen werden.
Genau dies ist der springende Punkt beim Lernen: Sind der Anspruch an die Lernenden, sowie Anspannung und Erfolg richtig dosiert, werden körpereigene Opiate (über den durch Dopamin aktivierten Nucleus accumbens) ausgeschüttet. Dadurch wird ein Speicherprozess in Gang gesetzt, der drei Aspekte festhält:

> „1. die Tatsache, dass wir überhaupt belohnt wurden, 2. das Wissen, wofür wir belohnt wurden, 3. den Kontext, in dem dies geschah. Sind diese Informationen erst einmal in das Gedächtnis eingraviert, sind wir Menschen bereit, große Anstrengungen auf uns zu nehmen, wissend, dass sich im Erfolgsfall das wohlige oder einfach gute Gefühl am Ende wieder einstellen wird." (Korte 2011, S. 43f)

- Intelligenz, Motivation, Fleiß

Wie in Kapitel 3.1.8. schon genannt, sieht Roth gemeinsam mit der Motivation auch Intelligenz und Fleiß als die drei entscheidenden Faktoren für erfolgreiches Lernen.

Warum Gefühle beim Lernen so wichtig sind

Roth beschreibt das Lernen in öffentlichen Einrichtungen als ein „Abenteuer", auf das sich jede/r mehr oder weniger bereitwillig einlässt. Die Einstellung gegenüber dem Lernen hängt ab von: der Offenheit gegenüber Neuem, dem Selbstvertrauen, Stresstoleranz sowie der Fähigkeit zur Selbstberuhigung, Risikowahrnehmung, Realitätssinn, Empathie und Bindungskompetenz. Darüber hinaus sind es auch Faktoren wie das Ansehen, welches Schule, Lernen und Fleiß in der Familie haben, aber auch welches Bild von Schule die Medien vermitteln. Weiters braucht jede Schülerin/jeder Schüler ihren/seinen „emotionalen Platz" im Beziehungsnetzwerk der Klasse.

Auf Lern- und Gedächtnisleistungen haben Gefühle einen starken Einfluss: je deutlicher Dinge von emotionalen Zuständen begleitet werden, desto besser werden sie erinnert, vorausgesetzt, die emotionalen Zustände sind nicht zu stark, sodass die kognitiven Inhalte von der Emotionalität verdrängt werden. Dieses emotionale Begleiten, das sich eher auf episodisch-autobiographische Gedächtnisinhalte auswirkt, gilt für einen mittel- und langfristigen Abruf. Interessant ist, dass positive Inhalte in der Regel besser erinnert werden als negative.[35]

Man nimmt mehrheitlich an, dass die deklarativen Gedächtnisinhalte in den Netzwerken des Isocortex niedergelegt und konsolidiert werden, der Hippocampus gilt dabei als Organisator. Für die emotionalen und moti-

[35] Wie Antonio Damasio es beschreibt, können sich Erinnerungen in der Gegenwart neue Wege bahnen (siehe Kapitel 3.1.3.). Dadurch kann es auch vorkommen, dass zwei Menschen bei Gericht unter Eid zwei völlig gegensätzliche Aussagen machen, ohne wissentlich oder beabsichtigt die Unwahrheit zu sagen. Dies wird Konfabulation genannt und geschieht unwissentlich. Besonders stark zu beobachten ist dieser Vorgang bei Personen mit posttraumatischen Belastungsstörungen, bei denen plötzliche Erinnerungen mit hohem Realitätsgehalt auftauchen, die so nicht immer stattgefunden haben müssen.
Gedächtnis ist, um es noch einmal zu betonen, ein hochdynamisches System, „dessen vorrangige Aufgabe es ist, unser Verhalten zu steuern und Verhaltensplanung zu ermöglichen." (Roth 2011, S. 185)

vationalen Inhalte hingegen spielt die Amygdala die zentrale Rolle, sie begleitet und bewertet diese, in dem sie das basale Vorderhirn und dadurch indirekt die „cholinerge[36] Modulation isocorticaler Netzwerke“ (Roth 2011, S. 186) steuert. Sie beeinflusst auch die mit Neuromodulatoren arbeitenden Systeme und hat einen massiven Einfluss auf den Hippocampus. Amygdala und Hippocampus dürften in der Konsolidierungsphase durch Oszillation im Bereich von 4 Hertz eng miteinander interagieren und dadurch gemeinsam bzw. arbeitsteilig arbeiten: der Hippocampus liefert die *Details* des Erinnerten, die Amygdala samt mesolimbischem System die *Emotionen.* (Siehe auch Kapitel 3.1.11. Schlaf)

> „Die basolaterale Amygdala projiziert vorwiegend zum Hippocampus und zu der ihn umgebenden Rinde sowie zum orbitofrontalen Cortex, also zu jenen beiden Zentren, die für unbewusstes und bewusstes inhaltsreiches emotionales Erleben und Erinnern zuständig sind.“ (Roth 2011, S. 188)

3.2.4. Selbstvertrauen, Persönlichkeit

Als *Temperament* bezeichnet man die Art und Weise, wie Menschen mit ihren Emotionen umgehen, es ist größtenteils genetisch vorgegeben und entsteht in den limbischen Zentren. Die *Persönlichkeit* ist eine gleichberechtigte Mischung zwischen Temperament und individueller Erfahrung. (vgl. Korte 2011, S. 123f))

> „Zu den Merkmalen einer Persönlichkeit gehören Emotionalität (und damit das Temperament), Geselligkeit, Gewaltbereitschaft, Vorsicht oder Traditionalismus. Die sensible Phase für die emotionale Erziehung und Ausbildung der Persönlichkeit dauert beim Menschen etwa bis zum dritten Lebensjahr, wobei die ersten sechs Lebensmonate die bedeutsamsten sind, wie vor allem Untersuchungen an sozial isoliert aufwachsenden Affen belegt haben.“ (Korte 2011, S. 125)

---

[36] „durch Freisetzung von Acetylcholin in den Synapsenspalt aus der Präsynapse eines Neurons bewirkte Art der Erregungsübertragung.“ (http://www.imedo.de/medizinlexikon/cholinerg, 07.04.2012, 0:11)

Diese Affen zeigten weniger synaptische Kontakte im präfrontalen Cortex und einen dauerhaft niedrigeren Noradrenalinspiegel. Noradrenalin ist ein das limbische System maßgeblich beeinflussender Botenstoff, welcher sich auf die Stressreaktion auswirkt – mit Stress kann demnach schlechter umgegangen werden. Extrembeispiele verdeutlichen die weitreichenden Auswirkungen:

> „Misshandelte und sozial deprivierte Kinder zeigen ein um bis zu 30 Prozent kleineres Gehirn. Vor allem lassen sich Störungen im linken Stirnlappen nachweisen, wo angenehme Gefühle wahrgenommen werden. Bei diesen Kindern ist der für das Faktenwissen und für Erinnerungen an Erlebnisse so wichtige Hippokampus verkleinert und in seiner Funktionsfähigkeit eingeschränkt. Kindesmissbrauch hinterlässt also auch im Gehirn Narben – und das vielleicht für immer!“ (Korte 2011, S. 125f)

Selbstvertrauen und Selbstkonzept
haben maßgeblichen Einfluss auf den Erfolg: Menschen mit einem großen Vertrauen in ihre eigenen Kräfte und einem hohen „Maß an Eigensteuerung bei der Leistungserbringung“ (Roth 2011, S. 91), sind erfolgreicher als Menschen, die von den beiden oben genannten Dingen weniger haben – sie meiden Hürden und nehmen Erfolge als reinen Zufall, schreiben ihn sich aber nicht selbst zu.

Rolf Schulmeister gelangte bei seiner Studie „**Auf der Suche nach dem Studienerfolg. Die neue Agenda des Projekts ZEITLast. Keynote auf der campus innovation 2011.** Hamburg, 25.11.2011“ zu interessanten Ergebnissen: nicht die für das Studium aufgewendete Zeit (wie ursprünglich vermutet) war das ausschlaggebende Kriterium für den Studienerfolg der Studenten, sondern das Lernverhalten bzw. der Lerntyp. Die schlechtesten Ergebnisse kamen dabei von Studierenden die wenig Selbstbewusstsein hatten und mit Angst an das Lernen herangingen, die besten von denjenigen, die auch in anspruchsvollen Situationen (wie z.B. in Prüfungszeiten) positiv an die Sache herangingen und auch negative Gefühle ausreichend regulieren konnten. (vgl. http://lecture2go.uni-hamburg.de/konferenzen/-/k/12918 aufgerufen am 12.04.2012, 20:40 Uhr)

Wie Selbstvertrauen und das Selbstkonzept durch Bewegung positiv beeinflusst werden können, wurde schon in Kapitel 2.8. „Der Zusammenhang zwischen Wahrnehmung und Bewegung, Entwicklung des Selbstkonzepts“ erläutert.

Zur Persönlichkeit von Lehrenden und Lernenden

> „Lehren und Lernen sind stets kommunikative Akte: Entweder spricht der Lehrer die Lernenden direkt an, oder er beeinflusst sie auf nichtverbale Weise – beabsichtigt oder unbeabsichtigt – über Mimik, Gestik, Körperhaltung, Intonation der Stimme und seine Bewegungen.“ (Roth 2011, S. 188)

In den tiefsten limbischen Zentren entstehen, wie oben schon genannt, die primären Gefühle, je höher man kommt, desto mehr können diese Gefühle bewusst moduliert, abgeschwächt, verstärkt, versteckt oder verändert werden. Diese Beeinflussung hängt auch von sozialen und kulturellen, sowie geschlechterspezifischen Faktoren ab.
Interessant ist jedoch, dass auch bei Menschen, die sich eigentlich „sehr gut im Griff haben“, in Bruchteilen von Sekunden die wahren Gefühle durchblitzen können: Da die willentliche Kontrolle über die Gefühle länger dauert als ihre un- oder vorbewusste Beeinflussung durch die limbischen Zentren, verrät die Mimik für ein Drittel einer Sekunde wahre Gefühlsregungen. Die Zeitspanne ist zu kurz, als dass diese bewusst wahrgenommen werden könnten, aber die mit Gesichtserkennung befassten Areale unseres Gehirns registrieren dieses kurze Aufblitzen und vermitteln uns dadurch das Gefühl dafür, ob das Gegenüber glaubwürdig oder unglaubwürdig ist.[37]
Daraus entsteht auch der erste Eindruck, dem man sehr wohl vertrauen kann, wissend, dass er natürlich nichts über die Kompetenz oder die beruflichen Qualitäten einer Person aussagt. Es gibt somit zwei Arten

---

[37] Sehr eindrucksvoll konnte dies in einer Studie mit amerikanischen Politikern mit Hilfe der funktionellen Kernspintomographie von amerikanischen und britischen Forschern (Adolphs et al. 1999 in Roth 2011) gezeigt werden: Eine Gruppe der Versuchspersonen wurde gebeten, die Glaubwürdigkeit der Politiker zu beurteilen, während die andere Gruppe deren Alter abschätzen sollte. Die Amygdala wurde im ersten Fall bei den als unglaubwürdig eingestuften stark aktiv, im zweiten Fall (wo lediglich das Alter bestimmt werden hätte sollen) geschah dasselbe bei den selben Gesichtern. „Die Amygdala verrichtete dabei also automatisch ihre Arbeit.“ (Roth 2011, S. 194)

der Überprüfung der Vertrauenswürdigkeit einer Person: die eine ist die sehr schnelle, basierend auf dem ersten Eindruck, die andere ist die sich über Wochen und Monate ziehende und kognitiv bedingte Einschätzung.

> „Zu den wichtigsten lernfördernden Faktoren gehört also die Vertrauenswürdigkeit des Lehrenden. Es ist absolut notwendig, dass der Lehrende ein Vertrauensverhältnis zu den Lernenden aufbaut, wie lange dies auch immer dauern mag, das von Sympathie, Kompetenz, Verlässlichkeit und Autorität gekennzeichnet ist." (Roth 2011, S. 195)

- Je glaubwürdiger und authentischer die Lehrperson, desto mehr sind die Lernenden bereit, von dieser Person etwas anzunehmen
- Auch umgekehrtgilt: ein/e Lehrer/in muss sich auch über die Macht des ersten Eindrucks bewusst sein und im Fall offen für Veränderungen dessen sein (vgl. Roth 2011, S. 188ff)

Beziehung und Gesundheit
Giacomo Rizzolattis Entdeckung der Spiegelneurone bildet die neurobiologische Grundlage für die Erkenntnis, dass das „menschliche Erleben, auch das Lernen, persönliche Beziehungen braucht". (Bauer 2010, S. 15) Denn gute zwischenmenschliche Beziehungen sind im Gehirn „abgespeichert" und stellen die am besten wirkende und komplett nebenwirkungsfreie „Droge" gegen körperlichen und seelischen Stress dar. Wo gute Beziehungen stattfinden, erhöht sich die körperliche Gesundheit, umgekehrt erhöht sich das Krankheitsrisiko. (vgl. Bauer 2010, S. 15)

3.2.5. Stress

1936 prägte der Mediziner und Biochemiker Hans Selye den aus dem Englischen kommenden Begriff „Stress", der mit Druck oder Beanspruchung übersetzt werden kann. Er beschreibt diese „Reaktionskette physiologischer Anpassungen an unspezifische innere und äußere Reize, die als ‚körperlicher Ausdruck einer allgemeinen Mobilmachung der Verteidigungskräfte im Organismus' (Selye) verstanden werden können." (Korte 2011, S. 137)

Stressoren, also Dinge die Stress verursachen, können z.B. Verletzungen, emotionale Spannungen oder Krankheiten sein. Stress kann auf keiner allgemeinen Skala gemessen werden, sondern ist immer ein Produkt der subjektiven Empfindungen.

- Kinder empfinden Situationen als stressig, auf die sie keinen Einfluss nehmen können

Warum und wodurch entsteht Stress?
Ursprünglich waren Stress und die damit verbundenen körperlichen Reaktionen wichtig, um bei Auftauchen eines wilden Tieres bestmöglich für „Kampf oder Flucht" vorbereitet zu sein. Das heißt, alle Energieressourcen werden bereitgestellt, um kurzfristig hohe physische Aktivität zu gewährleisten. Kann keine physische Aktivität stattfinden (z.B. bei nur ruhigem Auf-dem-Stuhl-sitzen während einer stressigen Situation), so kann Stress dauerhaft bleiben und in überhöhter Dosis Schäden anrichten. „Der moderne Mensch rennt nicht um sein Leben, sondern sitzt still und stresst sich." (Korte 2011, S. 138)

Stress in geringem Maße kann die Denkfähigkeit erhöhen und ist keineswegs etwas Negatives, da er zu höheren Leistungen anspornt. Adrenalin erhöht dabei die Durchblutung im Gehirn.
Der Hypothalamus gilt als oberste Schaltzentrale was die Steuerung von Stress betrifft und organisiert auch die für den Hormonhaushalt zuständige Hypophyse. Cortisol (Stresshormon) gilt hierbei als besonders effektives und wirkungsvolles Hormon, das sich normalerweise auch um seine eigene Abschaltung kümmert. Dauerstress allerdings führt zu einer lang anhaltenden Cortisolausschüttung, welche die Aktivität von Immunzellen und die Verdauungstätigkeit unterdrückt und langfristig zu Schädigungen von Nervenzellen vor allem im Hippocampus (der besonders wichtig für das Lernen von neuen Dingen ist) führen kann.
Der Hippocampus kann unter Stress seine Arbeit komplett einstellen, was Denkblockaden und Black Outs verursachen kann. Besonders wichtig, wenn einem Kind neue Situationen Stress bereiten, ist, bei den Dingen anzuknüpfen, die ein Kind bereits kennt und weiß. (vgl. Korte 2011, S. 139ff)

Leidet ein Kind schon unter Dauerstress (in welcher Form auch immer – durch unbeeinflussbare Situationen, geringe Zuwendung, ...), so ist es auch als Erwachsener viel weniger resistent gegen Stress. „Die Stresskompetenz eines Erwachsenen ist mehr oder weniger eine Folge seines emotionalen Haushalts in der Kindheit.“ (Korte 2011, S. 143)

> „Neuere Forschungsergebnisse, unter anderem die von der Magdeburger Hirnforscherin Sabine Braun, belegen jedoch, dass Umwelteinflüsse, wie Aufmerksamkeit und Fürsorglichkeit der Eltern, einen nachhaltigen, dauerhaften und starken Einfluss auf die Gehirnentwicklung von Amygdala und Hypothalamus hat. Sie bestimmen, wie sich neuronale Schaltkreise auch in diesen Teilen des limbischen Systems etablieren. Bestimmte Komponenten unseres Gefühlslebens entwickeln sich in der Tat nicht, wenn ein Kind Erfahrungen wie Einfühlungsvermögen, Zuwendung und Aufmerksamkeit nie erlebt. Fehlen diese Komponenten, sind massive und leider auch dauerhafte Veränderungen in der Regulation von Stressreaktionen zu beobachten. (...) Fehlende Bindung, mangelhafte Zuwendung oder erhöhter Stress haben einen negativen Einfluss auf die Selektion der Synapsen in den gefühls- und stressregulierenden Arealen des Gehirns. (...)“ (Korte 2011, S. 144f)

Manifestieren sich traumatische Erlebnisse in der Kindheit, so können diese in den neuronalen Schaltkreisen eingeprägten Erfahrungen im Erwachsenenalter zu Verhaltensstörungen und psychischen Krankheiten führen.

- Kinder brauchen Liebe: „Das Wichtigste für die spätere Verstandesentwicklung ist, dass Babys erleben, dass man sie liebt.“ (Roth in GEOkompakt Nr. 28 11/2011, S. 64)
- Gut dosierter Stress lässt Kinder Strategien entwickeln, gut damit umzugehen.
- Kinder imitieren bei der Stressbewältigung in erster Linie die Strategien ihrer Eltern.
- Überfordernder Stress ist die schlechteste Lernbasis. Durch ihn schraubt das Gehirn die Leistungsfähigkeit dramatisch herab. „Es verweigert sich lernfördernden Reizen und verliert die Assoziationskraft.“ (Korte 2011, S. 32)

3.2.6. Ernährung

Unsere Ernährung beeinflusst wie wir uns fühlen, wie gesund wir sind, wie alt wir werden, wie leistungsfähig wir sind und wie wir lernen. Auch Sport und Bewegung bilden hier eine wichtige Säule, die untrennbar mit der Ernährung einhergeht (siehe Kapitel 2.7. und 2.8.).
Geschmacksvorlieben werden bereits im Mutterleib angelegt. Im dritten Lebensmonat des Fötus bilden sich die Geschmacksknospen, die im Säuglingsalter noch weiter geprägt werden. Hier gilt es, einen leckeren und abwechslungsreichen Speiseplan anzubieten, um die Kleinen für gesundes Essen zu begeistern. Das Prinzip ist hierbei ein Ähnliches wie bei der emotionalen Intelligenz und bei der Bewegung: Was ihnen vorgelebt wird, nehmen sie unbewusst durch Imitation an.

Die Frage, ob man Klugheit essen kann, beantwortet Korte mit „Ja". Allerdings sagt er auch, dass dieser Zusammenhang lange Zeit von der Wissenschaft vernachlässigt wurde und führt einige Beispiele an: Omega-3-Fettsäuren etwa sind für die Myelinisierung der Nervenzellen und den Signaltransport wichtig, Obst, Gemüse und Vollkornprodukte sichern durch ihre langkettigen Kohlenhydrate die längerfristige Energieversorgung des Gehirns, welches keine Energie speichern kann. Vitamin D mit Kalzium und Phosphor ist wichtig für den Knochenaufbau, Vitamin B1 ist Bestandteil von wichtigen Enzymen für die Nervenzellfunktion und die elektrische Reizweiterleitung, hierfür ist auch Vitamin B6 entscheidend. Wissenschaftler der McGill University in Montreal fanden durch ihre Studien an mehr als 1000 Kindern heraus, dass diejenigen, die mindestens sechs Monate gestillt worden waren, einen höheren Intelligenzquotienten aufwiesen (vgl. GEOkompakt Nr. 28 11/2011, S. 59), während US-Forscher herausfanden, dass Übergewicht ein kleineres Gehirnvolumen verursacht. (ebd. S. 116)

Dass Kinder Süßes lieben ist eigentlich verständlich – das Gehirn braucht Zucker, genau genommen Traubenzucker aus dem Blut. Und das regelmäßig, da es keine Energie speichern kann. In welcher Form dieser Zucker zugeführt wird, ist allerdings ausschlaggebend: Traubenzucker schießt schnell ins Blut und damit auch ins Gehirn, der Zuckerspiegel fällt dann aber auch rasch wieder ab. Die Folge sind Müdigkeit und

Unkonzentriertheit. Nimmt man hingegen langkettige Kohlenhydrate wie Obst oder Vollkornbrot zu sich, so muss der Zucker zuerst aufgespaltet und in Traubenzucker umgewandelt werden, was ein länger dauernder Prozess ist.

Trinken

Zwischen 9 und 13 Jahren sollten Kinder etwa 2,15 Liter Wasser bzw. Flüssigkeit pro Tag zu sich nehmen. Meistens sind es eher 1,6 – 1,8 Liter und ein unter Flüssigkeitsmangel leidendes Gehirn arbeitet nicht gut. (vgl. Korte 2011, S. 212f) Fehlen dem Körper nur 2% Flüssigkeit (was noch nicht einmal als Durst wahrnehmbar ist), so ist bereits die körperliche und geistige Leistungsfähigkeit herabgesetzt.

3.2.7. Bewegung

- Körperliche Aktivität fördert das Nervenzellwachstum

Durch motorische Aktivität wird einerseits von sich aus das Erwartungs- und Belohnungssystem aktiviert, andererseits führen sogenannte Wachstumsfaktoren dazu, dass sich die Nervenzellen besser miteinander verschalten. Sport baut nicht nur Stress ab, der, wenn er zu lange anhält, in Form von Cortisol im Gehirn zum Nervenzelltod führen kann, sondern aktiviert auch das Belohnungssystem, was zu Wohlbefinden und Entspannung führt. Außerdem wurde in den letzten Jahren bekannt, dass auch nach der Geburt noch Nervenzellen gebildet werden, die maßgeblich von Nervenwachstumsfaktoren beeinflusst werden. Diese wiederum werden vermehrt durch körperliche Aktivität ausgeschüttet. Bewegung fördert dieses Nervenzellwachstum und da der Hippocampus eine wichtige Rolle in Lernprozessen spielt – vor allem beim Lernen von neuen Dingen durch das deklarative Gedächtnis, also die Art von Gedächtnis, die man für einen Großteil der explizit zu lernenden Schulinhalte benötigt – ist Bewegung ein ungeheuer wichtiges Instrument, um Kognition und Intelligenz zu fördern. (vgl. Korte 2011, S. 63 und S. 213ff)

Forscher fanden außerdem heraus, dass Bewegung und Sport „der Schlüssel zum Schutz der Geisteskraft“ (GEOkompakt Nr. 28 11/2011, S. 58f) sind: Das durch Bewegung bedingte Zellwachstum im Hippo-

campus verzögert Alzheimer oder lässt diese Krankheit erst gar nicht entstehen.
Näheres zum Thema Bewegung und die Auswirkung auf kognitive, soziale, emotionale und gesundheitliche Faktoren wurde eingehend in Kapitel 2.8. dargestellt.

3.2.8. Umwelt, Medien

> „Eine fundierte Bildung zu haben war natürlich immer schon wichtig, aber angesichts wirtschaftlicher Krisenzeiten und eines sich durch die neuen Medien rasant wandelnden Lernverhaltens ist die Diskussion, wie und was unsere Kinder in Zukunft überhaupt wissen sollen, brisanter denn je." (Korte 2011, S. 11)

- Wichtiges muss von Unwichtigem getrennt werden können: mit einem Mausklick stehen Unmengen immenser abstrakter Wissensberge zur Verfügung – aber was tun damit? Wissen und dessen Vermittlung braucht eine neue Struktur in einer globalen Kommunikationsgesellschaft.
- „Wissen muss in das persönliche Umfeld eingeordnet" und Fakten in Kontexte gesetzt werden. Sonst verunsichert die Informationsflut. (Korte 2011, S. 15)
- Um die beiden oben genannten Punkte bewältigen zu können, bildet die Vermittlung von Werten eine bedeutende Voraussetzung – sie ermöglichen als Gerüst die Anlagerung von Wissen, ebenso aber die Identifikation und die Abgrenzung und geben Orientierung. (vgl. Korte 2011, S. 14ff)
- „Die Zukunft des Lernens ist digital." Daher soll dem gegenüber eine „reale Lebens- und Erfahrungswelt" stehen, vor allem in jungen Jahren, während der Prägung des Gehirns (Korte 2011, S. 16)
- Ein Überfluss an Wissen (man denke vor allem an die heute leicht zugängliche Informationsflut aus den verschiedenen Medien) kann Verunsicherung, Orientierungslosigkeit und ein Gefühl von Beliebigkeit verursachen.

- Bildung entsteht dort, wo Wissen einen Wert bekommt. (vgl. Korte 2011, S. 27ff)

> „In einer Zeit der Reduktion sinnlicher Erfahrungen auf das Sehen und Hören, in einer Welt der Verarmung unmittelbarer körperlich-motorischer Erlebnisse ist es wichtig, die Vielfalt der kindlichen Ausdrucksmöglichkeiten zu erkennen und Möglichkeiten ihrer Erweiterung zu schaffen. Dazu gehört die Sprache, aber auch andere kreative, ästhetische Ausdrucksformen, die es im Spiel weiterzuentwickeln gilt." (Zimmer [Hrsg.] 2004, S. 18)

3.3. Extrakt aus Kapitel 3

- Lernen geschieht andauernd und ohne Unterbrechungen, das ist das Wesen des Gehirns.
- Gerade die Gehirne von Kindern sind richtige „Lernmaschinen“, ihre Gehirne sind sehr plastisch. Neuroplastizität bezeichnet die sich ändernden Repräsentationen.
- Die Stärkung von Synapsen gilt als entscheidender Aspekt für das Lernen.
- Kinder lernen oft weniger die expliziten Inhalte, die man ihnen zu erklären versucht, sondern das, was sie direkt erleben können und was eine emotionale Bedeutung für sie hat.
- Lernen benötigt ein Gedächtnis. „Das“ Gedächtnis gibt es aber nicht, es untergliedert sich in verschiedene zeitliche und funktionale Aspekte, die unterschiedlich arbeiten und auch unterschiedlich gefördert werden wollen. Trotzdem arbeiten sie alle stark zusammen und ineinandergreifend.
- Bei Kindern ist das implizite Gedächtnis schon recht gut ausgeprägt, das explizite aber ist noch von der kindlichen Amnesie betroffen.
- Das Langzeitgedächtnis besitzt eine ungeheure Speicherkapazität und kann nicht überfordert werden.
- Gefühle haben auf Lern- und Gedächtnisleistungen einen starken Einfluss. Je deutlicher Dinge von emotionalen Zuständen begleitet werden, desto besser werden sie erinnert. Grund dafür sind die vielfältigen Verbindungen zwischen Cortex und den limbischen Zentren.
- Wahrnehmung ist ein höchst aktiver Vorgang und Aufmerksamkeit spielt dabei eine Schlüsselrolle.
- Aufmerksamkeit und Bewusstsein lassen uns intensiv auf eine Sache konzentrieren, dieser Vorgang fordert einen hohen Energieverbrauch Daher sollten unbedingt Pausen eingelegt werden.
- Aufmerksamkeit spielt eine doppelte wichtige Rolle: einmal beim Einspeichern und das zweite Mal beim Erinnern von Inhalten.
- Für das Einspeichern sowie auch für das Abrufen von Information ist eine positive Atmosphäre wichtig.

- Positive Assoziationen erleichtern das Lernen, negative verhindern den flexiblen und kreativen Umgang mit Wissen, außerdem werden positive Ereignisse in der Regel besser erinnert als negative.
- Der Hippocampus als Organisator des Langzeit- und deklarativen Gedächtnisses ist – nach derzeitigem Stand der Forschung – der einzige Ort, an dem auch nach der Geburt noch Nervenzellen gebildet werden. Dieses Nervenzellwachstum wird nachweislich durch Bewegung gefördert.
- Bildung bedeutet, neues Wissen in ein schon bestehendes Wissenssystem einzuordnen. Nur eine sinnvolle Verknüpfung ermöglicht auch das Wieder-Aufrufen der Daten im neuronalen Netzwerk.
- Vergessen ist eine notwendige und ökonomische Eigenschaft des Gehirns.
- Das Gehirn schafft sich ein inneres Abbild der Welt und auch des Körpers, ebenso werden allgemeine Regeln, Kategorien und Werte gespeichert.
- Informationen werden an verschiedenen Orten im Gehirn abgelegt. Daher ist es wichtig, viele Assoziationen und Knotenpunkte zu den jeweiligen Informationen zu haben.
- Für das Gedächtnis gilt: je mehr Wege zu einem Ziel führen, desto eher lässt sich dieses finden.
- Taucht ein Reiz öfter auf, kommt es zur Langzeitpotenzierung.
- Um Kindern etwas erklären zu können muss man sie abholen wo ihre Welt endet.
- Intelligenz kann allgemein und bereichsspezifisch sein.
- Kinder sind in ihrem IQ ihren Eltern sehr ähnlich, sehr ausschlaggebend ist aber auch deren Vorbild im Bezug auf Motivation und Fleiß.
- Für schulischen Erfolg sind Intelligenz, Motivation und Fleiß ausschlaggebend.
- Jungen schneiden bei Aufgaben zu Mathematik und Raumvorstellung besser ab, Mädchen im Verbalteil, bei der Wahrnehmungsgeschwindigkeit, beim episodischen und visuellen Gedächtnis und bei der Feinmotorik.

- Fürsorglichkeit und Körperkontakt geben den Kindern einen unheimlichen Startvorteil, den ihnen niemand mehr nehmen kann. Auch in Intelligenztests macht sich dieser bemerkbar.
- Gefühle stören nicht beim Nachdenken, sie sind im Laufe der Evolution zur Entscheidungsfindung überhaupt erst entstanden.
- Spiegelneurone ermöglichen bewusstes und unbewusstes Lernen, Kommunikation ohne Worte, das Verstehen und Einschätzen anderer sowie das Mitempfinden von Emotionen (Empathie).
- Das motorische System gilt als Basis für das Verstehen der Handlungen anderer sowie für die Auswahl der passenden Handlung als Reaktion.
- Die motorischen Zentren besitzen Neurone, die sensorische und motorische Eigenschaften haben, sie erledigen selbst und direkt die sensomotorische Transformation – eine Übersetzung der sensorischen in eine motorische Information. Wahrnehmung und Bewegung lassen sich daher auf ein gemeinsames Format zurückführen.
- Zwischenmenschliche Beziehungen haben Einfluss auf die Biologie des Gehirns sowie des Körpers, sie wirken sich außerdem positiv auf die Gesundheit aus.
- Eine gelingende Lehrer-Schüler-Beziehung, geprägt von gegenseitigem Vertrauen und Achtung, ist unumgänglich für gelingende Lernprozesse. Lehrer mit Beziehungskompetenz und kooperationsbereite Schüler und Eltern sind dafür nötig.
- Je authentischer die Lehrperson, desto eher ist die Bereitschaft von ihr zu lernen (bewusst und unbewusst) vorhanden.
- Als gesellschaftliche Subjekte erwerben wir im Umgang mit anderen Menschen Kompetenzen, die uns später zu autonomen, starken Individuen werden lassen.
- Schlaf ist unabdingbar für erfolgreiches Lernen.
- Schlägt man sich statt zu schlafen mit weiterem Lernstoff die Nacht um die Ohren, so verpufft ein Teil des Gelernten.
- Erlebnisse und gelernte Fakten werden während des Schlafs in einer Aktivitätsschleife aus Hippocampus und Cortex mehrfach durchlaufen und eingespeichert, genauso geschieht das mit motorischen Programmen.

- Dieses nächtliche Wiederholen gilt gleichermaßen für das explizite und das implizite Gedächtnis, am nächsten Tag ist ein sprunghafter Leistungsanstieg zu verzeichnen.
- Die Gene setzen die unterste Grenze, ab wann frühestens eine Fähigkeit ausgebildet werden kann (durch die Verschaltung von Synapsen), ab dann ist Üben unabdingbar.
- Aufmerksamkeit ist eng mit Bewusstsein und Gedächtnis verbunden.
- Emotionen sind universell, es gibt bewusste und unbewusste Bereiche im Gehirn für die Entstehung von Emotionen.
- Alle unsere Tätigkeiten werden von Emotionen begleitet: Die mit Gefühlen beschäftigten Zentren haben enge Verknüpfungen zu vielen Teilen des Gehirns, wobei sie dieses stark beeinflussen können.
- Auch nicht-bewusste Emotionen haben Einfluss auf unser Denken und Handeln durch die emotionale Konditionierung.
- Kinder brauchen Liebe. Erleben Säuglinge gewisse Aspekte wie Liebe oder Zuneigung nicht, so können sich diese Komponenten erst gar nicht ausbilden.
- Emotionen spielen für Motivation und Lernen eine entscheidende Rolle.
- Selbstvertrauen und Selbstkonzept haben einen maßgeblichen Einfluss auf den Erfolg.
- Lehren und Lernen sind immer kommunikative Akte.
- Der erste Eindruck entsteht durch das Aufblitzen von Mikroemotionen, die kaum bewusst manipuliert werden können und ist meist verlässlich. Allerdings sagt er natürlich nichts über z.B. die beruflichen Qualitäten einer Person aus.
- Stress ist immer eine subjektive Empfindung, es gibt keine einheitliche Messskala dafür. Wie mit Stress umgegangen wird, übernimmt man größtenteils von den Eltern.
- Kinder empfinden Situationen als stressig, auf die sie keinen Einfluss nehmen können.
- Stress in geringem Maße kann die Denkfähigkeit erhöhen, in hohem Maße aber auch gänzlich blockieren.

- Dauerstress führt zur Schädigung von Nervenzellen (besonders im Hippocampus).
- Die Ernährung beeinflusst die Qualität der Gehirnentwicklung und der Gehirnaktivität.
- Ein sorgsamer Umgang mit Medien sowie die sinnvolle Einordnung von Wissen schützt vor Überforderung und Verunsicherung, die durch Berge verfügbarer Datenmengen ausgelöst werden können.

4. Musik- und Bewegungspädagogik / Rhythmik

4.1. Definition

Laut Österreichischem Berufsverband lautet die Definition für Rhythmik folgendermaßen:

> „**Rhythmik** ist eine künstlerisch-pädagogische Arbeitsweise. Sie fördert die Persönlichkeitsentwicklung und die Kreativität, differenziert die Wahrnehmung, vertieft die Körpererfahrung und erweitert die Kommunikationsfähigkeit des Menschen.
>
> **Rhythmik** - und das ist das Besondere an ihr - arbeitet mit den verbindenden Elementen von Musik und Bewegung und setzt Stimme und Materialien ein. Rhythmik erlaubt das Spielerische, gibt Raum für das Experiment.
>
> **Rhythmik** ermöglicht es TeilnehmerInnen, sowohl einzeln oder zu zweit als auch in der Gruppe vielfältige soziale Beziehungen zu ren." http://www.rhythmik.at/rhythmik.html aufgerufen am 14.02.2012, 19:49

4.2. Von den Anfängen bis zur Gegenwart

Zu Beginn des 20. Jahrhunderts waren deutliche reformpädagogische Ansätze zu spüren, die Tendenz ging weg von den leibfeindlichen Sichtweisen und hin zu Körperkultur und dem Bild des Menschen als Einheit von Körper-Seele-Geist.
Ursprünglich wollte der am Genfer Konservatorium als Komponist und Musikpädagoge tätige Émile Jaques-Dalcroze mit seiner eigens entwickelten Methode der „Erziehung zur und durch Musik", kurz „Rhythmik" genannt, bei seinen Studenten eine anschauliche und erlebbare Art und Weise für Gehörbildung schaffen. Der Unterricht der verschiedenen Übungen mit dem Rhythmus als verbindendem Element zwischen Musik und Bewegung fand in der Gartenstadt Hellerau bei Dresden ab 1911

statt, später entwickelten seine Schülerinnen Maria Scheiblauer, Elfriede Feudel und Christine Baer-Frissell seine Methode weiter in Richtung „Erziehung durch Musik". Ihr Ansatz ging von der Bewegung aus und durch die Einführung des Faches in allgemein- und sonderpädagogische Praxisfelder rückten besonders die Persönlichkeitsentwicklung sowie die musikalische und motorische Förderung in den Vordergrund, woraus sich drei Lernbereiche bzw. Handlungsfelder in der Rhythmik entwickelten: *Differenzierung der Wahrnehmung, Förderung der Kreativität und soziale Interaktion/Kommunikation.*

Heute ist Rhythmik ein künstlerisch-pädagogischer Fachbereich, welcher Einzug fand in den vorschulischen und musikpädagogischen Bereich, in Tanzausbildungen, in der Erwachsenenbildung sowie im sonder- und heilpädagogischen Bereich.

> „Der sinnes- und bewegungsbezogene Ansatz der Rhythmik, der vom vielfältigen Einsatz und der Wirkung von Musik gestützt wird, wird damit als mehrdimensionales Bildungsangebot bestätigt."
> (Bankl/Mayr(Witoszynskyj 2009, S. 9)

(vgl. Bankl / Mayr / Witoszynskyj 2009, S. 8f; Witoszynskyj / Schindler / Schneider 2006, S. 7ff; http://www.rhythmik.at/rhythmik.html, aufgerufen am 17.02.2012, 15:28 Uhr)

4.3. Die Lernbereiche/Handlungsfelder der Rhythmik

> „Rhythmisch-musikalische Erziehung oder „Rhythmik" zielt auf die *Entwicklung der Ausdrucks- und Gestaltungsfähigkeiten in Musik und Bewegung, Stimme und Sprache.* Sie geht vom natürlichen Bedürfnis des Menschen nach Bewegung aus und spricht ihn in seinem Denken, Fühlen und Handeln an. (...) Mit ihrem körperbezogenen Ansatz erfasst Rhythmisch-musikalische Erziehung die motorische, sozial-emotionale und kognitive Ebene. Sie fördert damit in mehrdimensionaler Weise die Bildung und Entwicklung der Persönlichkeit." (Bankl/Mayr/Witoszynskyj 2009, S. 10)

Die Ziele werden auch als *Lernbereiche* oder *Handlungsfelder* – wegen ihrer bedeutungsvollen Rolle für handlungsorientiertes Lernen – bezeichnet. Musik und Bewegung in ihrer Verbindung bilden dabei immer das zentrale Handlungsfeld, auf das sich die anderen Handlungsfelder beziehen indem sie Musik und Bewegung als „pädagogische Mittel" einsetzen.
Die einzelnen Handlungsfelder gehen wechselnde Beziehungen miteinander ein, gehen ineinander über ohne sich scharf voneinander abzugrenzen, wobei einzelne Felder auch ein besonderes Gewicht haben können. (vgl. Bankl/Mayr/Witoszynskyj 2009, S. 10ff)

Die Abbildung von Witoszynskyj/Schindler/Schneider 2006 zeigt die Vernetzung der Bereiche untereinander, mit Musik und Bewegung als Zentrum und als dem verbindenden Element.

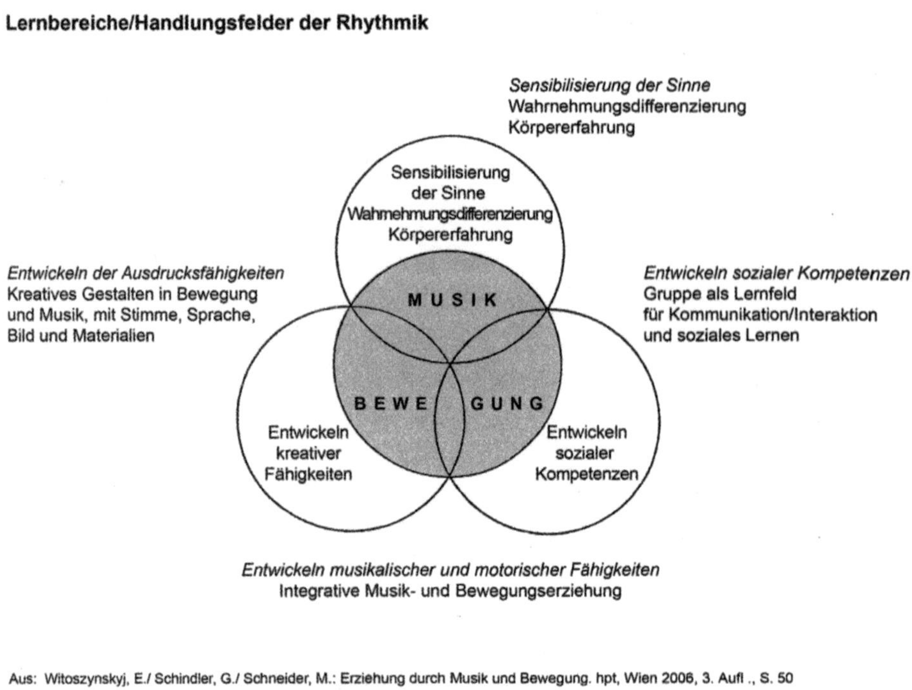

Abbildung 9: Die Lernbereiche der Rhythmik. Aus Bankl/Mayr/Witoszynskyj 2009, S. 10

4.3.1. Wahrnehmungsdifferenzierung

Die Bewegung ist eine Voraussetzung für die Entwicklung der Motorik und der Sinnessysteme, über die wir uns in der Welt orientieren. Als Grundlage jeglicher Reizverarbeitung beeinflusst die Wahrnehmung auf vielfältige Weise unser Denken, Fühlen und Handeln. Über eine gute Wahrnehmung zu verfügen ist daher von großer Bedeutung.
Pädagogische Prozesse zur Wahrnehmungsdifferenzierung zielen besonders auf die Differenzierung von Hören, Sehen, Tasten und die kinästhetische Wahrnehmung ab, ebenso werden die Koordination, die Grob- und Feinmotorik, die Geschicklichkeit, sowie das Reaktionsvermögen gefördert. In spielerischer Weise werden dadurch Schlüsselkompetenzen wie Aufmerksamkeit, Konzentration, Begriffsbildung und Gedächtnis entwickelt.

Die Aufgaben in der Musik- und Bewegungspädagogik werden dabei so gestellt, dass das sinnliche Erleben als Zugang die Basis für entdeckendes Lernen durch selbständiges Tun darstellt, die Wahrnehmungen werden vertieft und die erweiterten Handlungsspielräume in den Alltag integriert. (vgl. Bankl/Mayr/Witoszynskyj 2009, S. 11f)
Wahrnehmungsarbeit als Bestandteil des Unterrichtsgeschehens bedeutet „in allen Abläufen die Wahrnehmung aus ganzheitlicher Sicht zu fördern und gleichzeitig Raum zu lassen für die individuelle Annäherung an das sinnliche Erleben." (Danuser-Zogg 2009, S. 114)

4.3.2. Soziale Kompetenzen

> „Soziales Lernen umfasst alle Lernvorgänge, bei welchen zwischenmenschliche Beziehungen eine Bedeutung haben." (Witoszynskyj/Schindler/Schneider 2006, S. 14)

Kinder sollen hierbei in ihrer Kommunikation mit der Umwelt sensibilisiert und gefördert werden, sie sollen Situationen, die Selbsttätigkeit, sowie solche, die Anpassung verlangen, gut meistern können. Da Rhythmik in Gruppen stattfindet, besteht hierbei eine gute Chance für soziales Lernen, für soziale Interaktion und Kooperation. Dabei werden soziale Kompetenzen wie „Kontaktfähigkeit, Vertrauen, Hilfsbereitschaft, Fairness, Entscheidungsfähigkeit, Konflikte austragen können, Fähigkeit zur Kooperation u.a." entwickelt. (ebd. S. 14) Generell zielt Rhythmik auf die Stärkung der Stärken der Kinder ab, was sich in einem besseren Selbstwertgefühl und einer besseren Integrationsfähigkeit der Kinder in der Gruppe äußert. Auch Kinder mit Entwicklungsverzögerungen oder Migrationshintergrund können durch das reichhaltige Angebot der Rhythmik gefördert und integriert werden.

4.3.3. Kreativität

> Kreativität verstehen Bankl/Mayr/Witoszynskyj „als eine schöpferische Fähigkeit, als Fähigkeit, produktiv zu denken und zu handeln. Kreativ sein bedeutet schöpferisch sein im Sinn des Hervorbringens und Gestalt-Annehmens von etwas Neuem, wofür die Fantasie Bedingung ist. Im schöpferischen Handeln produzieren wir neuartige Einfälle und originelle Lösungen und erleben uns dabei als eigenständige, unverwechselbare Person."
> (Bankl/Mayr/Witsozynskyj 2009, S. 12)

Durch die Mittel der Rhythmik (siehe nächstes Kapitel) werden Situationen geschaffen, die zu spontanem Agieren auffordern. Für jüngere Kinder steht das Experimentieren und Ausprobieren im Vordergrund, je älter die Kinder werden, desto mehr Bewegungsfantasie und Ausdrucksbedürfnis entwickeln sie.

> „Das schöpferische Hervorbringen wird dabei als eine eigenständige Leistung erlebt, welche Selbstbestätigung gibt und das emotionale Gleichgewicht einzustellen vermag."
> (Witoszynskyj/Schindler/Schneider 2006, S. 13)

Durch das kreative Gestalten ist es möglich, ästhetische Grunderfahrungen zu sammeln, die Zugänge zu den verschiedenen Kunstrichtungen sein können. Kreativität braucht man aber nicht nur in der Kunst, sondern genauso beim Problemlösen, sowie bei all den Entscheidungen des täglichen Lebens. (vgl. Witoszynskyj/Schindler/Schneider 2006, S. 12f; Bankl/Mayr/Witoszynskyj 2009, S. 12f)

4.3.4. Musik und Bewegung

Auch Musik und Bewegung an sich können Ziele des Unterrichts sein, sie sind nicht ausschließlich darauf beschränkt, als Mittel verwendet zu werden.
Durch den Fokus auf Musik und Bewegung werden musikalische und motorische Kompetenzen gefördert, „Musik und Bewegung sind damit auch *Bildungsziel* und *Bildungsinhalt.*" (Bankl/Mayr/Witoszynskyj 2009, S. 14)

4.4. Die Mittel der Rhythmik

Bewegung

> „In der Rhythmik hat die körperliche Bewegung eine zentrale Bedeutung. In der Bewegung erfahren wir uns als körperliches Wesen, über die Bewegung nehmen wir Kontakt mit den Menschen und unserer dinglichen Umwelt auf. (...) Die körperliche Verfassung beeinflusst stark unsere emotionale Lage sowie unsere Fähigkeit zu Aufmerksamkeit und Konzentration und damit auch unsere Leistungsfähigkeit. Bewegen wir uns, erleben wir uns als ein motorisches, emotionales und denkendes Wesen." (Bankl/Mayr/Witoszynskyj 2009, S. 16)

Bewegung kann für körperliches Wohlbefinden sorgen, Überspannung oder Hyperaktivität durch bestimmte Übungen auflockern oder bei Unterspannung für Anregung sorgen. Auch psychische Spannungen können durch Bewegung abgebaut werden. Mit der Zeit wächst die Ausdrucksfähigkeit in der Bewegung, Improvisation und kreatives Gestalten verleihen ihr immer neue Formen. (vgl. Bankl/Mayr/Witoszynskyj 2009, S. 16f)
Bewegung ermöglicht, sich über den Körper etwas anzueignen, mit anderen in Kommunikation zu treten. Das Bedürfnis des Menschen nach rhythmischer Bewegung ist tief in seiner Natur verwurzelt, Tanz vereint Körper und Geist unmittelbar. (vgl. Spitzer 2002 (*Musik im Kopf*) S. 227)

Musik
Musik hat eine besondere Wirkung, der wir uns kaum entziehen können: Sie geht ins Ohr oder regt an, sie kann entspannen, verschiedene Stimmungen auslösen und uns ganz direkt und auf vorbewusste Weise berühren. „Eine weite emotionale Palette tut sich beim Hören auf." (Bankl/Mayr/Witoszynskyj 2009, S. 17) Die über die verschiedenen Sinneskanäle aufgenommenen Reize rufen eine emotionale Resonanz hervor, die uns bewegt und berührt. Die Gefühlswelt erlebt durch die zunehmende Sensibilisierung und Differenzierung der Wahrnehmung eine gewaltige Bereicherung, wodurch Ausdrucksbedürfnis und Fantasie belebt werden. Meist – jedoch nicht ausschließlich – wird in der Rhythmik Musik live gespielt, was den Vorteil hat, ganz direkt auf die Gruppe eingehen und mit ihr über Musik und Bewegung interagieren zu können.

Sprache / Stimme
Das wichtigste Kommunikationsmittel mit unseren Mitmenschen ist die Sprache. Sprache bedeutet, sich ausdrücken und mitteilen zu können, Dinge verarbeiten und ordnen zu können, in Kontakt mit anderen treten und Dinge aushandeln zu können.
Stimme und Sprache in Form von Liedern, Sprüchen oder auch der ganz normalen Kommunikation in der Rhythmik fördern einerseits die Sprachentwicklung an sich, andererseits die Begriffsbildung, wodurch sich Auswirkungen auf die Intelligenz ergeben. Besonders wichtig ist die Sprachförderung für interkulturelle Gruppen.
(vgl. Bankl/Mayr/Witoszynskyj 2009, S. 19f)

Material
Material lädt durch seinen Aufforderungscharakter zum Spielen, Experimentieren und Gestalten ein. Besonders bei Kindern mit Konzentrationsschwierigkeiten erleichtert Material die Arbeit, in dem es die Aufmerksamkeit auf sich zieht. Das breite Spektrum an in der Rhythmik verwendeten Materialien reicht von den klassischen Materialien wie Reifen, Seile, Bälle, Stäbe über die verschiedenen Instrumente, Naturmaterialien bis hin zu Alltagsgegenständen. Das Material wird je nach Gruppe entsprechend ausgewählt. (vgl. Bankl/Mayr/Witoszynskyj 2009, S. 21f)

„Musik, Bewegung, Stimme, Sprache, Bild und Materialien als Ausdrucksmittel öffnen *Aktionsräume* für Fantasie, Spontaneität und Beweglichkeit im Finden, Kombinieren und Abwandeln. Diese *Aktionsräume*

- wecken die Spiel- und Experimentierfreude und vertiefen das Erleben,
- helfen, Emotionen zu verarbeiten und Aggressionen abzubauen,
- regen zu differenziertem Eindruck und kreativem Ausdruck an, geben den Kindern zunehmende Sicherheit im Umgang mit ihren Ausdrucksmitteln,
- fördern soziale Kontakte, das Aushandeln von Spielregeln und die Kooperation,
- stellen vielfältige Bezüge zu den Lernbereichen/Handlungsfeldern der Rhythmik dar." (Bankl/Mayr/Witoszynskyj 2009, S. 23)

4.5. Die Parameter von Musik und Bewegung

> „Jeder musikalische Ablauf kann in Bewegung und jeder Bewegungsablauf in Musik umgesetzt werden. Grundlage für diese Umsetzung bilden die 4 Parameter Zeit, Raum, Kraft und Form. Sie stellen den eigentlichen Kern der elementaren Begegnung mit Musik dar. Mit Hilfe der Unterteilung in diese 4 Parameter können sämtliche musikalischen Elemente in Musik oder in Bewegung erlebt, bewegt, gehört oder gespürt werden und führen so zur Erwerbung erster Kompetenzen im differenzierten Umgang mit Musik und Bewegung." (Danuser-Zogg 2009, S. 25)

Den Rhythmus sieht Dalcroze als das besondere verbindende Element zwischen Musik und Bewegung. Rhythmik macht sich die Bewegungserfahrung für die vielfältige Vermittlung musikalischer Gegebenheiten zunutze, umgekehrt kann Musik verschiedene Bewegungsqualitäten hervorrufen.

Die Tabelle schafft einen Überblick über die Parameter (oder auch Elemente) von Musik und Bewegung und verdeutlicht deren Zusammenhänge:

MUSIK		BEWEGUNG
	ZEIT	
allegro		schnell
lento		langsam
accelerando		beschleunigen
ritardando		langsamer werden
punktierte Rhythmen		hüpfen/springen
Dauer der Musik		Bewegungsdauer
	KRAFT	
akzentuiert-unbetont		Spannung-Lösung
forte		laut
piano		leise
crescendo-decrescendo		lauter-leiser werden
Taktarten		schwer-leicht
	RAUM	
Tonraum		Bewegungsraum
hoch-tief-Mittellage		oben-unten-Mitte
ansteigend-abfallend		aufwärts-abwärts
Melodielinie		vorwärts-rückwärts
Intervalle-Klänge		weit-eng
	FORM	
musikalisches Motiv		Bewegungsmotiv
Phrasierung		Bewegungsabschnitt
musikalische Formen Liedformen wie AB-, ABA-, ABC-Formen, Rondo u.a.		Bewegungsformen/Tanzformen

(zitiert nach Bankl/Mayr/Witoszynskyj 2009, S. 28)

4.6. Rhythmus

Der Begriff „Rhythmus“ ist verwandt mit den griechischen Wörtern „rhein“ = fließen, strömen und „rhythmos“ – Gesetz, Fessel, Bändigung. Im Schnittpunkt entsteht ein fließender, aber doch geordneter Rhythmus mit Wiederholungen und Akzentuierungen.

Exogene und endogene Rhythmen
In und um uns herum gibt es unzählige Rhythmen.
Exogene[38] Rhythmen sind in der Natur zu finden, z.B. Ebbe und Flut, Tag und Nacht, die Mondphasen, die Jahreszeiten, genauso aber finden sich Rhythmen in der Kunst (z.B. bei Bauwerken).
Endogene[39] Rhythmen werden die menschlichen Rhythmen bezeichnet, zu denen der Herzschlag, die Atmung, der Schlaf-/Wachrhythmus sowie Aktivität und Passivität und viele weitere zählen. Unsere menschlichen Bedürfnisse sowie auch unser Bewusstsein sind polar geprägt, die beiden Pole werden jeweils integriert.

> „Rhythmus bedeutet Bewegung und Veränderung. Alles Starre verkümmert. Ohne den Wechsel von aktiven Phasen und Erholungszeiten schwinden unsere Lebenskräfte." (Stummer 2011, S. 20)

- Durch Rhythmen werden unsere Emotionen intensiv angesprochen – wir erleben sie über alle Sinne
- Rhythmen schaffen Identität – die Rhythmen jedes Menschen sind einzigartig
- Beziehungen brauchen Rhythmen – Nähe-Distanz, Individualität-Gemeinsamkeit, ... (vgl. Stummer 2011, S. 20ff)

> „Unsere Gesundheit und Lebendigkeit hängt ab von einer geglückten Suche nach Ausgleich, der ständigen Bewegung zwischen den Polaritäten Aktivität und Passivität, Spannung und Entspannung." (Stummer 2011, S. 20f)

Rhythmus wird ganz direkt über das motorische System erlebt (siehe dazu auch Krepcik 2010), die schwierige Beschreibbarkeit von Rhythmus unterstreicht dessen Unmittelbarkeit. (vgl. Spitzer 2002 (Musik) S. 227) Als wesensbildende Eigenschaft von Mensch, Musik und Bewegung ist Rhythmus das namensgebende Element für die Rhythmik.

[38] von außen kommend
[39] von innen kommend

4.7. Rhythmik als Unterrichtskonzept

4.7.1. Das Rhythmische Prinzip

Der Begriff des Rhythmischen Prinzips wurde durch Isabelle Frohne[40] geprägt, worunter sie die „Einbeziehung von uns umgebenden und in uns existierenden Rhythmen in pädagogische Prozesse" versteht. (Stummer 2011, S. 23) Rhythmus hat zu tun mit polaren Beziehungen; Menschen erfassen die Welt und ihre Erscheinungsformen als statische oder dynamische Gegensatzpaare. Unter dem Begriff Polarität „ist ein übergeordnetes Kriterium gefunden für sämtliche Spannungsfelder von Gegensätzen und Wirkungsfaktoren eines Gesamtgefüges, die eine rhythmische Gestalt ergeben können." (Frohne 1981, S. 21)
Polarität ist dabei nicht im Sinne des dualistischen Denkens gemeint, wo die Gegensätze ohne sinnhafte Verbindung nebeneinander ablaufen, sondern hierbei wird der Schnittpunkt der beiden Kontraste als Nullpunkt bezeichnet, was einen dynamischen Ausgleich beider bedeutet. Im Nullpunkt unterscheiden und verbinden sich die beiden Gegensätze.

Im Unterrichtsgeschehen wird eine dynamische Balance zwischen den Polen angestrebt.

> „Als pädagogisches Prinzip hat Rhythmik den Anspruch, menschlichen Bedürfnissen wie dem Wechsel von Spannung und Entspannung nachzukommen. Geistige und körperliche Aktivität unterstützen und bedingen einander." (Stummer 2011, S. 22)

Das Phänomen Rhythmus wird in der Rhythmik folgendermaßen eingesetzt:

- Rhythmische Phänomene lockern pädagogische Prozesse auf
- Rhythmen in Musik und Bewegung als Mittel fördern Erziehungskompetenzen
- Rhythmen in Musik und Bewegung als Inhalte fördern musikalische und motorische Fertigkeiten

---

[40] Gestalt- und Musikpsychotherapeutin

Phasenwechsel und roter Faden

Der *Phasenwechsel* ist ein bedeutendes Medium, um dem Anspruch nach rhythmischem Ausgleich innerhalb des Unterrichtsgeschehens gerecht zu werden. Ein Phasenwechsel findet statt, um Konzentrationsphasen nicht zu überreizen sondern diese durch Wechsel der Medien über einen möglichst langen Zeitraum hinweg aufrecht zu erhalten, sowie um vielfältige unterschiedliche Wahrnehmungsmodalitäten und Sozialformen zu ein und demselben Thema erlebbar zu machen. Phasenwechsel können daher in der Sozialform (Einzeln, Paar, Gruppe), in der Aktivität (Spannung, Entspannung) oder im Wahrnehmungsbereich (verschiedene Sinne) vorkommen.

Ein weiteres Kennzeichen von Rhythmikeinheiten ist der *rote Faden.* Rhythmik ist keine bloße Aneinanderreihung von Übungen oder Aufgaben, sondern ein dynamisches und zielgerichtetes Hineinführen in ein bestimmtes Thema, welches Schritt für Schritt erarbeitet wird.

4.7.2. Ganzheitlich – wodurch?

Rhythmik ist ein handlungsorientierter Unterricht, in dem entdeckt, gespürt und körperliche Wachheit mit geistiger Anteilnahme kombiniert wird. Durch die Spiel- und Handlungsräume im Spannungsfeld zwischen Eindruck und Ausdruck, Spannung und Entspannung, Gruppe und Individuum entsteht selbsttätiges, vielseitiges Lernen. Der Rhythmus – sowohl der musikalische als auch der Rhythmus innerhalb des Unterrichtsgeschehens – bildet dabei den zentralen Ausgangspunkt, ebenso finden persönliche Rhythmen Beachtung. Krepcik beschreibt Körper, Geist und Seele als resonanzfähiges System, auf welches Rhythmen ganzheitlich wirken und zur körperlichen und emotionalen Anteilnahme einladen, sowie den Menschen in seiner gesamten Persönlichkeit fördern.

> „Eine Pädagogik, die sich dem Rhythmus verpflichtet, kann also gar nicht anders als den Menschen als Ganzes in der Entwicklung seiner Persönlichkeit - seiner motorischen, affektiv-sozialen und kognitiven Fähigkeiten - zu fördern und erhält dadurch absolute Berechtigung, sich als **ganzheitliche Arbeitsweise** zu verstehen." (Krepcik 2010, aus dem Abstract)

4.7.3. Erleben – Erkennen – Benennen

Der Grundsatz Erleben – Erkennen – Benennen ist auf Maria Scheiblauer zurückzuführen und beschreibt die methodische Arbeitsweise der Rhythmik: das Lernen durch Erfahrung und eigenständiges Handeln.

> „Das Erleben ermöglicht ein Erkennen und schließlich ein Reflektieren." (Stummer 2011, S. 198)

Erleben geschieht durch sinnliche, motorische und konkrete Betätigung, der Mensch erfährt sich dadurch als eigenständig handelndes Subjekt. Verdichten sich Erlebnisse zu Erfahrungen, so beeinflussen sie den Menschen in seinen Handlungen.

Erkennen ist bedingt durch das Erleben über die Sinne und eine „Erkenntnis liegt dann vor, wenn Erfahrungen und Verstandesleistungen zusammenspielen." Das Erkennen beruht auf vorsprachlichem Verständnis und „bildet den Übergang zwischen unreflektiertem Handeln und sprachlicher Reflexion."

Benennen bedeutet, den Gegebenheiten Namen zu geben, wodurch die Erscheinungen der Umwelt durch unsere Sprache verfügbar gemacht werden können. „Wenn eine Sache, ein Subjekt benannt werden kann, wird durch die Sprache bestätigt, dass ein Sachverhalt begriffen wurde." (Stummer 2011, S. 198)

5. Gehirnforschung und Rhythmik

In diesem Kapitel werden nun die gesammelten Erkenntnisse und die neuen Forschungsergebnisse der Gehirnforschung mit Musik- und Bewegungspädagogik/Rhythmik in Beziehung gesetzt. Es wird kritisch geprüft und ausgewertet, wie stark das Unterrichtskonzept von Musik- und Bewegungspädagogik / Rhythmik den Anforderungen der Gehirnforschung entspricht und was daraus zu folgern ist.

Ich hatte eigentlich angenommen, auf zahlreiche neue Erkenntnisse der Gehirnforschung zu stoßen, die dann effektiv Einzug in die Rhythmik – mit ihrem seit fast 100 Jahren in dieser Form bestehenden Unterrichtskonzept – finden könnten, um diese zu bereichern. Tatsächlich aber hat die monatelange Literaturrecherche, Forschungs- und Vergleichsarbeit ergeben, dass die neueren Erkenntnisse der Gehirnforschung in erstaunlich hohem Maße die Prinzipien der Rhythmik unterstreichen und bestätigen.
Dieses Ergebnis darf zur Freude über die Bestätigung der lerntheoretisch richtigen Arbeitsweise von Musik- und Bewegungspädagogik / Rhythmik einladen. Die wissenschaftliche Fundierung und Beweisführung des Faches wird durch die Gehirnforschung gewissermaßen geliefert. Es ist für Unterrichtende (sowie für Interessierte) des Faches wichtig, die Hintergründe, Zusammenhänge und Wirkungsweisen dieser Methode zu verstehen, um sie noch effektiver und zielgerichteter einsetzen und sie ebenso – und das ist ein wichtiger Punkt – nach außen fachlich sicher, überzeugt und überzeugend vertreten zu können. Denn: Musik- und Bewegungspädagogik birgt weitreichende und teils vielleicht noch ungeahnte Möglichkeiten, Lernen sinnvoll und nachhaltig zu gestalten. Die Gehirnforschung liefert darüber hinaus eine schlagende Begründung für den vermehrten Einsatz rhythmischer Elemente in der Betreuung und im Unterricht von Kindern verschiedener Altersstufen.

Die vielfältigen Zusammenhänge, Erkenntnisse und Gemeinsamkeiten sollen nun auf den folgenden Seiten präzise dargestellt werden. Dazu sind sie zwecks besserer Übersichtlichkeit in 14 Themen gegliedert.

Zuerst werden jeweils die Erkenntnisse der GEHIRNFORSCHUNG dargestellt, die gegebenenfalls auch durch Ergebnisse aus dem Forschungsbereich Motorik und Psyche ergänzt werden. Im Anschluss wird die RHYTHMIK auf mögliche Entsprechungen überprüft und in Form von Punkten (a, b, c) ausgewertet.
Die daraus entstandenen Schlussfolgerungen für die Rhythmik werden in umrandeter Form mit Pfeil angegeben:

Die darin enthaltenen Hervorhebungen (fett geschrieben) zur Unterstreichung von besonders wichtigen Details wurden von der Autorin vorgenommen.

5.1. Forderungen an ein lerntheoretisch fundiertes und erfolgversprechendes Unterrichtskonzept

GEHIRNFORSCHUNG

> „So wie unser Gehirn beschaffen ist wird immer dann gelernt, wenn positive Erfahrungen gemacht werden. Dieser Mechanismus ist wesentlich für das Lernen (...), wobei klar sein muss, dass für den Menschen die positive Erfahrung schlechthin in positiven Sozialkontakten besteht. (Spitzer 2006, S. 181)
>
> „Wenn wir beim spielerischen Lernen optische, haptische und motorische Elemente einbeziehen, werden dadurch Lerninhalte nicht weniger exakt, als wenn wir sie nur in Begriffen in Formeln anbieten, sondern im Gegenteil: sobald sie mit Motorik, Empfindung und sensorischem Erleben gekoppelt werden, (...) werden die empfangenen Informationen weit besser verankert und verstanden.“ (zit. n. Vester in Liebich/Zacharias 1991, S. 16)

Forschungsbereich Motorik und Psyche

> „Ein pädagogisches Konzept, das auf der Grundlage des **Zusammenwirkens von Bewegung, Wahrnehmung, Denken, Erleben und Handeln** konzipiert ist, wird zu einer **vielseitigen, nachhaltigen Bildung** des Kindes beitragen. (Zimmer 2004, S. 16)

RHYTHMIK

> „Rhythmik ist eine künstlerisch-pädagogische Arbeitsweise. Sie fördert die **Persönlichkeitsentwicklung** und die **Kreativität**, differenziert die **Wahrnehmung**, vertieft die **Körpererfahrung** und erweitert die **Kommunikationsfähigkeit** des Menschen.
> Rhythmik - und das ist das Besondere an ihr - arbeitet mit den **verbindenden Elementen von Musik und Bewegung** und setzt Stimme und Materialien ein. Rhythmik erlaubt das **Spielerische**, gibt Raum für das **Experiment.**
> Rhythmik ermöglicht es TeilnehmerInnen, sowohl einzeln oder zu zweit als auch in der Gruppe **vielfältige soziale Beziehungen** zu ren." http://www.rhythmik.at/rhythmik.html aufgerufen am 14.02.2012 12:40 Uhr)

Als Eingangsüberlegung lässt dieser Vergleich der Forderungen der Gehirnforschung an ein gelingendes Unterrichtskonzept mit der Definition der Rhythmik darauf schließen, dass es vielfältige Gemeinsamkeiten gibt. Was das genau bedeutet und worin diese Gemeinsamkeiten bestehen, zeigen die folgenden Punkte:

5.2. Bewegung ist essentiell

GEHIRNFORSCHUNG

> „Der Körper ist das Fundament des bewussten Geistes." (Damasio 2011, S. 32)

a) Der Körper als unser Messinstrument/Bezugspunkt

> Das eigene motorische Wissen ermöglicht das Verstehen der Handlungen anderer. Dank der Einbeziehung der motorischen Areale, die für Organisation und Durchführung zuständig sind, ist es uns möglich, „die *Bedeutung* der beobachteten ‚motorischen Ereignisse' zu entschlüsseln, sie also als Handlungen zu *verstehen*, wobei das Verstehen keiner Vermittlung durch Denken, Begriffe und/oder Sprache bedarf, denn es beruht einzig und allein auf dem *Wörterbuch der Akte* und dem *motorischen Wissen*, von denen unsere Fähigkeit zu handeln abhängt." (Rizzolatti 2008, S. 132)

Unsere Fähigkeit zu handeln sowie das Verstehen der Handlungen anderer beruht also auf dem motorischen System. Diesem ist es zu verdanken, dass und wie wir als gesellschaftliche Subjekte agieren und kommunizieren. Der Körper ist dabei das Messinstrument, mit dem wir alles abschätzen und uns orientieren, auf den wir alles beziehen.

b) Bewegung erhöht die kognitive Leistungsfähigkeit und erhält das Gehirn gesund

> „Generell gilt, dass Bewegung direkt über die motorischen Areale im Gehirn, aber auch indirekt über Endorphine und andere Substanzen die Reifung des Gehirns fördert." (Korte 2011, S. 215)

Während körperlicher Bewegung wird nicht nur der Bewegungsapparat, sondern auch das Gehirn besser durchblutet – besonders der Cortex, der für das Speichern von Langzeiterinnerungen entscheidend ist. Durch die verbesserte Blutzufuhr erhält das Gehirn vermehrt Endorphine (körpereigene Opiate), die mit dem Cortex und dem limbischen System in Wechselwirkung treten und eine herausragende Rolle für das emotionale Befinden sowie für Motivation und Antrieb spielen. Ebenso wird das Erwartungs- und Belohnungssystem aktiviert und sogenannte Wachstumsfaktoren sorgen dafür, dass sich die Nervenzellen besser miteinander verschalten. Sport baut nicht nur Stress ab, sondern aktiviert auch das Belohnungssystem, was zu Wohlbefinden und Entspannung führt.

In den letzten Jahren entdeckten Forscher, dass auch nach der Geburt noch Nervenzellen gebildet werden, die maßgeblich von Nervenwachstumsfaktoren durch körperliche Bewegung beeinflusst werden. Dies betrifft vor allem den Hippocampus, der als Organisator des Langzeitgedächtnisses gilt und besonders an der Speicherung von expliziten Lerninhalten (wie diese im schulischen Kontext fast ausschließlich gefordert werden) beteiligt ist. (vgl. Korte 2011, S. 63 und S. 213ff)

Forschungsbereich Motorik und Psyche

c) Bewegung beeinflusst das Selbstvertrauen maßgeblich

> „Der Aufbau des „Selbst" ist beim Kind wesentlich geprägt von den Körpererfahrungen, die es in den ersten Lebensjahren macht. Sie können damit auch als Grundlage der kindlichen Identitätsentwicklung angesehen werden." (Zimmer 2004, S. 28)

Rückschlüsse auf die eigene Person können aus der Beobachtung der Wirkung des eigenen Tuns gezogen werden. Das Gefühl des Etwas-bewirken-Könnens durch Experimentieren und Ausprobieren liefert erstes Selbstvertrauen bei Leistungsanforderungen. Bei Kindern ist das Selbstwertgefühl fast immer an ihre körperlich-motorischen Fähigkeiten geknüpft.

> „In einem Alter, in dem Geschicklichkeit, körperliche Leistung und motorische Fähigkeiten sehr hoch im Kurs stehen, wirkt sich die Erfahrung körperlicher Unterlegenheit, Ängstlichkeit und Unsicherheit schnell auf das Selbstbild des Kindes und ebenso auf den sozialen Status und die Position in der Gruppe aus." (Zimmer 2004, S. 31)

Da in der frühen Kindheit der Grundstein für das Selbstvertrauen gelegt und danach nicht mehr stark verändert wird, sind besonders die positiven Erfahrungen im motorischen Bereich von großer Bedeutung.

Körperlicher Bewegung kann man heute eine „**gesundheitserhaltende und leistungsfördernde Wirkung für das Gehirn** zusprechen, ein Satz, der in dieser Formulierung noch vor ca. einem Jahrzehnt undenkbar gewesen wäre." (Hollmann in Zimmer 2004, S. 35) Diese Tatsache ist so grundlegend wichtig, dass Bewegung im Schulalltag viel stärker als bisher berücksichtigt werden muss!

RHYTHMIK

im Vergleich mit den zentralen Punkten der Gehirnforschung aus diesem Kapitel (5.2.):

a) Der Körper als unser Messinstrument/Bezugspunkt
b) Bewegung erhöht die kognitive Leistungsfähigkeit und erhält das Gehirn gesund
c) Bewegung beeinflusst das Selbstvertrauen maßgeblich

„Bewegung ist die **Sprache des Menschen**." (Stummer 2011, S. 157)

Rhythmik „geht vom natürlichen Bedürfnis des Menschen nach Bewegung aus" (Bankl/Mayr/Witoszynskyj 2009, S. 10) und der Begriff ‚Bewegung' steckt auch schon im Namen „Musik- und Bewegungspädagogik".

> „In der Rhythmik hat die körperliche Bewegung eine zentrale Bedeutung. In der Bewegung erfahren wir uns als körperliches Wesen, über die Bewegung nehmen wir Kontakt mit den Menschen und unserer dinglichen Umwelt auf. (...) Die körperliche Verfassung beeinflusst stark unsere emotionale Lage sowie unsere Fähigkeit zu Aufmerksamkeit und Konzentration und damit auch unsere Leistungsfähigkeit. Bewegen wir uns, erleben wir uns als ein motorisches, emotionales und denkendes Wesen." (Bankl/Mayr/Witoszynskyj 2009, S. 16)
>
> Auch Danuser-Zogg bestätigt, „dass die Wurzel allen Lernens im Körper liegt." (Danuser-Zogg 2009, S. 230)

Bewegung wird im Rhythmikunterricht sowohl zu den Mitteln gezählt und auch als Ziel oder Lernbereich gesehen. Bewegung als Mittel bedeutet, durch Bewegung etwas zu erreichen oder zu erfahren, Bewegung als Ziel umfasst grob gesagt die Differenzierung der Motorik.

Die Aufgaben und Funktionen von Bewegung in der Rhythmik sind:
(die Hinweise in Klammern beziehen sich auf die oben genannten Punkte der Gehirnforschung – siehe S. 156)

- Bewegung hat einen positiven Einfluss auf das Selbstbewusstsein *(b)*
- Bewegung schult Motorik und Koordination *(a, b, c)*
- Mit dem Körper werden vielfältige Erfahrungen gemacht *(a, b, c)*
- Bewegung ist ein Interaktionsmittel für die Kommunikation mit der Umwelt *(vgl. Kapitel 5.3.b)*
- Der Körper ist Ausdrucksmittel *(c)*
- Bewegung vermittelt, dass die eigenen Handlungen Auswirkungen haben. Dadurch wird das Selbstbild gestärkt und Zusammenhänge können erlebt/erkannt werden *(c)* (vgl. Stummer 2011, S. 158f)

Daher gilt, dass Bewegung ein äußerst wichtiges Instrument für die Förderung von Kognition und Intelligenz ist!

Die berechtige Frage somit: Wenn Faktenwissen in der Schule einen so großen Stellenwert hat, warum hat Bewegung dann so einen geringen? Warum also ist die Aufteilung zwischen schulischen „Kopf-" und „Körperfächern" dann so ungerecht zugunsten der „Kopffächer"?
Die oben beschriebenen Ergebnisse lassen schlussfolgern, dass Bewegung im (Rhythmik-)Unterricht auf keinen Fall zu kurz kommen darf. Obwohl es vielfältige Handlungsfelder gibt und verschiedene inhaltliche Schwerpunkte möglich sind, soll Bewegung immer in ausreichendem Maße vorhanden sein aufgrund der essentiellen Bedeutung für die Kognition und die interpersonale Kommunikation. Darüber hinaus fördert Bewegung das Nervenzellwachstum, was wiederum einen nicht zu unterschätzenden Einfluss auf die Einspeicherung von Gedächtnisinhalten durch den Hippocampus und somit in weiterer Folge auf die Intelligenz hat.

5.3. Bewegung und Wahrnehmung sind untrennbar

GEHIRNFORSCHUNG

a) Bewegung und Wahrnehmung sind untrennbar

> „Die Tatsache, daß (sic!) die sensorische und die motorische Information auf ein gemeinsames Format zurückgeführt werden können, das von bestimmten parietofrontalen Schaltungen kodiert wird, legt im übrigen nahe, daß (sic!) nicht nur unsere motorischen Verhaltensweisen, sondern auch bestimmte Prozesse, die gewöhnlich als von höherer Ordnung betrachtet und sogenannten kognitiven Systemen zugeschrieben werden – beispielsweise die Wahrnehmung und das Erkennen der Akte anderer, die Nachahmung und sogar die gestischen und sprachlichen Kommunikationsformen –, auf das motorische System verweisen und in ihm ihr primäres neurales Substrat finden könnten“ (Rizzolatti 2008, S. 34)

Die Wahrnehmung stellt mit Hilfe der Sinnessysteme den ersten Zugang zur Welt her. Sie ist mit der Bewegung die wesentliche Grundlage für die soziale, kognitive und emotionale Entwicklung und hat Auswirkungen auf das Selbstbild und das Selbstvertrauen, die Gesundheit und die Intelligenz. Bewegung, Wahrnehmung und Kognition befinden sich in einem ständigen Wechselspiel und ermöglichen eine stufenweise Entwicklung, wobei aus dem konkreten Erleben das Vorstellungsvermögen und das abstrakte Denken entstehen.

Forschungsbereich Motorik und Psyche

> „Der Körper ist das Bindeglied zwischen dem Selbst und der Umwelt, es vermittelt zwischen „innen“ und „außen“.“ (Zimmer 2004, S. 29)

b) für die kognitive Entwicklung

> „Körper- und Bewegungserfahrungen bilden die Grundlage der Selbstentwicklung, sie stellen aber auch das Fundament für weitere Bildungsprozesse dar, für die Herausbildung von Fähigkeiten, sie bilden die Basis des Lernens und der Aneignung komplexer Zusammenhänge.“ (Zimmer/Hunger 2004, S. 17)

Sensorische Reize können als *Nahrung für das Gehirn* bezeichnet werden. Die Bildung neuer synaptischer Verbindungen wird durch Bewegungsaktivitäten unterstützt, die vermehrt Botenstoffe produzieren und somit Lernprozesse fördern. Die Synapsen wiederum sind aktivitätsabhängig.
Laut Piaget baut eine Entwicklungsstufe auf der anderen auf, zuerst muss ein konkretes Erleben und Handeln geschehen, bevor Vorstellungsvermögen und abstraktes Denken einsetzen können.

c) für die soziale Entwicklung

> „*Kinder brauchen Kinder*, um in eine soziale Gemeinschaft hineinwachsen zu können.“ (Zimmer 2004, S. 34)

Soziale Lernprozesse geschehen weniger durch bestimmte Erziehungsmaßnahmen oder Anleitungen, sondern durch das tägliche Zusammenleben und den Umgang mit anderen.
Besonders in der Kindergartenzeit werden wichtige Entwicklungsschritte sozialer Verhaltensweisen gemacht, vor allem wenn Kinder miteinander im Spiel die verschiedenen sozialen Kompetenzen erproben. Genaueres siehe Punkt 11. „Das Gehirn ist sozial“

d) für Wohlbefinden und Gesundheit

Damit die menschlichen Organsysteme richtig funktionieren, benötigen sie ausreichend Bewegung – für Kinder bedeutet dies täglich. Bewegungsmangel führt zu Verhaltensauffälligkeiten, Aggressivität, mangelnder Konzentration etc.

Die WHO (in Zimmer 2004, S. 58) definiert Gesundheit als *„vollkommenes körperliches, geistiges und soziales Wohlbefinden"*, was weit über die rein körperliche Konstitution hinausgeht und die tiefgreifenden Zusammenhänge zwischen körperlichen und seelisch-geistigen Befindlichkeiten deutlich macht.

RHYTHMIK

im Vergleich mit den zentralen Punkten der Gehirnforschung aus diesem Kapitel (5.3.):

a) Bewegung und Wahrnehmung sind untrennbar
Bewegung und Wahrnehmung als Voraussetzung
b) für die kognitive Entwicklung
c) für die soziale Entwicklung
d) für Wohlbefinden und Gesundheit

> „Wahrnehmung und Bewegung, Reiz und Reaktion stehen in unmittelbarem Zusammenhang, sie stimmen sich ständig aufeinander ab." (Stummer 2011, S. 48) *(a)*
>
> „Wahrnehmungserlebnisse fördern Bewegungsverhalten, Bewegung fördert Wahrnehmungserlebnisse." Oder: „Bewegungsmöglichkeiten können durch sinnliche Erfahrungen erweitert werden, ebenso kann Wahrnehmung vertieft werden durch Bewegung." (ebd., S. 48) *(a)*

In der Rhythmik wird mit dem Wechselspiel von **Eindruck – Ausdruck** gearbeitet:

Informationen und Anregungen werden über die Sinne wahrgenommen, daraus entsteht eine körperliche Reaktion (z.B. anregende Musik erklingt – entsprechende Bewegung folgt). Es wird davon ausgegangen, „dass Bewegung und Bewegtheit, innere und äussere (sic!) Vorgänge, einander bedingen und beeinflussen". (Bühler/Thaler 2006, S. 21)
Hierbei geht es um die sinnvolle Verarbeitung von Eindrücken und deren Integration in die eigene Lebensrealität. Durch die handelnde Ausei-

nandersetzung mit Eindrücken wird vermieden, dass diese überflutend wirken, gleichzeitig können sie den Horizont erweitern.
Schon das Handlungsfeld **Wahrnehmungsdifferenzierung / Sensibilisierung der Sinne / Körpererfahrung** macht deutlich, dass **Sinne** und **Körper** eine untrennbare Einheit bilden, die die Basis für das Erfahren der Welt schaffen.

Abbildung 10: vgl. Bankl/Mayr/Witoszynskyj 2009, S. 10 (Hervorhebung und Vereinfachung durch Philipp Comploi)

Die Aufgaben und Funktionen von **Wahrnehmungsdifferenzierung / Sensibilisierung der Sinne / Körpererfahrung** in der Rhythmik sind:
(die Hinweise in Klammern beziehen sich auf die oben genannten Punkte der Gehirnforschung – siehe S. 160)

- Ohne Wahrnehmung wäre menschliches Leben unmöglich *(a, b, c, d)*
- Wahrnehmung gilt als Grundlage der Persönlichkeitsentwicklung *(a, b, c, d)*
- Eine differenzierte Wahrnehmung ermöglicht höheren Lebensgenuss *(d)*
- Eine differenzierte Wahrnehmung kann Horizonte erweitern *(a, b, d)*
- Eine differenzierte Wahrnehmung ermöglicht Konzentration, Aufnahmebereitschaft und Präsenz *(a, b)*

- Ein geraumes Spektrum an Erlebnisfähigkeit fördert die Entscheidungsfreudigkeit
- Wahrnehmungsdifferenzierung bietet die Grundlage für kreatives und soziales Verhalten *(a, b, c)*
- Die sich vollziehende sensorische Integration während des Redens, Bewegen, Spielen usw. bietet die Grundlage für komplexere sensorische Integrationen wie z.B. Lesen *(a, b)*
- Körperliche Raumerfahrungen ermöglichen ein Raumgefühl, welches für abstrakte Raumoperationen (Ortung der Buchstaben, Zahlenraum) unabdingbar ist. *(a, b)*
- „Sensomotorische Wahrnehmungsschulung wirkt ausgleichend auf die seelisch-geistige Entwicklung eines Menschen und fördert die Konzentrationsfähigkeit" *(d)* (Stummer 2011, S. 48)

Lernen in der Rhythmik geschieht möglichst immer mit allen Sinnen und unter Einbeziehung des ganzen Körpers. Das Thema wird dabei über alle Sinne erfahren und die Wahrnehmung differenziert. Je detaillierter das Abbild ist, das man sich von der Welt macht, desto besser kann man darauf reagieren und mit der Welt interagieren.

Bewegung und Wahrnehmung sind auf das Engste miteinander verbunden. Das methodische Vorgehen in der Rhythmik, gezielt mit **Eindruck und Ausdruck** zu arbeiten, ist also sehr sinnvoll. Vielfältige sinnliche und bewegungsmäßige Angebote fördern die kognitive und soziale Entwicklung, weiters sollte man sich über die nicht zu unterschätzende Auswirkung auf Wohlbefinden und Gesundheit bewusst sein!

5.4. Lernen geschieht immer

GEHIRNFORSCHUNG

> „Wenn es etwas gibt, was Menschen vor allen anderen Lebewesen auszeichnet, dann ist es die Tatsache, dass wir lernen können und dies auch zeitlebens tun.“ (Spitzer 2002, aus dem Vorwort)
>
> „Lernen findet nicht nur in der Schule statt. Im Gegenteil: *Non scholae sed vitae discimus* bezieht sich nicht nur darauf, wo*für* wir lernen (nämlich für das Leben und nicht für die nächste Klassenarbeit), sondern auch darauf, *wo* gelernt wird: **im Leben und durch das Leben** (...).“ (ebd., aus dem Vorwort)

a) Das Gehirn lernt immer

Das Gehirn lernt immer und in jedem Moment, das ist das Wesen des Gehirns. Während bei kleinen Kindern das explizite Gedächtnis noch von der kindlichen Amnesie betroffen ist, arbeitet das implizite Gedächtnis schon sehr erfolgreich. Kinder schauen daher vieles ab und lernen durch Nachahmung viel mehr, als wenn man versucht, ihnen etwas explizit zu erklären.

b) Auch der Körper formt das Gehirn

Nicht nur das Gehirn formt den Körper, sondern auch der Körper formt das Gehirn!

> „Man bezeichnet die Anpassungsvorgänge im Zentralnervensystem an die Lebenserfahrung eines Organismus ganz allgemein als *Neuroplastizität.*“ (Spitzer 2002, S. 94)

Das heißt, das Gehirn baut sich abhängig vom zu verarbeitenden Input ständig um, es knüpft neue Verbindungen, damit Eingangssignale besser verarbeitet werden können. (vgl. Spitzer 2002, S.119) Die Gene geben den allgemeinen Bauplan vor, nach dem sich alles entwickelt, und setzen dafür auch die untere zeitliche Grenze. Dann aber spielen **Erfahrungen** eine große Rolle, sie hinterlassen **Spuren in unserem Gehirn**. Dieser erfahrungsbedingte Wettstreit auf unserer Großhirnrinde ermöglicht das Einspeichern wichtiger Dinge, aber auch das Aussortieren von nicht Gebräuchlichem.

Forscher fanden in den letzten Jahren heraus, dass das Gehirn nicht statisch, sondern sehr plastisch ist, durch diese ständige Umorganisation kann Lernen auch in jedem Alter (wenngleich auch unterschiedlich erfolgreich) stattfinden.

RHYTHMIK

im Vergleich mit den zentralen Punkten der Gehirnforschung aus diesem Kapitel (5.4.):

a) Das Gehirn lernt immer
b) Auch der Körper formt das Gehirn

> „Kindliche Entwicklung geschieht gleichzeitig auf der körperlichen, der geistigen und der seelischen Ebene." (Stummer 2011, S. 34) *(a, b)*

Erziehung ist ein langwieriger und andauernder Prozess und fordert von der Erziehungsperson „eine fast übermenschliche Askese, nämlich nicht wirken zu wollen: Geduld und Hoffnung zu haben, auch wenn der sichtbare Erfolg sich nicht einstellt. Dieser ist oft erst nach Jahren wahrnehmbar. (...) Erziehung bedarf der Bescheidenheit und des tes!" (Stummer 2011, S. 35)
Durch die Aufteilung in Lern- und Erziehungsziele ist sich die Rhythmik dessen bewusst, dass nicht alles Lernen überprüft werden kann und muss. Gerade die persönlichkeitsbildenden und erzieherischen Aspekte können nur durch genaues Beobachten und durch die Folgen des Handelns von Kindern oder auch älteren Teilnehmenden festgestellt werden. Manchmal stellen sich Erfolge jedoch auch erst Jahre später ein. *(a)*

Äußerst spannend hierbei ist, dass Rhythmik (und natürlich genauso jegliche andere Art des Lernens) Spuren im Gehirn der Kinder oder anderer Teilnehmenden hinterlässt. Lernen hat mit Veränderung zu tun, mit der Veränderung der Synapsenstärke, und damit ist Lernen auch immer ein Abenteuer. *(b)*

Man sollte sich über diese Auswirkungen als Lehrperson bewusst sein und klar und behutsam Ziele für die jeweilige Gruppe festlegen, sowie auch offen für stattfindende Lernprozesse sein. Diese sollten mit einem wachen Auge beobachtet und bei Bedarf mit Ermutigung begleitet werden. Ermutigung muss nicht immer verbal geschehen – auch eine musikalische exakte Begleitung einer gerade neu gefundenen Bewegung kann zur Bestätigung der Teilnehmenden führen.

Lehrpersonen sollten sich außerdem stets ihrer starken Vorbildwirkung bewusst sein! Kinder lernen nicht immer das, was man von ihnen möchte, dass sie lernen. Dafür aber nehmen sie unbewusst unsere Körperhaltungen, unser Verhalten und unsere Einstellungen wahr und reagieren darauf.

5.5. Lernen betrifft den ganzen Menschen

GEHIRNFORSCHUNG

a) Das Gehirn arbeitet ganzheitlich

> „Das Gehirn ist ein kreatives, komplexes, anpassungsfähiges System. Selbstorganisation ist somit das Prinzip, nach dem auch das Gehirn lernt. Die Funktionsweise des Gehirns kann als **ganzheitlich, interdependent und komplex** beschrieben werden. Im Gehirn ist alles mit allem verknüpft. Körper, Gehirn und Geist bilden eine dynamische Einheit. (Arnold in Herrmann 2006, S. 157)

b) Lernprozess in vier Stadien

Margret Arnold beschreibt den Lernprozess aus vier Stadien bestehend, die sich alle jeweils auf die Entfaltung eines Themas beziehen:

> - „konkrete Erfahrung
> - reflexive Beobachtung
> - abstrakte Hypothesen
> - aktive Überprüfung, Übertragung oder Anwendung.“ (Arnold in Herrmann, 2009, S. 148)

Dabei betont sie besonders den letzten Punkt, dass das Gelernte erst dann sicher und beständig verankert ist, wenn auch ein aktiver Umgang damit in verschiedenem Kontext möglich ist. (Arnold in Herrmann 2006, S.150)

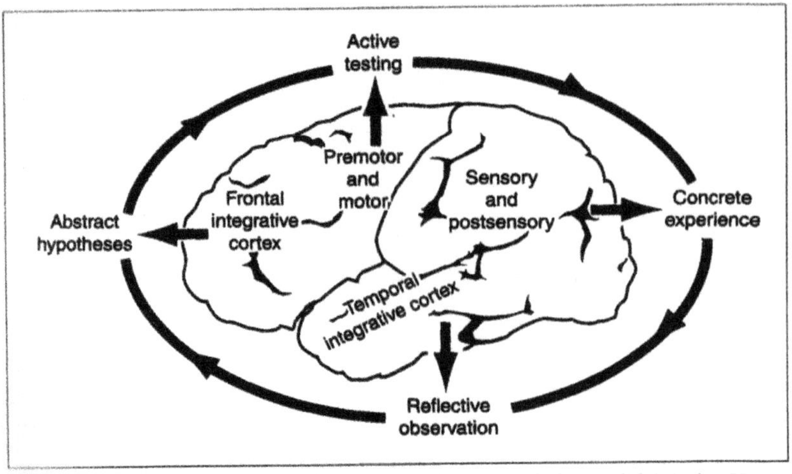

Abbildung 11: Stadien der Verarbeitung im Gehirn und deren didaktische Konsequenzen (Arnold in Herrmann 2006, S. 150)

RHYTHMIK

im Vergleich mit den zentralen Punkten der Gehirnforschung aus diesem Kapitel (5.5.):

a) Das Gehirn arbeitet ganzheitlich
b) Lernprozess in vier Stadien

> „In der Rhythmik wird **Bildung als ganzheitliche Erfahrung** angesehen, die den Körper mit seinen Sinnen, seinen Emotionen und seinen Verstandeskräften fördert." (Stummer 2011, S. 32) *(a)*
>
> „In der Rhythmik steht Lernen durch Erfahrung, durch eigenständiges Handeln, durch das selbst Ausprobieren im Mittelpunkt. Die Rhythmikerin Maria Scheiblauer (1956) nannte diese methodische Vorgangsweise **‚Erleben – Erkennen – Benennen'**. Das Erleben ermöglicht ein Erkennen und schließlich ein Reflektieren." (Stummer 2011, S. 200) *(b)*

Der Unterricht in der Rhythmik wird in der Regel nach der oben genannten Vorgangsweise aufgebaut. Die aktive Erfahrung sollte immer an erster Stelle stehen, es folgt ein reflektierendes Erkennen und schließlich ein Benennen – verbal nicht nur bei älteren Teilnehmenden, sondern im Sinne der Sprachförderung und Begriffsbildung auch bei Kindern. Das „Benennen" des „Erlebten" und „Erkannten" kann auch in Form von Zeichnungen zum Ausdruck gebracht werden.
Die Vergleichstabelle soll die Gemeinsamkeiten zwischen Gehirnforschung und Rhythmik in Bezug auf die Vorgangs- bzw. Arbeitsweise im Unterricht verdeutlichen:

GEHIRNFORSCHUNG	RHYTHMIK
konkrete Erfahrung	Erleben
Reflexive Beobachtung	Erkennen
Abstrakte Hypothesen	Benennen
Aktive Überprüfung, Übertragung oder Anwendung	

Bankl/Mayr/Witoszynskyj (2009) beschreiben dieses **Anwenden** innerhalb der Gliederung des Stundenverlaufs:

> „VOM *Einstimmen* auf das Thema: Kinder neugierig machen und motivieren
> ÜBER das *Entwickeln* des Themas: Erfahrungen sammeln, Spielräume öffnen für sinnliches Erleben und Experimentieren, Fantasie und Kommunikation; Aufgreifen von Ideen der Kinder und vertiefendes Erarbeiten des Themas, Differenzieren und Variieren
> ZUM *Anwenden* des Erarbeiteten: das Erlebte vielfältig ausdrücken und in eine Gestaltung bringen, das Erlernte in die bisherige Erfahrungswelt integrieren." (S. 35)

Dies führt zur Überlegung, die methodische Vorgangsweise **Erleben - Erkennen – Benennen** auszuweiten auf **Erleben – Erkennen – Benennen → Anwenden**, um auch die aktive Anwendung und Überprüfung des Gelernten miteinzubeziehen. Dieser letzte Punkt macht deutlich, dass ein ganzheitlicher Lernprozess erst dann abgeschlossen ist, wenn auch ein selbstständiger, aktiver und flexibler Umgang mit dem Gelerntem möglich ist.

GEHIRNFORSCHUNG	RHYTHMIK
konkrete Erfahrung	Erleben
Reflexive Beobachtung	Erkennen
Abstrakte Hypothesen	Benennen
Aktive Überprüfung, Übertragung oder Anwendung	**Anwenden:** eigenständiger Ausdruck in Bewegung und/oder Musik *(b)*

Im Konkreten hieße das, nicht vor Wiederholungen zurückzuschrecken, sondern immer wieder Aufgaben in diversen Varianten und Variationen zu stellen, die es den Kindern ermöglichen, ihr erworbenes Wissen und Können aktiv und kreativ einzusetzen.

5.6. Emotionen sind immer beteiligt

GEHIRNFORSCHUNG

a) Emotionen sind immer beteiligt

> „Emotionen, d.h. Gefühle, sind neben Wahrnehmen und Denken die **Grundzustände unseres Erlebens.**" (Roth 2011, S. 73)

Gefühle sind in jedem Moment vorhanden und gehen mit ganzkörperlichen Reaktionen einher. Was im Gehirn gleichzeitig aktiviert wird, verbindet sich und wird miteinander gekoppelt. (vgl. http://www.youtube.com/watch?v=Lr184Ms5hlE „Ohne Gefühl geht gar nichts. Worauf es beim Lernen ankommt." Vortrag von Gerald Hüther im Stadttheater Freiburg, 20. Juni 2009, gesehen am 02.12.2012, 00:24 Uhr)
Das emotionale Gedächtnis weist Merkmale des deklarativen und des prozeduralen Gedächtnisses auf und beruht auf emotionaler Konditionierung: die Gefühle, die bei einer Handlung durch positive oder negative Folgen ausgelöst werden, werden mitgespeichert. Wird eine ähnliche Handlung abgerufen, so auch das dazu gespeicherte Gefühl. (vgl. LeDoux 1998 in Roth 2011, S. 116)

> Dabei wird „die neuronale Repräsentation des Erlebnisses oder Objekts und eines bestimmten emotionalen Zustands (Furcht, Freude, Lust) über spezielle synaptische Kontakte so eng miteinander verbunden, dass beide regelmäßig zusammen auftreten" (Roth 2011, S. 116)

Amygdala und Hippocampus dürften in der Konsolidierungsphase durch Oszillation im Bereich von 4 Hertz eng miteinander interagieren und dadurch gemeinsam bzw. arbeitsteilig arbeiten: der Hippocampus liefert die *Details* des Erinnerten, die Amygdala samt mesolimbischem System die *Emotionen.*

> „Der Hippocampus hat als Organisator des deklarativen Gedächtnisses aber nicht nur engste Beziehungen mit dem Isocortex, sondern steht mit

> den für Emotionen und Motivation zuständigen corticalen und subcorticalen limbischen Zentren in enger Wechselwirkung." (Roth 2011, S. 110)

b) Einfluss auf Gedächtnisleistungen

Auf **Lern- und Gedächtnisleistungen** haben **Gefühle** einen **starken Einfluss**: je deutlicher Dinge von emotionalen Zuständen begleitet werden, desto besser werden sie erinnert, vorausgesetzt, die emotionalen Zustände sind nicht zu stark, sodass die kognitiven Inhalte von der Emotionalität verdrängt werden. Dieses emotionale Begleiten gilt für einen mittel- und langfristigen Abruf und interessant ist, dass positive Inhalte in der Regel besser erinnert werden als negative.

c) Motivation und Begeisterung

Das Gehirn entwickelt sich so, wie man es benutzt, sagt Gerald Hüther[41]. Doch er hat noch etwas hinzugefügt, man könnte sagen, die „Würze":

> „Das Gehirn wird so, wie man es mit Begeisterung benutzt." Gerald Hüther, http://www.youtube.com/watch?v=Lr184Ms5hlE „Ohne Gefühl geht gar nichts. Worauf es beim Lernen ankommt." Stadttheater Freiburg, 20. Juni 2009, gesehen am 02.12.2012, 00:24 Uhr)

Es reicht also nicht, etwas einfach nur zu tun, sondern die *Begeisterung* für eine Sache spielt eine wesentliche Rolle. Wird im Gehirn etwas gleichzeitig aktiviert, so verbindet es sich.

Nicht das *Verhalten* von Menschen soll verändert werden, sondern ihre *Haltung* bzw. *Einstellung*! Verhaltensänderung gleicht einer Dressur und ist nicht besonders nachhaltig. Eine positive Einstellung zu einer Sache hingegen entsteht aus positiven Erfahrungen und eröffnet neue Wege. Hüther betont, wir sollten uns zu einer *Potenzialentfaltungsgesellschaft* entwickeln – damit Potenziale optimal entwickelt werden können, müssen wir in der Lage sein, uns gegenseitig einzuladen, zu ermutigen und zu inspirieren. Dies gilt natürlich besonders für das Arbeitsklima im Schulen.

---

[41] Leiter der Zentralstelle für Neurobiologische Präventionsforschung der Universitäten Göttingen und Mannheim/Heidelberg

Einladen – man muss den anderen mögen, Beziehung muss entstehen
Ermutigen – man muss selbst Mut haben
Inspirieren – man muss selbst inspiriert sein/sich Inspiration holen
(vgl. http://www.youtube.com/watch?v=Lr184Ms5hlE „Ohne Gefühl geht gar nichts. Worauf es beim Lernen ankommt." Vortrag von Gerald Hüther im Stadttheater Freiburg, 20. Juni 2009, gesehen am 02.12.2012, 00:24 Uhr)

Das Verknüpfen einer Sache mit einer bestimmten Emotion wird als die **Grundlage von Motivation** gesehen. Eine positiv besetzte Handlung wird erneut angestrebt und ausgeführt, gegenteilig verhält es sich bei negativ besetzten Ereignissen. Gefühle agieren als mächtige Motivatoren und sollten nicht unterschätzt werden.

> „Menschen streben danach, Ereignisse herbeizuführen, die zu positiven Gefühlszuständen führen, und solche zu vermeiden, die von negativen Gefühlszuständen begleitet sind (vgl. Weiner 1994, Kuhl 2001, Puca und Langens 2002 in Roth 2011, S.81), die Motivationspsychologie nennt das ‚Affektoptimierung'".

Wie in Kapitel 3.1.8. (Intelligenz) und unter Punkt 5.10. (Wiederholen und Üben) schon genannt, sieht Roth gemeinsam mit der **Motivation** auch **Intelligenz** und **Fleiß** als die drei entscheidenden Faktoren für erfolgreiches Lernen. Dabei betont er immer wieder, dass Lernen durchaus mit positiven Ereignissen Hand in Hand gehen soll, deshalb aber nicht automatisch nur Spaß machen muss. Sich anstrengen und fleißig sein zu können sieht er als eine der drei Säulen für Erfolg.
Geschieht Lernen unter Zwang und mit Widerwillen, so erschwert dies einerseits den Umgang mit den lernenden Kindern, andererseits speichert das Kind die Lernsituation als negativ ab – neue Informationen können dadurch schlechter eingespeichert und weniger flexibel und kreativ verwendet werden. Stress kann den Hippocampus blockieren und zu Black Outs, sowie erschwertem Einspeichern und Abrufen führen, dauerhafter Stress führt sogar zum Nervenzelltod – vor allem im Hippocampus.

d) Kopf und Bauch bei Entscheidungen

Emotionen helfen uns, aus der oft unüberschaubaren Anzahl an Wahlmöglichkeiten **Entscheidungen** zu treffen, weil sie manche Optionen wegstreichen und manche hervorheben. (vgl. Korte 2011, S. 113ff)

> „Entgegen der oft vertretenen Meinung, dass Gefühle beim Nachdenken stören, ist das Gegenteil richtig: Gefühle behindern uns nicht im Denken, sie sind im Laufe der Evolution überhaupt erst entstanden, um die Entscheidungsfindung zu beschleunigen. Emotionen besitzen also eine „eigene Intelligenz". (Damasio in Korte 2011, S. 115)

RHYTHMIK

im Vergleich mit den zentralen Punkten der Gehirnforschung aus diesem Kapitel (5.6.):

a) Emotionen sind immer beteiligt
b) Einfluss auf Gedächtnisleistungen
c) Motivation und Begeisterung
d) Kopf und Bauch bei Entscheidungen

Emotionen werden in der Rhythmik im Zuge einer ganzheitlichen Erziehung selbstverständlich in das Unterrichtsgeschehen miteinbezogen und auch als Lern- bzw. Erziehungsziel gesehen. *(a)*

> „Die Lern- und Erziehungsziele (...) der Rhythmik lassen sich in Richt-, Grob- und Feinziele aufschlüsseln. Sie lassen sich weiter differenzieren in einen kognitiven, **affektiv-sozialen** und pragmatisch-motorischen Bereich." (Konrad 1995, S. 58) *(a)*

Auch Bankl/Mayr/Witoszynskyj beschreiben den emotionalen Aspekt als einen wesentlichen:

> „Mit ihrem **körperbezogenen Ansatz** erfasst Rhythmisch-musikalische Erziehung die motorische, **sozial-emotionale** und kognitive ne." (Bankl/Mayr/Witoszynskyj 2009, S. 10) *(a)*

Ebenso beschreibt Illini die Lernbereiche heute als „kognitiv, mit dem Verstand; motorisch, mit dem Körper; und **emotional, mit dem Gefühl**". (Illini 2012, Skript Mehrdimensionales Lernen, S. 2) In Kombination ermöglichen diese Bereiche mehrdimensionales Lernen. *(a)*

Rhythmik arbeitet nach dem Prinzip „die **Stärken stärken**" – denn positive Erlebnisse fördern das Selbstvertrauen und die Motivation. Werden diese Eigenschaften verstärkt, so kann dies eine wirkungsvolle Maßnahme besonders für Kinder mit Verhaltensauffälligkeiten darstellen: statt ständiger Ermahnungen versucht man, ihre Stärken positiv zu bemerken, sodass sie auf dieser Ebene eine Bestätigung ihrer Person erleben. *(b, c)*

> „Grundprinzip der Rhythmik ist es, auf den Stärken der Teilnehmenden aufzubauen und dadurch zu verdeutlichen, dass jeder Mensch Fähigkeiten besitzt, die einzigartig sind. In der Rhythmik wird den Menschen angeboten, diese Stärken zu erweitern und somit größeren Handlungsspielraum zu erlangen." (Stummer 2011, S. 263)

➡ In der Rhythmik werden vielfältig **Geschichten** verwendet, die die zu lernenden Dinge in einen erzählten Kontext bringen. Dies ermöglicht den Kindern ein Einfühlen in die Rollen der in der Geschichte beteiligten Personen (oder auch Tiere), einen Perspektivenwechsel, sowie ein **verstärktes emotionales Erleben der Lerninhalte**. Der vielfältige Einsatz von **Musik** trägt ebenso zu diesem ganzheitlichen Erleben bei, Musik besitzt starke Eigenschaften, die die Emotionen auf ganz natürliche Weise ansprechen. *(b, c)*
Aufgrund der verstärkten emotionalen Beteiligung weisen Musik und Geschichten wichtige Merkmale für nachhaltiges Lernen auf, ganz abgesehen davon werden sie von Kindern geliebt.

5.7. Eigenständiges Handeln, Kreativität und Intelligenz

GEHIRNFORSCHUNG

> „Je bunter und bewegter, je lustiger und spielähnlicher, je interaktiver und leibhaftiger diese zu lernenden Inhalte dargeboten würden, desto besser würde gelernt." (Spitzer 2002, S. 2)
>
> „Kinder können sich nur das aneignen, was sie auch selbst entdecken können." http://www.youtube.com/watch?v=Lr184Ms5hlE „Ohne Gefühl geht gar nichts. Worauf es beim Lernen ankommt." Vortrag von Gerald Hüther im Stadttheater Freiburg, 20. Juni 2009, online gesehen am 02.12.2012, 00:24 Uhr

a) Eigenständiges Handeln

> Piaget (1975 in Zimmer 2004, S. 45) beschreibt die Entwicklung der Intelligenz „in der **handelnden Auseinandersetzung** des Kindes mit den Objekten seiner Umwelt. **Denken** vollzieht sich zunächst in der Form **aktiven Handelns**. Über die praktische Bewältigung von Situationen gelangt das Kind zu deren **theoretischer Beherrschung**."

Durch Ausprobieren werden Ursache-Wirkungszusammenhänge erfahren, die die Umwelt begreifbar machen und später eine Abstraktion des Gelernten zulassen, die Vorstellung tritt dann anstelle des Ausprobierens. Eigenständiges Handeln besitzt weitreichende **motivationale Faktoren**, Zufriedenheit und Selbstbestätigung werden ausgelöst. Die intrinsische Motivation ist die wichtigste und eine unerschöpfliche Art von Motivation (im Gegensatz zur extrinsischen), sie gilt als unentbehrliche Grundlage für das Lernen.

Roth fordert Schulunterricht in den verschiedensten Formen: eine gute Mischung aus Frontal- und Gruppenunterricht und ebenso Aufgaben, die alleine gelöst werden sollen.

b) Problemlösen und Treffen von Entscheidungen

Zu eigenständigem Handeln zählt auch das **eigenständige Problemlösen** und das **Treffen von Entscheidungen.** Es gibt dabei wahrheitsgetreue und adaptive Entscheidungen, wie Elkhonon Goldberg (2002 in Roth 2011) feststellte. Wahrheitsgetreue Entscheidungen lassen nur eine einzige Antwort zu (z.B. wie bei Quizshows), bei adaptiven Entscheidungen gilt es, die beste Wahl aus vielen verschiedenen Möglichkeiten zu treffen. Zweiteres kommt im Leben andauernd vor, die meisten täglichen Entscheidungen sind adaptive Entscheidungen. Für diese Art von Entscheidungen ist vor allem der präfrontale Cortex zuständig, der als einziger Bereich des Gehirns die Inputs vom Inneren des Organismus mit denen von außen vergleicht.

> „Die Entscheidungen, die wir treffen, sind ein komplexes Zusammenspiel aus der Beschaffenheit der Situation und aus unseren persönlichen Eigenschaften, unseren Bestrebungen, Zweifeln und unserer Lebensgeschichte" (Goldberg 2002, S. 114 in Arnold aus: Herrmann 2006, S. 151)

Werden Entscheidungen von jemand anderem abgenommen, so schaltet sich der präfrontale Cortex ab. Geschieht das in großer Häufigkeit, so bildet der Cortex keine wirklich gut funktionierende Entscheidungsfindungsgabe aus, was eine fatale Auswirkung hat, wenn man bedenkt, dass das Leben in jeder Sekunde viele (vor allem adaptive) Entscheidungen fordert.
In der Schule werden fokussiert Entscheidungen wahrheitsgetreuer Natur verlangt (vgl. Arnold in Herrmann 2009, S. 151f). Um Handlungs- und Entscheidungskompetenz zu fördern, müssen in einem Unterricht, der persönlichkeitsbildend sein soll, auch adaptive Entscheidungen mehr Platz finden.

c) Kreativität und Intelligenz

Experimentieren, eigenständiges Handeln und Problemlösen benötigen **Kreativität** und **Intelligenz** – und fördern diese beiden auch:

> „Einigkeit herrscht darüber, dass **Intelligenz** weniger eine reine Kopf- als vielmehr eine **Ganzkörperangelegenheit** ist und stets aus dem Kontakt zur Umwelt entsteht." (GEOkompakt Nr. 28 11/2011, S. 29)

> „Um ihren Verstand zu formen, gehen Babys ähnlich vor wie Wissenschaftler: Sie **experimentieren**." (GEOkompakt Nr. 28 11/2011, S. 46)

Der US-Ökonom Richard Florida (University of Toronto in Kanada) beschreibt Kreativität als „wichtigste wirtschaftliche Ressource" der Menschheit.

> „Schon heute gelten fantasievolle Mitarbeiter gleichsam als bedeutendes Kapital von Unternehmen, schöpferische Einfälle als Währung des Erfolgs. Nur wenige Eigenschaften sind deshalb so populär wie Kreativität." (GEOkompakt Nr. 28 11/2011, S. 120f)

Kreativität bedeutet die stets neuartige und nützliche Lösung von Problemen. Forscher sehen diese Gabe aber nicht auf einen kleinen Personenkreis beschränkt, sondern „als Charakteristikum aller Menschen – ja als grundlegenden Wesenszug des *Homo sapiens*." (GEOkompakt Nr. 28 11/2011, S. 122)
Auch wenn einige neurobiologische Zusammenhänge bezüglich der Kreativität noch nicht geklärt sind, sind Wissenschaftler sich in einem Punkt dagegen sicher:

> „Kreativität und Intelligenz gehen vielfach Hand in Hand. Menschen mit einem höheren Intelligenzquotienten haben bessere Chancen, kreativ zu sein." (GEOkompakt Nr. 28 11/2011, S. 122)

Intelligente Menschen legen bei der Problemlösung ein lineares, analytisches Denken an den Tag, welches als konvergentes Denken (lat. convergere, sich hinneigen) bezeichnet wird, bei kreativen Gedanken hingegen ist eine andere Arbeitsweise des Gehirns aktiv, das divergente Denken (lat. divergere, auseinanderstreben). Das Gehirn nähert sich der Lösung assoziativ, lässt ungewöhnliche Einfälle und auch Emotionen zu.

Aus einem unkreativen Menschen macht man keinen Kreativen, meint Heinz Schuler[42]. (vgl. GEOkompakt Nr. 28 11/2011, S. 120ff) Aber man kann in jungen Jahren dieses kreative Potenzial, das z.B. im alltäglichen Spiel von Kindern zu Tage tritt, nutzen und fördern. Denn: Kreativität ist sogar für die ganz normale Bewältigung des Alltags nötig – auch hier stehen wir immer wieder vor Situationen, die Einfallsreichtum von uns verlangen.
Noch sind sich Forscher darüber im Unklaren, was genau passiert, wenn unser Gehirn einen Einfall heranreifen lässt. Als belegt hingegen gilt, dass bewusstes Denken die unbewussten Quellen zündender Ideen stört. Deshalb ist es wichtig, Raum und Zeit für diese zu schaffen[43].

> „Der Mensch darf Kreativität nicht wollen – er muss sie sen.“ (Weiß in GEOkompakt Nr. 28 11/2011, S. 128)

Die Kreativitätsforschung hat gezeigt: wenn wir uns nicht gezielt auf eine Sache konzentrieren, ist das Gehirn trotzdem vollauf beschäftigt und verbraucht nur fünf Prozent weniger Energie als wenn unsere Konzentration stark gefordert ist. Dies fand 2001 der Neurowissenschaftler Marcus Raichle aus St. Louis heraus, als er mit Hirnscannern die Hirnaktivität seiner Probanden beobachtete, während sie von einer Konzentrationsphase ins Nichts-Tun übergingen. Erstaunlicherweise nahm die Gehirnaktivität hierbei nicht ab, sondern zu, was vor allem Bereiche hinter der Stirn und oberhalb der Schläfen betraf, dieselben Bereiche also, die auch für bewusstes Denken und Planen sowie für Arbeitsgedächtnis zuständig sind und letztlich mit Intelligenz zu tun haben.
Er nannte diese Leerlaufphase als „Default-Network“. Was währenddessen genau geschieht, ist noch unklar. Vermutlich aber gleicht die Aktivität der des Schlafes – das Gehirn verknüpft Eindrücke mit Emotionen und Erinnerungen, ordnet, vernetzt und sortiert Gedanken, wodurch es auf ungewöhnliche Weise den Weg für neue Einfälle ebnet. (vgl. GEOkompakt Nr. 28 11/2011, S. 126ff)

---

42 Psychologe an der Universität Hohenheim

43 Das Suchmaschinen-Unternehmen Google gestattet seinen Entwicklern einmal in der Woche einen Tag ein, an dem sie ihre eigenen Ideen verfolgen können.

RHYTHMIK

im Vergleich mit den zentralen Punkten der Gehirnforschung aus diesem Kapitel (5.7.):

a) Eigenständiges Handeln
b) Problemlösen und Treffen von Entscheidungen
c) Kreativität und Intelligenz

> „Im Fach Musik und Bewegung / Rhythmik entspricht der Gegenstand des Lernens gleichzeitig dem Medium der Gestaltung des Unterrichts. In der künstlerisch-pädagogischen Arbeit wird damit die Unterrichtsgestaltung zu einer Art **Performance**, in der das Lernen eine **aktive Auseinandersetzung** mit Musik und Bewegung darstellt." (Danuser-Zogg 2009, S. 185) *(a)*

Rhythmik bietet einen **Handlungsraum, in dem das Kind selbstbestimmend agiert**. *(a)*
Dieser Handlungs- und Erfahrungsraum wird durch vielfältige Möglichkeiten zwischen Musik, Bewegung, Sprache, Stimme und die Interaktion in der Gruppe ermöglicht.
In der Rhythmik ist besonders, im Gegensatz zu herkömmlichen Schulfächern, die **Vielfalt an „richtigen" Möglichkeiten** erwünscht. Es geht um die Eigenständigkeit im Lösungsfindungsprozess und um die Einzigartigkeit der Ergebnisse. Diese können bei jedem Individuum unverwechselbar unterschiedlich aussehen. *(b)*
Kinder bekommen viele Situationen angeboten, bei denen sie **selbst entscheiden** müssen, ohne dass es ein Richtig und Falsch gibt – sei das bei der Wahl eines Partners/einer Partnerin innerhalb bestimmter Aufgaben, bei der Rollenwahl oder beim Auswählen angebotener Materialien. *(b)*

Gerade der spielähnliche Charakter von Rhythmik ermöglicht lustvolles **Experimentieren** und **Ausprobieren**, was eindeutig **eigenständiges Handeln voraussetzt und fördert**. *(a)* Im Experimentieren geht es um das Ausprobieren, das Herausfinden und um das Erleben und Erkennen von Zusammenhängen – die Experimentierphase ist von großer Wichtigkeit: bevor den Kindern vorgeschrieben wird, was man „Richti-

ges“ machen kann mit einem bestimmten Material, sollen sie ihrer Kreativität freien Lauf lassen – denn Kinder entdecken ungeahnte Möglichkeiten, auf die man als Erwachsene/r nie käme! Dadurch eignen sie sich für sie wichtige Kompetenzen an.
Rhythmik setzt bei der Förderung der Kreativität dabei an, die äußeren Bedingungen zu ändern bzw. zu schaffen, wodurch das Individuum zu kreativem Denken angeleitet wird. Diese sind: *Ich-Stärke* (selbstbewusst sein), *Beziehung* (vertrauensvolle Kontakte), *Freiheit* (Orte, Gespräche, Selbsttätigkeit schafft Selbständigkeit), *Gruppe* (kreative Einfälle regen an), *Zeit* (soll genügend vorhanden sein), *Angebote* (sollen anregend sein), *Umgebung* (soll abwechslungsreich und animierend gestaltet sein). (vgl. Stummer 2011, S. 106) *(c)*

Auch **Musik** kann Prozesse vielfältig beeinflussen. Dadurch, dass in der Rhythmik die Musik meist live gespielt wird, ist es möglich, genau auf die Stimmung und das Tempo der Gruppe einzugehen und die sich entwickelnden Prozesse dadurch positiv zu beeinflussen. Musik kann dabei sehr stark **motivierend** wirken und ermöglicht nonverbale Kommunikation, weiters spricht sie die Teilnehmenden stärker auf der Gefühlsebene an.

Als Lern- und Handlungsfeld ist unter diesem Punkt im Vierkreise-Modell von Bankl/Mayr/Witoszynskyj der Lernbereich **Förderung der Kreativität** *(c)* zu nennen:

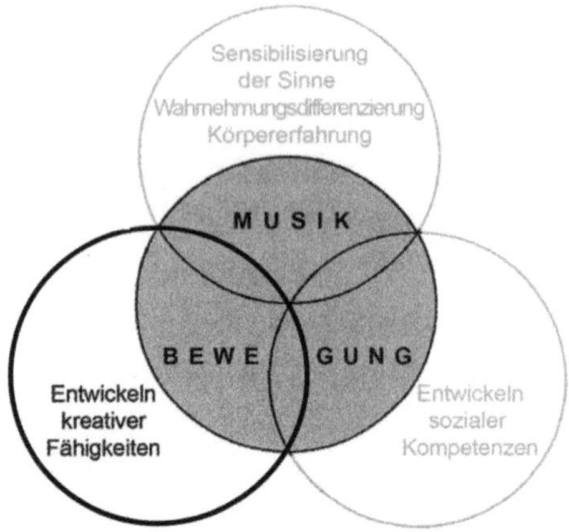

Abbildung 12: vgl. Bankl / Mayr / Witoszynskyj 2009, S.10 (Hervorhebung und Vereinfachung durch Philipp Comploi)

Für eine fruchtbare Experimentierphase muss ein fruchtbarer Nährboden geschaffen werden, der die Kinder Vertrauen, Motivation und Geduld spüren lässt. Sind diese Voraussetzungen gegeben, so können sich kreative Ideen entfalten.

Das Leben fordert täglich vielfältige Entscheidungen von uns. Gerade jüngere oder unsichere Kinder entscheiden oft nicht oder ungern selbst, sondern imitieren eher die anderen. Sie sollten nicht zu Entscheidungen gezwungen, aber immer wieder behutsam dazu ermutigt werden. Dazu bietet die Rhythmik vielfältige spielartige Situationen an, um diese so wichtige Entscheidungskompetenz in einem geschützten Rahmen zu erproben. Pädagoginnen/Pädagogen sollten, auch wenn diese selbständigen Entscheidungen oft länger dauern und mühsamer wirken, diese so wichtigen Prozesse geduldig und kompetent begleiten.

5.8. Je mehr Wege zum Ziel führen, desto leichter findet man dieses

GEHIRNFORSCHUNG

a) vielfältige Wege zum Ziel

> „Je mehr Wege zu einem Ort führen, umso leichter kann er gefunden werden.“ (Korte 2011, S. 80)

Vielfältige Verknüpfungen zu einem Thema sind wichtig, weil die verschiedenen Informationen oder Erlebnisse entsprechend ihren Inhalten an unterschiedlichen Orten im Gedächtnis abgelegt werden. Je mehr Knotenpunkte und Assoziationen zu einem Gegenstand geschaffen sind, umso leichter fällt es, ihn dann wieder „aufzufinden“ bzw. abzurufen.

Aber: „Das“ Gedächtnis gibt es nicht. Unser Gedächtnis besteht aus mehreren Gedächtnissystemen, die sich nach zeitlichen und funktionalen Kriterien unterscheiden lassen, sich zu unterschiedlichen Zeiten entwickeln und unterschiedlich gefördert werden wollen.
Dadurch können sich Kinder in gewissen Teilbereichen leicht, in anderen wiederum schwer tun. (vgl. Korte 2011, S. 57ff)
Die Gedächtnissysteme arbeiten stark zusammen, weshalb mehrere Wege, mehrere Assoziationen zu einem Thema von Bedeutung sind, ebenso dass diese untereinander sinnvoll miteinander verknüpft werden (siehe nächster Punkt).

RHYTHMIK

im Vergleich mit dem zentralen Punkt der Gehirnforschung aus diesem Kapitel (5.8.):

a) vielfältige Wege zum Ziel

> „Meist wirken bei der Wahrnehmung einzelne Sinne zusammen, die Informationsverarbeitung ist effektiver und umfangreicher, wenn bei der Aufnahme mehrere Sinne angesprochen werden. Genau mit diesem Phänomen wird in der Rhythmik gearbeitet. In jeder Übung, jedem Angebot können **mehrere Sinne gleichzeitig** erprobt werden." (Stummer 2011, S. 45) *(a)*

Ein Thema/Lernziel wird möglichst immer über alle Sinne erarbeitet, was einerseits die Differenzierung der Wahrnehmung ermöglicht, andererseits aber auch einem Anspruch von mehrdimensionalem Lernen sowie den unterschiedlichen Lerntypen gerecht wird.

> „Jeder Unterrichtsinhalt kann sowohl gefühlt, gehört, ertastet oder ‚erschaut' werden. Der Unterricht ist nicht nur eine Wahrnehmungsförderung, sondern wird zum Wahrnehmungsraum, in dem sinnliche Erfahrungen entstehen und durch die ästhetische Erfahrung ins Bewusstsein rücken." (Danuser-Zogg 2009, S. 192)

Die vielfältigen Wege und Erarbeitungsmöglichkeiten eines Themas betreffen in der Rhythmik nicht nur das Lernen über alle Sinne, sondern auch die verschiedenen Möglichkeiten der Herangehensweise: sei es in der Gruppe oder allein, über die Bewegung oder das stille Lauschen, über die verbale Auseinandersetzung mit dem Thema oder das künstlerische Gestalten. Während einer Rhythmikeinheit werden vielfältige Wege zum Ziel eingeschlagen, wobei der Vielfalt keine Einschränkungen geboten sind – dennoch geht der rote Faden der Stunde nie verloren. *(a)*

⇨ Dieses Prinzip des Lernens über alle Sinne und des Schaffens von vielfältigen Zugängen entspricht nicht nur dem Anspruch der „Ganzheitlichkeit", sondern auch der Arbeitsweise des Gedächtnisses. Weiters spricht es die unterschiedlichen Lerntypen an. Es sollten also möglichst viele Wege zu einem Thema angeboten werden.

5.9. Sinnvolle Verknüpfungen erstellen

GEHIRNFORSCHUNG

a) Sinnvoll verknüpfen

> Echte Bildung ist „abstraktes und neues Wissen intelligent in ein bestehendes Wissenssystem" einzuordnen. (Korte 2011, S. 27)

Dies ermöglicht schnellstmöglichen Zugriff auf die Unzahl gespeicherter Daten in unseren neuronalen Netzwerken.
„Das Gedächtnis hat keinen festen Platz im Gehirn, sondern ist Ergebnis der Zusammenarbeit verschiedener neuronaler Strukturen." (Winkel, Petermann und Petermann 2006, S. 48) Die einzelnen Gedächtnissysteme arbeiten keinesfalls unabhängig voneinander, sondern stark zusammen und greifen ineinander.
Es ist nicht nur wichtig, vielfältige Wege und Assoziationen zu schaffen, sondern auch sinnvolle Knotenpunkte, um Wissen miteinander zu verknüpfen.
Taucht ein Reiz öfter oder immer wieder auf, so kommt es zunächst im Hippocampus zur Verstärkung von spezifischen Synapsen, was als *Langzeitpotenzierung* bezeichnet wird. Die Zellen erinnern sich dann an den Reiz, auch wenn er in anderem Kontext wiederkehrt. Werden so zwei Ereignisse miteinander verknüpft, spricht man von **assoziativem Lernen**[44].

[44] „**assoziatives Lernen**, ***E*** *associative learning*, Bezeichnung für die Bildung neuronaler Verknüpfungen zwischen einem neutralen Reiz und einem zweiten Stimulus, der entweder positive oder negative Auswirkungen auf den Organismus hat (im Experiment: Belohnung und Bestrafung). Hat der Organismus den zeitlichen Zusammenhang der beiden Reize erkannt, reagiert er auf den ersten Reiz schon in der Erwartung des zweiten. Diese sogenannte Konditionierung ist eine wichtige Form des Lernens, und die genannte neuronale Verknüpfung (Assoziation) ist ihre Grundlage. Folge der Neuzuordnung von Reizen und Reaktionen sind Antriebe (bedingte Appetenz, bedingte Aktion, bedingte Aversion, bedingte Hemmung). Das assoziative Lernen ist eine Grundlage des Gedächtnisses." (Lexikon der Neurowissenschaften, http://www.wissenschaft-online.de/abo/lexikon/neuro/964, 17.03.2012)

> „Ein einmal gemachter Weg wird für Signale gleichen Typs in Zukunft leichter zu beschreiten – er bleibt im Netzwerk eingeschrieben.“ (Korte 2011, S. 79)

Es ist also nicht überraschend, dass man am leichtesten **Neues lernt**, in dem man es **mit Bekanntem verknüpft** – die zellulären Grundlagen von Lern- und Gedächtnisvorgängen agieren so, dass ein Teil des Erregungsmusters mit schon bekannten Informationen mitgeliefert wird. Um diese Verknüpfungen erstellen zu können, gilt:

b) Kinder abholen, wo ihre Welt endet

> „Wer Kindern etwas erklären will, muss sie also **da abholen, wo ihre Welt endet**.“ (Korte 2011, S. 80)

Man muss also **an der Erfahrungsrealität des Kindes anknüpfen**. Dies ist, wie Korte es beschreibt, auch eine wichtige Maßnahme zur Vermeidung von Stress. Denn Kinder empfinden Situationen als stressig, auf die sie keinen Einfluss nehmen können.

c) Verstehen

Da das Gehirn immer nach **Sinn** sucht, ist auch **Verstehen** essentiell für sinnvolle Verknüpfungen.

> „Das Bedürfnis, Dinge tiefer verstehen und erklären zu können, ist jedem Menschen zeitlebens eigen. (...) Alle Menschen ordnen ihre Umgebung mit Hilfe von Musterbildungen: die sinnvolle Ordnung und Kategorisierung von Informationen. Das Gehirn ist darauf abgestimmt, sinnvolle Muster wahrzunehmen und hervorzubringen und weigert sich, sinnlose Muster aufzunehmen. Unterricht zielt auf die Erweiterung der Muster, die Schüler erkennen, gebrauchen und weitervermitteln.“
> (Arnold in Herrmann 2006, S. 153)

RHYTHMIK

im Vergleich mit den zentralen Punkten der Gehirnforschung aus diesem Kapitel (5.9.):

a) Sinnvoll verknüpfen
b) Kinder abholen, wo ihre Welt endet
c) Verstehen

> „Etwas lernen bedeutet, sich mit neuen Inhalten vertraut machen, das Neue als Erweiterung des Selbst ansehen, aus sich und seinem Leben etwas Neues machen, Fertigwerden mit neuen Gegebenheiten." (Stummer 2011, S. 33) *(a)*
>
> „Wir versuchen mit unseren Lernangeboten an möglichen Erfahrungen anzuknüpfen, die von der jeweiligen Lebenswelt gegeben sind, und diese mit sinnlichen körperorientierten und auch sozialen Erfahrungen zu erweitern." (Bühler/Thaler 2006, S. 23) *(b)*

Die Kinder dort abzuholen wo sie stehen, ist ein wichtiger Grundsatz der Rhythmik. *(b)*
Um diesen „Stand der Dinge" beurteilen zu können, sind Beobachtungsgabe und Empathie seitens der Lehrperson wichtig, dementsprechend werden Ziele und Aufgaben erstellt. Hierbei geht es, wie auch weiter oben schon erwähnt, wieder um das Finden des besten Weges.

Der Grundsatz Erleben – Erkennen – Benennen → Anwenden zeigt, dass ein **Verstehen durch Selbsttätigkeit** geschieht. *(c)* Die Lehrperson kann diesen Prozess durch aufmerksames Beobachten der Kinder bei der „Anwendung" verfolgen.

Assoziatives Lernen, als wichtige Form des Lernens, kommt in der Rhythmik in vielfältiger Weise vor: denn Rhythmik liegt dann vor, wenn **zwei (Handlungs-)Felder und mindestens eines der Mittel kombiniert** werden. (Konrad 1995, S. 75) Die Kombination von zwei Mitteln bedeutet z.B. ein bestimmtes musikalisches Ereignis ist mit einer bestimmten Bewegung verknüpft. Erscheint der musikalische Reiz wieder,

so kommt es auch gleichzeitig zur entsprechenden Bewegung, das Hören und Bewegen (Eindruck – Ausdruck) gehen Hand in Hand.
Dieses assoziative Lernen hängt wieder eng mit dem Lernen über alle Sinne zusammen, mit dem vielfältigen Wege-Erstellen zu einem bestimmten Thema, mit dem sinnvollen Verknüpfen von verschiedenen Ereignissen. *(a)*

> „Es spielt letztlich keine Rolle, ob wir etwas im Bereich Musik, Bewegung oder Wahrnehmung behandeln. Der Lerneffekt bleibt derselbe, der Stand der Aufmerksamkeit aber kann innerhalb einer Lektion durch das Prinzip der Variation verändert werden. Jedes Thema, jeder Themenkomplex kann in allen Teilbereichen behandelt und damit variiert werden." (Danuser-Zogg 2009, S. 197)

Einerseits ist es wichtig, vielfältige Situationen mit „Anwendungsmöglichkeiten" anzubieten, um Kindern die Chance zu geben, ihr Wissen und Können zu erproben. Diese Anwendungsmöglichkeiten können in unterschiedliche Kontexte eingebettet werden, da ja trotzdem dasselbe Neuronenmuster aktiviert wird. Andererseits können sinnvolle Verknüpfungen durch einen logischen Aufbau des Unterrichts und durch die Beachtung des roten Fadens geschehen. Dieser ist nicht nur ein dramaturgisches Merkmal von Rhythmikeinheiten, sondern auch hirntechnisch sehr sinnvoll!

5.10. Lernen benötigt Aufmerksamkeit

GEHIRNFORSCHUNG

a) Aufmerksamkeit ist ein aktiver Zustand

> „Aufmerksamkeit ist ein Zustand erhöhter Wahrnehmung." (Roth 2011, S. 129)

> „Hirntechnisch bedeutet Lernen eine Veränderung an den Synapsen (...). Derartige Veränderungen finden aber nur statt, wenn die Synapsen aktiv sind. Je aktiver ein neuronales Netzwerk ist, umso leichter können Informationen in ihm gespeichert werden." (Korte 2011, S. 51)

Lernen ist ein aktiver Vorgang, bei dem das Gehirn für seine Tätigkeit 20% der gesamten Energiezufuhr eines Menschen verbraucht. Besonders aufmerksamkeitsintensive Beschäftigungen sind teuer für den Stoffwechsel. Aufmerksamkeit spielt eine doppelt wichtige Rolle: beim Einspeichern und beim Abrufen von Inhalten. Denn: nichts kann erinnert werden, was nicht zuvor einmal in aufmerksamem Zustand erlebt wurde.

b) Aufmerksamkeit durch inhaltliche und motivationale Mittel erreichen

> „Je mehr Aufmerksamkeit der Lehrende bei den Lernenden wecken kann, desto besser gelingt das Lernen." (Roth 2011, S. 147)

Dies sollte nicht in Form von verbalen Ermahnungen, sondern durch **inhaltliche und motivationale Mittel** geschehen, ebenso sollte man auf eine „hirngerechte" Untergliederung des Unterrichts achten. Motivation und Fleiß spielen ebenso eine wichtige Rolle für die Aufmerksamkeit.

c) relaxed alertness

Caine/Caine nennen den für Lernprozesse optimalen emotionalen Zustand „*relaxed alertness*", also eine gewisse entspannte Aufmerksamkeit, die geprägt ist von einer geringen Dosis Angst und einer hohen Dosis Herausforderung. Der Lernende erlebt sich dabei als selbstbewusst, kompetent, interessiert und intrinsisch motiviert. (vgl. Caine et al. 2004 in Arnold 2002 in Herrmann 2006, vgl. S. 156)

Aufmerksamkeit ist eng mit dem Arbeitsgedächtnis verbunden, welches erst mit der Zeit durch die zunehmende Myelinisierung und die spezifische Verschaltung heranreift. Erst mit ca. 25 Jahren ist das Arbeitsgedächtnis vollständig ausgebildet! Bei Kindern beschränkt sich diese Zahl der Elemente, mit denen das Arbeitsgedächtnis hantieren kann, noch auf ein bis zwei. Die Leistungsfähigkeit des Arbeitsgedächtnisses wirkt sich

auf alle anderen Gedächtnisleistungen aus, weshalb es besonders für jüngere Kinder wichtig ist, immer wieder Kleinigkeiten zu verändern.
Während das Arbeitsgedächtnis so stark begrenzt ist, kann das Langzeitgedächtnis eigentlich nicht überfordert werden, es weist fast unendliche Kapazitäten auf.

d) Gute Gliederung des Unterrichts

Roth fordert einen Unterricht, der in verschiedenen sozialen Formen stattfindet und in kleine Portionen gegliedert ist, die von zusammenfassenden Worten, entsprechenden Fragen oder einer auflockernden Bemerkung voneinander getrennt sind, um dem Arbeitsgedächtnis kurze Entspannungsmomente zu gönnen.

RHYTHMIK

im Vergleich mit den zentralen Punkten der Gehirnforschung aus diesem Kapitel (5.10.):

a) Aufmerksamkeit ist ein aktiver Zustand
b) Aufmerksamkeit durch inhaltliche und motivationale Mittel erreichen
c) relaxed alertness
d) Gute Gliederung des Unterrichts

Rhythmus ist ein wesentliches Merkmal von Rhythmikeinheiten. Da in der Natur und im Menschen diverse Rhythmen vorkommen, ist Rhythmus etwas ganz Natürliches, was für das **Unterrichtsgeschehen** innerhalb von Rhythmikeinheiten berücksichtigt wird.

> „Die Definition des Rhythmus gilt nicht nur für die Vermittlung und das Erlernen von Rhythmus und rhythmischen Strukturen, sondern auch für die Gestaltung des Unterrichts selbst. Die Rhythmisierung bestimmt die Zeitdimension, innerhalb derer der Unterricht gestaltet wird. Auch sie wird flexibel gehalten und entsteht zu einem Teil in der genauen Vorbereitung und zu einem andern Teil spontan im Unterricht.“ (Danuser-Zogg 2009, S. 187)

Durch das **Rhythmische Prinzip** als Unterrichtsprinzip, das einen dynamischen Wechsel zwischen den Polen ermöglicht, können Aufmerksamkeitsspannen genützt und gefördert werden. *(d)*

> „Das Rhythmische Prinzip besagt, dass der Mensch der Polaritäten von Spannung und Entspannung, Bewegung und Ruhe, Suchen und Verweilen bedarf." (Stummer 2011, S. 36)

Auf sehr bewegte Phasen folgen ruhige, auf Phasen die hohe Konzentration erfordern, folgen bewegte, auf Phasen die den Gehörsinn besonders fordern, folgen Phasen im visuellen oder taktilen Bereich. Genannt wird dies **Phasenwechsel** oder **Prozesswechsel**. Dieser Wechsel kann im Bereich der Wahrnehmungskanäle, im sozialen Bereich, im Bereich des Ausdrucks, der Mittel oder der Parameter stattfinden. Er ermöglicht, tiefer in ein Thema einzutauchen bzw. länger daran zu arbeiten, ohne die Konzentration dabei einzubüßen.

> Ein Phasenwechsel oder auch genannt „Prozesswechsel sind Veränderungen im Geschehen (...). Sie verschaffen uns neue Reize und erhöhen so unsere Aufmerksamkeit." (Stummer 2011, S. 36) *(d)*

In der Rhythmik geht es um ein Lernen „ohne Erfolgsdruck und ohne Leistungszwang" (Illini in Bankl/Mayr/Witsozynskyj 2009, S. 5). Beachtet man die Forderung der „relaxed alertness" von Caine/Caine (in Arnold 2002 in Herrmann 2006), so kommt man zu dem Schluss, dass die darin enthaltene geringe Dosis Angst in der Rhythmik nicht durch Leistungsdruck, sondern wiederum durch **inhaltlich-motivationale Mittel** erreicht wird.[45] *(b, c)*

⇨ Aufmerksamkeit ist nicht unendlich vorhanden. Ist sich die Lehrperson der Möglichkeiten des Rhythmischen Prinzips sowie des Phasenwechsels bewusst, so kann durch die oben genannten Variationsmöglichkeiten rechtzeitig eingegriffen werden bevor die Konzentration einer Gruppe abfällt und kann so tiefer in ein Thema eintauchen. In wei-

[45] Als Beispiel: besteht die Aufgabe darin, den eigenen Namen und den eines Nachbarn innerhalb einer bestimmten rhythmischen Struktur zu nennen, so bildet der fortschreitende Rhythmus die Grundlage für eine erhöhte Aufmerksamkeit und für die Motivation, die Aufgabe zeitgerecht zu erfüllen.

terer Folge können Aufmerksamkeitsspannen erweitert werden. Hierfür ist wieder Beobachtungsgabe nötig!

5.11. Wiederholen und Üben

GEHIRNFORSCHUNG

a) Use it or loose it

> „Allgemein glaubt man, dass das Einspeichern eines Gedächtnisinhaltes auf der **Leistungssteigerung synaptischer Übertragungsmechanismen** innerhalb kleinerer oder größerer Netzwerke beruht – beim deklarativen Gedächtnis des Menschen in Netzwerken des Isocortex. Hierdurch verändert sich der Erregungsfluss durch diese Netzwerke und damit ihre Funktion." (Roth 2011, S. 111)
>
> „Die Entscheidung, welche Inhalte über längere Zeiten erinnert werden sollen, ist ein Auswahlprozess des Gehirns, der zum Ziel hat, wichtige Informationen möglichst lange zu speichern. Das Kriterium **Wichtigkeit** ist dabei durch die **Häufigkeit** bestimmt, mit der die Information immer wieder auftaucht." (Madeja 2010, S.115)

„Use it or loose it" ist das Prinzip, nach dem das Gehirn arbeitet: Regelmäßig verwendete neuronale Wege verstärken sich, die Inhalte werden dauerhaft im Gedächtnis verankert. Nicht verwendete Synapsen werden mit der Zeit aus ökonomischen Gründen wieder abgebaut, ein Vergessen oder Verlernen tritt ein. Wiederholen und Üben eines Stoffes genauso wie das Üben motorischer Fertigkeiten ist daher unabdingbar.
Roth betont, dass man mehrfache Wiederholungen in vielfältigen Variationen zu einem spezifischen Inhalt gestalten solle – das Faktenwissen kristallisiere sich dann von selbst heraus. (vgl. Roth 2011, S. 102ff)

Spitzer bezeichnet explizites Wissen als *Wissen* und implizites Wissen als *Können. Wissen* kann man gut benennen und beschreiben und es steigt oft sprunghaft an, *Können* dagegen lässt sich schwer versprachlichen und benötigt viel Geduld (z.B. auch das Erlernen motorischer Fähigkeiten) –

und eben Übung. Ist das explizite Gedächtnis in den ersten Lebensjahren noch von kindlicher Amnesie betroffen, so funktioniert das implizite Gedächtnis schon sehr gut.

> Das Langzeitgedächtnis ist „kein statischer Mechanismus wie eine Festplatte, sondern ein dynamisches Geschehen, d.h. unser Langzeitgedächtnis wird durch neue Erlebnisse und Erfahrungen ständig umgeschrieben und wiederaufgefrischt, und es unterliegt auch rein internen Reorganisationsprozessen, die an Datenkompression erinnern." (ebd. S. 108)

Weiters sagt er, dass Lernen auch nicht immer ausschließlich nur Spaß machen muss, sondern Kinder auch erfahren sollen, dass Fleiß und Motivation (besonders die intrinsische) unentbehrlich für das Erreichen eines Ziels sind (siehe auch Punkt 11. in diesem Kapitel)

RHYTHMIK

im Vergleich mit dem zentralen Punkt der Gehirnforschung aus diesem Kapitel (5.11.):

a) Use it or loose it

> „Sämtliche Themen können innerhalb der 4 Parameter in ihrer Gestaltung in Zeit, Raum, Kraft oder Form variiert werden. Das Thema bleibt dasselbe, die Gestaltungsform setzt abwechslungsweise Schwerpunkte innerhalb der 4 Parameter. Die Dynamik der Unterrichtsgestaltung umkreist sozusagen das Thema. Dadurch entstehen viele neue Perspektiven ein und desselben Lerngegenstands." (Danuser-Zogg 2009, S. 195)

Dasselbe gilt ebenso für das Variieren der Mittel im Rhythmikunterricht. Wenn man bedenkt, dass man in der Rhythmik immer zwischen 3 Zielen, 5 Mitteln, 4 Parametern und mindestens 4 sozialen Formen unterscheiden kann bzw. all diese untereinander beliebig kombinieren kann, dann liefert dies eine unzählige Fülle an Variationsmöglichkeiten, die den Unterricht spannend und abwechslungsreich machen. Hierbei können Wiederholungen als Vertiefungen angeboten werden, ohne dass sich eine

Abfolge exakt gleich wiederholt und man kann damit, dem angestrebten Ziel entsprechend, z.B. musikalische, motorische, sprachliche oder soziale Kompetenzen fördern und vertiefen.
Rituale sind ein Beispiel für etwas oftmals Wiederkehrendes. Abgesehen davon, dass z.B. Begrüßungslieder in sich variiert werden können, ist das Ziel eines Rituals nicht nur, ein bestimmtes Lied auswendig zu können, sondern es ist immer auch mit einer bestimmten Funktion verbunden – sei es das Sammeln am Beginn der Stunde, das in den Kreis Zurückkehren oder Ähnliches. Hierbei geschieht wieder assoziatives Lernen, zwei Dinge werden miteinander verknüpft. *(a)*

Wie Wiederholungen außerdem noch gelingen können, wurde bereits in Punkt 5.9. beschrieben.

⇨ Wiederholungen festigen Wissen und Können. Sie können durch den Einsatz von Musik und Bewegung sowie der unterschiedlichen Mittel, Sozialformen, Parameter, Handlungsfelder usw. abwechslungsreich und vielfältig gestaltet werden.

5.12. Das Gehirn ist sozial

GEHIRNFORSCHUNG

a) Das Gehirn – ein soziales Organ

> „Bisher hielt man es für völlig selbstverständlich, daß (sic!) der Mensch sein großes Gehirn zum Denken besitzt. Forschungsergebnisse der letzten Jahre haben jedoch deutlich gemacht, daß (sic!) der Bau und die Funktion des menschlichen Gehirns in besonderer Weise für Aufgaben optimiert sind, die wir unter dem Begriff ‚psychosoziale Kompetenz' zusammenfassen. Unser Gehirn ist demnach weniger ein Denk- als vielmehr ein *Sozialorgan.*" (Hüther 2004, S. 18)

> „Jedes Lebewesen auf dieser Erde ist mit einem sozialen Drang ausgestattet. Sozialbeziehungen mit dem Schwerpunkt, angenommen und anerkannt zu sein, verstanden und beachtet zu werden, tragen alle zum Zustand von entspannter Aufmerksamkeit (*relaxed alertness*) bei. Sprache, Überzeugungen oder Geisteshaltungen und der Zugang zu höher geordnetem Lernen sind tief von zwischenmenschlichen Beziehungen beeinflusst." (Arnold in Herrmann 2006, S. 153)

b) Spuren im Gehirn und Resonanz

> „Was wir mit anderen Menschen erleben, hat Einfluss auf die Aktivität unserer Gene und verändert die neuronale Architektur unseres Gehirns." (Bauer in Caspary 2006, S. 36)

Zwischenmenschliche Beziehungen können also die Biologie des Gehirns und die Biologie des Körpers verändern. Grund dafür sind die Spiegelneurone im Gehirn, denen es möglich ist, eine nur beobachtete, gehörte oder gelesene Handlung nachzuempfinden oder nachzuahmen.

> „Die Aktivierung der Spiegelneurone generiert also mit anderen Worten eine ‚innere motorische Repräsentation' des beobachteten Aktes, von der dann die Möglichkeit abhängt, durch Nachahmung zu lernen." (Rizzolatti 2008, S. 105)

In pädagogischen Prozessen spielt die sinnvolle Gestaltung zwischenmenschlicher Beziehungen und die dadurch entstehende Resonanz eine große Rolle (siehe 5.13.). Die Spiegelneurone ermöglichen dabei ein „Lernen am Modell", bei dem der Pädagoge/die Pädagogin als Vorbild agiert und persönlich anwesend und erlebbar sein muss.

> „Emotionale und soziale Aspekte des Lernens spielen eine mindestens ebenso wichtige Rolle für das Schulgeschehen wie die intellektuell-kognitiven." (Bauer in Caspary 2006, S. 47)

c) Starke Individuen

Weiters ist auch die soziale Interaktion der Schülerinnen/Schüler und auch Kinder untereinander ein wichtiges Ereignis. Fühlen sie sich wohl und akzeptiert in der Gruppe, fällt auch Lernen leichter. Soziale Kompetenzen spielen im ganzen Leben eine ganz wesentliche Rolle, sei es im beruflichen Alltag oder in Beziehungen. Sie werden nur im Zusammenspiel mit anderen Menschen erworben, Kompetenzen im Bereich Kommunikation und Konfliktmanagement entwickeln sich.

> „Das Kind erwirbt nur im Zusammenspiel mit anderen Menschen Kompetenzen, die es ihm später erlauben, ein autonomes starkes Individuum zu werden." (Bauer in Caspary 2006, S. 48)

Die Funktion der Spiegelneurone bietet also die neurobiologische Basis für die wichtige zwischenmenschliche Interaktion im Lernalltag, sowie für das Lernen selbst.

RHYTHMIK

im Vergleich mit den zentralen Punkten der Gehirnforschung aus diesem Kapitel (5.12.):

a) Das Gehirn – ein soziales Organ
b) Spuren im Gehirn und Resonanz
c) Starke Individuen

> „Soziales Lernen wird verstanden als Modelllernen oder Imitationslernen. Vorbilder und Verhaltensweisen werden beobachtet, nachgeahmt und somit erfahren. (vgl. Illichmann 1990, S. 193) Soziales Lernen ist ein lebenslanger Prozess, in dem es gilt, die Balance zu halten zwischen Freiheit und Zwang, zwischen Individuum und Gesellschaft, zwischen Anpassung und Eigenständigkeit." (Stummer 2011, S. 76) *(b)*

Vom Modell mit den vier Kreisen entspricht dieser Punkt dem Lernbereich/Handlungsfeld **Soziale Kompetenzen, Kommunikation:**

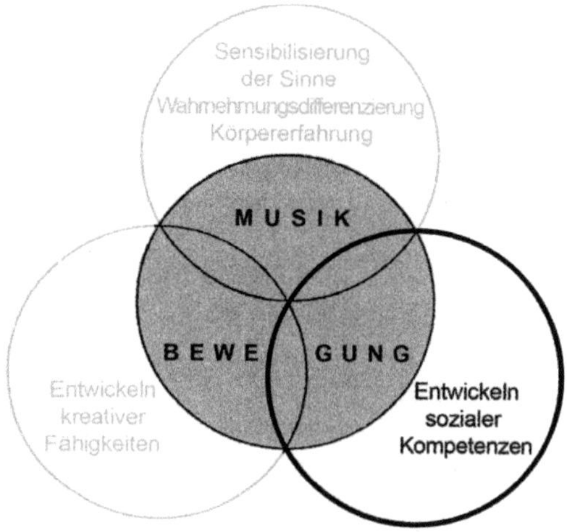

Abbildung 13: vgl. Bankl/Mayr/Witoszynskyj 2009, S. 10 (Hervorhebung und Vereinfachung durch Philipp Comploi)

> „Rhythmik findet meist in Gruppen statt. Die Sozialform der Gruppe bietet daher einen Handlungs- und Erfahrungsraum für Kommunikation, Interaktion und sozial-emotionales Lernen. Dabei können Kinder kommunikative Fähigkeiten entwickeln, die im Umgang von Menschen untereinander förderlich sind wie Kontaktfähigkeit, Einfühlungsvermögen, Selbstständigkeit/Anpassung, auch Initiative, Kooperations- und Teamfähigkeit, Lösen von Konflikten, Toleranz, Fairness u.a.m. Das Spielen, Improvisieren und Gestalten mit Musik, Bewegung und Sprache in der Gruppe fördert daher die Sozialkompetenz und stärkt den Zusammenhalt der Kinder." (Bankl/Mayr/Witoszysnkyj 2009, S. 13f) *(b, c)*

Soziale Interaktion benötigt man das ganze Leben lang im Zusammenspiel mit anderen Menschen.

> „Soziale Kompetenzen bilden die Grundlage für eine offene, konstruktive, lebendige und kritische Lebensgestaltung." (Stummer 2001, S. 77) *(c)*

Durch den Einsatz der Mittel wird die soziale Interaktion der Gruppe gefördert. Soziales Lernen ermöglicht das Übernehmen von Rollen und einen dadurch entstehenden Perspektivenwechsel, das Setzen und Erkennen von Grenzen, außerdem werden die Konfliktlösungs- und Problemlösungskompetenzen geschult. Alle Sozialformen sollten dabei berücksichtigt werden: allein, zu zweit, in einer Kleingruppe oder in der ganzen Gruppe. (vgl. Stummer S. 75ff) *(c)*

> ⇨ Soziale Kompetenzen sind das gesamte Leben lang ein wertvolles Gut und werden nur im Zusammenspiel mit anderen Menschen erfahren. Ein wertschätzender Unterricht, der Möglichkeiten für soziale Interaktion bietet, ist daher sehr wertvoll!

5.13. Lernen braucht Persönlichkeit

GEHIRNFORSCHUNG

„Bildung braucht Persönlichkeit. Wie Lernen gelingt." ist der Titel eines neuen Buches von Gerhard Roth. Dieser sagt, dass Lernen stark mit Persönlichkeitsbildung zu tun haben sollte, diese aber leider viel zu kurz kommt in den Schulen. Die Bildung von individuellen, selbstständigen Menschen könnte nur unter Berücksichtigung dieses Aspekts geschehen – denn Lernen betrifft nicht nur die Vermittlung von Faktenwissen, sondern ist von zwei wesentlichen Aspekten geprägt: von *Persönlichkeit* und *Beziehung*.

a) Persönlichkeit

Selbstvertrauen und *Selbstkonzept* haben maßgeblichen Einfluss auf den Erfolg: Menschen mit einem großen Vertrauen in ihre eigenen Kräfte und einem hohen „Maß an Eigensteuerung bei der Leistungserbringung" (Roth 2011, S. 91) sind erfolgreicher als Menschen, die von den beiden oben genannten Dingen weniger haben – diese meiden Hürden und sehen Erfolge eher als zufällig. Wie wir bereits erfahren haben, entwickelt sich das Selbstkonzept vorwiegend in den allerersten Lebensjahren, ein wichtiger Aspekt ist – neben Liebe und Zuneigung – die Bewe-

gung. Kinder definieren sich in diesem Alter hauptsächlich über die Bewegung, deshalb wirkt sich „motorischer Reichtum" sehr positiv auf das Selbstvertrauen und Selbstkonzept aus, das das restliche Leben über kaum mehr verändert wird.
Aufgrund schrumpfender Kernfamilien, häufiger Berufstätigkeit von Müttern, Einelternfamilien, erhöhter Arbeitslosigkeit und erhöhtem Medienkonsum lassen sich bei rund 20% der Schülerinnen/Schüler psychosoziale Schwierigkeiten feststellen, weshalb die Persönlichkeitsbildung in Schulen einen besonders hohen Stellenwert bekommt. (vgl. Roth 2011, S. 290f) Allerdings werden die wichtigsten Grundsteine schon lang vor der Schulzeit gelegt, weshalb Persönlichkeitsbildung besonders im Kindergarten nicht zu kurz kommen darf. In jeder Altersstufe ist es wichtig, Kinder und Jugendliche in ihrer Entwicklung zu unterstützen und sie als individuelle Persönlichkeiten anzunehmen und zu fördern.

b) Beziehung

> „Lehren und Lernen sind stets kommunikative Akte: Entweder spricht der Lehrer die Lernenden direkt an, oder er beeinflusst sie auf nichtverbale Weise – beabsichtigt oder unbeabsichtigt – über Mimik, Gestik, Körperhaltung, Intonation der Stimme und seine Bewegungen." (Roth 2011, S. 188)

Der Lehrer hat im Vergleich zu früher keine „allwissende Machtposition" mehr, aber er braucht eine Autorität im Auftreten, muss Kompetenz ausstrahlen und ab und zu auch Berater für die Schüler sein. „Er muss Kompetenz ausstrahlen, ohne dass das Besserwissen in Besserwisserei ausartet. Er muss vertrauenswürdig wirken, und das kann er nur, wenn er genügend Zutrauen zu sich selber hat und sich kompetent fühlt." (Roth 2011, S. 288) Zudem soll der Lehrer eine enge Beziehung zu den Schülern haben und über ihre Hintergründe Bescheid wissen.

> „Zu den wichtigsten lernfördernden Faktoren gehört also die Vertrauenswürdigkeit des Lehrenden. Es ist absolut notwendig, dass der Lehrende ein Vertrauensverhältnis zu den Lernenden aufbaut, wie lange dies auch immer dauern mag, das von Sympathie, Kompetenz, Verlässlichkeit und Autorität gekennzeichnet ist." (Roth 2011, S. 195)

Wie wir schon erfahren haben, ist für das Lernen ein funktionierendes Resonanzsystem, das auf dem Phänomen der Spiegelneurone basiert und durch die Anwesenheit und Erlebbarkeit des Lehrenden entsteht, wichtig. Lehrer/innen brauchen neben Fachwissen auch Beziehungskompetenz, was den Lehrberuf spannend, aber auch anstrengend macht.

RHYTHMIK

im Vergleich mit den zentralen Punkten der Gehirnforschung aus diesem Kapitel (5.13.):

a) Persönlichkeit
b) Beziehung

Persönlichkeit

> „Mit ihrem körperbezogenen Ansatz erfasst Rhythmisch-musikalische Erziehung die motorische, sozial-emotionale und kognitive Ebene. Sie fördert damit in **mehrdimensionaler Weise die Bildung und Entwicklung der Persönlichkeit**." (Bankl / Mayr / Witoszynskyj 2009, S. 10) *(a)*

Rhythmik ist ein persönlichkeitsbildendes Konzept, aber nicht nur die Teilnehmenden brauchen Persönlichkeit, auch die Lehrperson wird auf vielfältige Weise als Persönlichkeit erlebt:

> „Die **Körpersprache** und die **Bewegungssprache** spielen im Unterricht ebenfalls eine wichtige Rolle. Die Rhythmiklehrkraft lernt in ihrer Ausbildung, ihren Körper als Ausdrucksmittel einzusetzen. So ist auch ihr körperlicher Ausdruck im Unterricht zentral. Wie sie sich im Raum bewegt, wie sie sich den Schülerinnen und Schülern zuwendet, alles hat seinen Einfluss auf die Unterrichtsgestaltung. Durch die natürliche Anwendung der Körpersprache drückt eine Lehrkraft die Ästhetik der Unterrichtssprache aus: Sorgfalt, Respekt, Gestaltungsfreude." (Danuser-Zogg 2009, S. 191) *(a)*

Beziehung

> „Das gestalterische Verfahren Rhythmik" ist „immer auf dem Hintergrund sozialer Beziehungen zu verstehen". (Bühler/Thaler 2006, S. 21) *(b)*

> „Die Beziehung des Kindes zur Pädagogin hat bekanntlich einen wesentlichen Einfluss auf seine Motivation. Durch fördernde Haltungen und Einstellungen wie *Achtung, Zuwendung, Echtheit* und *Einfühlung* können wir diese Beziehung vertiefen und positiv *beeinflussen.*"
> (Bankl/Mayr/Witoszynskyj 2009, S. 94) *(b)*

Rhythmik bietet durch Musik und Bewegung auch eine ganz und gar **nonverbale Ebene**, über die **Beziehung** hergestellt werden kann. Begleitet z.B. die Lehrperson eine bestimmte Bewegung der Kinder auf einem Instrument, so erfordert dies von der Lehrperson Beobachtungsgabe und Einfühlungsvermögen in die Gruppe, ermöglicht aber auch eine ganz innige Kommunikation – Beziehung entsteht.
Diese Art von Kommunikation ist viel näher und direkter als die verbale. Musik und Bewegung sind besonders über den Rhythmus miteinander verbunden und stehen in ständiger Wechselwirkung und enger Beziehung. *(b)*

> „Musik und Rhythmus sind eng mit der Bewegung verbunden. Bewegungselemente können direkt in Musik umgesetzt werden und umgekehrt. Musik gehört daher zu der Einheit von Wahrnehmung und Bewegung dazu, unterstützt, fordert, regt an, gibt Formerleben, Formbewusstsein und rhythmische Sicherheit." (Danuser-Zogg 2009, S. 230)

Selbstvertrauen hat eine sehr bedeutende Auswirkung auf den persönlichen Erfolg. Die Förderung des Selbstvertrauens kann innerhalb des Rhythmikunterrichts durch Bewegung, sowie durch das Bekräftigen persönlicher Stärken und weiterer inhaltlicher sowie motivationaler Mittel geschehen, bei denen vielfältige Beziehungen eine Rolle spielen.

5.14. Jedes Gehirn ist einzigartig

GEHIRNFORSCHUNG

Jedes Gehirn ist ein einzigartiges Produkt aus Genen und Umwelt, aus den Anlagen und den ganz individuellen Erfahrungen jeder einzelnen Person. Diese Einzigartigkeit ist ein großer Reichtum und ermöglicht eine unendliche spannende Vielfalt. Jedes Gehirn will unterschiedlich gefördert werden, jedes Individuum bringt andere persönliche und emotionale Hintergründe mit. Deshalb muss nicht für jeden Menschen das Rad neu erfunden werden, aber es ist wichtig, Unterschiede zu erkennen, zu akzeptieren und auch entsprechend darauf zu reagieren.

> „Schüler lernen effektiver, wenn ihre einzigartigen individuellen Talente, Fähigkeiten und Fertigkeiten angesprochen werden." (Arnold in Herrmann 2006, S. 155)

RHYTHMIK

> „Im gemeinsamen Erleben, miteinander Spielen, Bewegen, Tanzen und Musikmachen spüren die Kinder, dass sie in ihrer Individualität beachtet und gefördert werden." (Bankl/Mayr/Witoszynskyj 2009, S. 94)

In der Rhythmik gilt das Prinzip der **Förderung des Individuums**. Auf individuelle Unterschiede soll mit wachem Blick eingegangen werden, Kinder mit verschiedenen Stärken und Voraussetzungen sowie Kinder unterschiedlicher Sprache oder Herkunft können in Gruppen gemeinsam und trotzdem individuell gefördert werden. Diese „Hinwendung auf die Individualität des Kindes" wurde bereits von Maria Scheiblauer, Elfriede Feudel und Christine Baer-Frisell in der ersten Hälfte des vorigen Jahrhunderts vorgenommen, während sie die Zielsetzungen der Rhythmik in Richtung Entwicklung der Persönlichkeit erweiterten.

6. Vergleich und Auswertung

	GEHIRNFORSCHUNG	RHYTHMIK
1.	**Erfolgreiches Unterrichtskonzept**	
	- Lernen: ausschlaggebend sind positive Erfahrungen und Sozialkontakte - wird Gelerntes mit Motorik, Empfindung und sensorischem Erleben gekoppelt, werden die Informationen besser verstanden und verankert - Erfolgreiches Unterrichtskonzept: basiert auf der Grundlage des Zusammenwirkens von Wahrnehmung, Bewegung, Erleben, Denken Handeln; spricht den ganzen Menschen an.	- Rhythmik bietet einen erlebnisreichen Handlungsraum, in dem Kinder selbstständig agieren. Dadurch wird ihre Wahrnehmung differenziert, die Kreativität und die soziale Interaktion gefördert. Durch die ganzheitliche Methode wird mehrdimensionales Lernen ermöglicht: auf motorischer, emotionaler und kognitiver Ebene, wodurch Persönlichkeitsbildung geschehen kann.
2.	**Bewegung ist essentiell**	
	- „Bewegung ist ein Grundphänomen menschlichen Lebens, der Mensch ist von seinem Wesen her darauf angewiesen." (Zimmer 2004, S. 17) - Bewegung fördert das Selbstvertrauen, erhöht die kognitive Leistungsfähigkeit und hält das Gehirn gesund - Der Körper ist unser Messinstrument	- Rhythmik geht vom natürlichen Bedürfnis des Menschen nach Bewegung aus (Bankl/Mayr/Witoszynskyj 2009); die Wurzel allen Lernens liegt im Körper (Danuser-Zogg 2009) - Bewegung: Grundbedürfnis des Menschen, ist persönlichkeitsfördernd, anregend, lockernd, kräftigend, sensibilisierend und gesundheitsfördernd bildet die Basis für kognitive Prozesse
3.	**Bewegung und Wahrnehmung sind untrennbar**	
	- Bewegung und Wahrnehmung: gemeinsames Format im Gehirn - Körper ist das Bindeglied zwischen Selbst und Umwelt - Bewegung, Wahrnehmung und Kognition bedingen und beeinflussen einander - Körper- und Bewegungserfahrungen bilden die Grundlage für abstraktes	- Arbeitsprinzip: Eindruck – Ausdruck Bewegung erweitert die Wahrnehmung, Wahrnehmung erweitert die Bewegung - Lernziel: Wahrnehmungsdifferenzierung/ Sensibilisierung der Sinne, Körpererfahrung - Körper- und Bewegungserfahrung bilden die Grundlage für abstraktes

	GEHIRNFORSCHUNG	RHYTHMIK
	Denken - Bewegung und Wahrnehmung fördern soziale Prozesse - Gesundheit ist „vollkommenes körperliches, geistiges und soziales Wohlbefinden" (WHO)	Denken - Bewegung und Wahrnehmung sind die Grundlage für soziale Prozesse - Sensomotorische Wahrnehmungsschulung erweitert den Horizont, erhöht den Lebensgenuss, wirkt ausgleichend auf die seelisch-geistige Entwicklung, fördert die Konzentration
4.	**Lernen geschieht immer**	
	- Lernen geschieht immer und in jedem Moment, das ist das Wesen des Gehirns - Erfahrungen hinterlassen Spuren im Gehirn, festigen sich Spuren, so hat man etwas gelernt	- Kindliche Entwicklung geschieht gleichzeitig auf körperlicher, geistiger und seelischer Ebene - Erziehung: ein langwieriger und andauernder Prozess, nicht alles Lernen kann und muss überprüft werden
5.	**Lernen ist ein ganzheitliches Ereignis**	
	- Funktionsweise des Gehirns: ganzheitlich, interpendent und komplex - Gelernt wird durch: konkrete Erfahrung reflexive Beobachtung abstrakte Hypothesen aktive Überprüfung, Übertragung oder Anwendung. (Arnold in Herrmann, 2006, S. 148)	- Bildung wird als ganzheitliche Erfahrung angesehen - Gelernt wird durch: Erleben Erkennen Benennen Anwenden (Erlebtes wird vielfältigig ausgedrückt (Bankl/Mayr/Witoszynskyj 2009)
6.	**Emotionen sind immer beteiligt**	
	- Emotionen gelten neben Wahrnehmen und Denken als Grundzustände des Erlebens - Enge Zusammenarbeit zwischen Amygdala und Hippocampus bei Einspeicherungsprozessen: Hippocampus speichert Details, Amygdala die dazugehörigen Emotionen. Über enge synaptische Kontakte verbunden, Detail und dazugehörige Emoti-	- Lernen geschieht gleichzeitig auf kognitiver, motorischer und emotionaler Ebene - Auf den Stärken der Teilnehmenden wird aufgebaut, diese werden erweitert - positive Erlebnisse verstärken das Selbstwertgefühl und motivieren zu erneutem, ähnlichem Handeln. Sie fördern außerdem die Eigenmotivation.

	GEHIRNFORSCHUNG	RHYTHMIK
	on treten in Zukunft gemeinsam auf. Grundlage von Motivation. - Je deutlicher kognitive Inhalte von emotionalen Zuständen begleitet werden, desto leichter werden sie erinnert	- Lernziele werden in mehrdimensionales Erleben eingebettet, Musik und Geschichten rufen eine größere Beteiligung der emotionalen Strukturen bei Erfahrungs- und Lernprozessen hervor
7.	**Eigenständiges Handeln, Kreativität und Intelligenz**	
	- Kinder lernen das, was sie mit ihren eigenen Mitteln begreifen können - Abstraktes Denken entwickelt sich aus dem konkreten Handeln	- Rhythmik bietet einen Handlungsraum, in dem das Kind selbstbestimmend agiert und sich durch umfassende Erfahrungen vielfältige Zusammenhänge aneignet.
	- Entscheidungen weit über „richtig" und „falsch" hinaus fordert das Leben täglich	- Die Vielfalt der „richtigen" Möglichkeiten ist erwünscht
	- Experimentieren, eigenständiges Handeln und Problemlösen benötigen Kreativität und Intelligenz und fördern auch beide	- Eines der drei Hauptlernziele der Rhythmik: Entwickeln kreativer Fähigkeiten
	- Kinder und Wissenschaftler haben etwas gemeinsam: sie experimentieren - Kreativität gilt als Charakteristikum aller Menschen und kann besonders im Kindesalter gut gefördert werden	- Experimentieren hat einen hohen Stellenwert in der Rhythmik
	- Kreativität und Intelligenz gehen Hand in Hand - Intelligenz ist eine Ganzkörperangelegenheit	- Eigenständiges Handeln und das kreative Problemlösen haben Auswirkungen auf die Intelligenz der Kinder
8.	**Je mehr Wege zum Ziel führen, desto leichter findet man dieses**	
	- Entsprechend ihren Inhalten werden Informationen an unterschiedlichen Stellen im Gedächtnis abgelegt. Mehr Assoziationen zu einem Thema – höhere Erinnerungschance.	- Ein Thema/Lernziel wird über verschiedene Sinneskanäle, verschiedene Mittel, verschiedene Sozialformen und über kognitive, motorische und emotionale Aspekte erarbeitet.
9.	**Sinnvolle Verknüpfungen erstellen**	
	- Kinder dort abholen, wo ihre Welt	- Kinder dort abholen wo sie stehen

	GEHIRNFORSCHUNG	RHYTHMIK
	endet – an ihrer Erfahrungsrealität anknüpfen - Neues mit schon Bekanntem verknüpfen - Sinn erfassen, Kapieren und Verstehen ermöglicht sinnvolles Verknüpfen - Dasselbe Neuronenmuster wird aktiviert, auch wenn sich der Kontext ändert - Werden zwei Ereignisse miteinander verknüpft, so entsteht assoziatives Lernen	- Schritt für Schritt (neue) Aufgaben aufbauen, keinen Zwischenschritt vergessen - Sinn erfassen: durch eigenständiges Handeln durch Reflexion des Erlebten - In welchem Bereich ein Thema erarbeitet wird spielt keine Rolle, der Inhalt bleibt derselbe - Rhythmik ist Rhythmik, wenn mindestens 1 Mittel und 2 Handlungsfelder kombiniert werden
10.	**Lernen benötigt Aufmerksamkeit**	
	- Hohe Aufmerksamkeit und Konzentration: stoffwechselintensiv, teuer - Aufmerksamkeit ist eng mit Arbeitsgedächtnis verbunden, dieses ist erst mit ca. 25 Jahren voll ausgebildet - Unterricht muss gut gegliedert sein, Abwechslung zwischen intensiven und weniger intensiven Phasen - relaxed alertness: optimaler Lernzustand. Aufmerksamkeit sollte weniger durch verbale Ermahnungen, als durch inhaltliche und motivationale Mittel geschehen	- Rhythmisches Prinzip im Unterricht: dynamischer Wechsel zwischen Polaritäten Spannung und Entspannung - Phasenwechsel: Wechsel der Sozialform, der Wahrnehmungskanäle oder der Aktivität - relaxed alertness in der Rhythmik: ohne Leistungsdruck, dafür durch inhaltliche und motivationale Mittel (z.B. durch Rhythmus)
11.	**Wiederholen und Üben**	
	- Wichtigkeit und Häufigkeit bestimmen langfristiges Einspeichern - Wiederholen und Üben ist unabdingbar, sollte in unterschiedlichen Kontexten sozialen Formen angeboten werden (Faktenwissen kristallisiert sich von selbst heraus)	- Variationen für vielfältige Wiederholungs- und Vertiefungsmöglichkeiten entstehen durch die Kombination von bis zu 3 Feldern, 5 Mitteln, 4 Parametern und mindestens 4 sozialen Formen.

	GEHIRNFORSCHUNG	RHYTHMIK
12.	**Das Gehirn ist sozial**	
	- Gehirn: ausgeprägtes Sozialorgan - Erlebnisse mit anderen Menschen beeinflussen unsere Gene und die Architektur unseres Gehirns - Soziale Kompetenzen werden nur im Zusammenspiel mit anderen Menschen erworben, sind ein Leben lang äußerst hilfreich - Grund: Spiegelneurone ermöglichen Nachahmung bzw. Nachempfindung beobachteter Handlungen oder Emotionen anderer Menschen - Sozial-emotionale Aspekte sind innerhalb eines ganzheitlichen Lernprozesses ebenso wichtig wie die intellektuell-kognitiven	- Rhythmik findet in Gruppen statt, ein Handlungs- und Erfahrungsraum für Kommunikation, Interaktion und sozial-emotionales Handeln entsteht - Soziale Interaktion/Kommunikation ist eines der drei wichtigsten Handlungsfelder der Rhythmik – der sozial-emotionale Aspekt des Lernens wird selbstverständlich in das Unterrichtskonzept miteinbezogen. - Vielfältige Sozialformen (Gruppe, Partner,...) ermöglichen vielfältiges Agieren – Soziales Lernen ist auch Modelllernen, Imitationslernen - Integration sowie eine Vorbereitung auf die sozialen Herausforderungen im (Berufs-)leben kann hiermit angestrebt werden
13.	**Lernen braucht Persönlichkeit**	
	- Selbstvertrauen: durch positive Bewegungserfahrungen in Kindheit - Die Förderung der Persönlichkeit muss mehr Beachtung in unserem Bildungssystem finden - Lernen bedarf einer sinnvollen Gestaltung zwischenmenschlicher Beziehung aufgrund des Resonanzphänomens. Wichtig: Lehrpersonen mit Beziehungskompetenz, kooperationsbereit Schüler/innen.	- Rhythmik: persönlichkeitsbildendes Unterrichtskonzept in mehrdimensionaler Weise - Beziehung zwischen Pädagogin und Teilnehmenden hat maßgeblichen Einfluss auf die Motivation und auf die Bereitschaft, etwas zu lernen. Beziehung entsteht auch nonverbal, durch Körpersprache, Bewegung und Musik.
14.	**Jedes Gehirn ist einzigartig**	
	- Gehirn: einzigartiges Produkt aus Genen und Umwelt - Werden persönliche Talente und Begabungen angesprochen, so lernen Kinder effizient.	- Förderung des Individuums - Stärkung der Stärken, individuelle Förderung, Ziel: Persönlichkeitsbildung, auch in inhomogenen Gruppen

7. Zusammenfassung und Ausblick

LERNEN dient dazu, sich bestmöglich in der Welt zurecht zu finden, in sie hinein zu wachsen, mit ihr zu interagieren – und sie zu verändern. Lernen schafft Erkenntnisse und Zufriedenheit.

Die Auswertung der Ergebnisse von Gehirnforschung und Musik- und Bewegungspädagogik / Rhythmik zeigt deutlich, dass letztere vielfach den aktuellen Erkenntnissen der Gehirnforschung entspricht. Aus naturwissenschaftlicher Sicht wird dabei bestätigt, dass Lernen in der Rhythmik – durch ihren persönlichkeitsbildenden Ansatz der von der Bewegung ausgeht – eigenständig und kreativ, vielfältig, facettenreich und dadurch sinnvoll und nachhaltig geschieht. Intelligenz ist eine Ganzkörperangelegenheit, erst durch die vielfältigen Körpererfahrungen und die Eindrücke über die Sinne ist das Gehirn in der Lage, Intelligenz zu entwickeln. Lernen passiert immer, in jedem Moment und außerdem mit dem gesamten Körper! Deshalb ist es naheliegend, dass die motorischen, kognitiven und emotionalen Aspekte ganzheitlich in diesem Unterrichtskonzept berücksichtigt werden.
Soziale Kompetenz ist maßgeblich für den beruflichen Erfolg und für das Treffen von guten Entscheidungen. Für Daniel Goleman[46] macht die emotionale Intelligenz zwischen beruflich Hochleistenden und durchschnittlich Leistenden sogar einen Unterschied von 90% aus! (vgl. GEO-kompakt Nr. 28 11/2011, S. 102)
Kreativität gilt als wertvollste wissenschaftliche und wirtschaftliche Ressource, für Unternehmen ist sie ein hochgeschätztes und begehrtes Gut. Kreativität und Intelligenz gehen Hand in Hand, sie beeinflussen einander positiv. Letztlich gilt Selbstvertrauen als maßgebliche Eigenschaft: denn wer sich selbst vertraut, agiert deutlich selbstsicherer, zielgerichteter und eigenverantwortlicher als Personen mit wenig Selbstwertgefühl. Wer sich selbst vertraut, dem trauen auch andere mehr zu.

[46] US Psychologe und Wissenschaftsjournalist

Wie oder wodurch entstehen aber nun diese hochgeschätzten Fähigkeiten?
Um die Ergebnisse dieser Arbeit zusammenzufassen und auf den Punkt zu bringen, wird hier eine Einteilung der für das Lernen essentiellen Faktoren in *Grundvoraussetzungen* (a) und *Basiskompetenzen* (b) vorgenommen, die durch ihr Zusammenspiel persönlichen und beruflichen Erfolg ermöglichen:

Die sechs Grundvoraussetzungen (a) für das Lernen:

1a	**Wahrnehmung**	(Sensorik)
2a	**Bewegung**	(Motorik)
3a	**Gefühl**	(Emotion)
4a	**Denken**	(Kognition)
5a	**Soziale Interaktion**	(Sozialisation)
6a	**Handeln**	(Aktion)

Zu Beginn unseres Lebens stehen Wahrnehmung (1) und Bewegung (2), sie bilden die Basis unserer Existenz. Jede Wahrnehmung und jede Bewegung ist auch mit einem Gefühl (3) verbunden. Das Denken (4) entwickelt sich aus Wahrnehmen und Bewegen und ist ebenso immer von Gefühlen begleitet – es existiert kein Denken ohne Gefühl, Denken ist immer ein Produkt aus Kognition und Emotion. Wahrnehmung und Bewegung stehen in enger Wechselwirkung mit dem Denken, sie beeinflussen es.
Auch für Soziale Interaktion (5) sind Wahrnehmung und Bewegung von Bedeutung, Soziale Interaktion ist immer von Gefühlen begleitet und beeinflusst unser Denken.
Handeln (6) ist das Zusammenspiel aus Wahrnehmen (1), Bewegen (2), Denken (4) und Gefühl (3), dies kann in einem sozialen Kontext (5) oder für sich allein geschehen.
Alle sechs Grundvoraussetzungen für das Lernen stehen in engem Zusammenhang, sie beeinflussen sich gegenseitig und bilden eine Interdependenz (Wechselwirkung). Verläuft diese Wechselwirkung harmonisch, ist Lernen erfolgreich. Die sechs Grundvoraussetzungen haben wichtige Auswirkungen auf die vier Basiskompetenzen:

Die vier Basiskompetenzen (b), die sich beim Lernprozess entwickeln:

1b	**Selbstvertrauen**	(Selbstbewusstsein, Ich-Stärke)
2b	**Intelligenz**	(spezifische Begabungen und Fähigkeiten)
3b	**Soziale Kompetenz**	(Sozial kompetentes Verhalten)
4b	**Kreatives Denken und Handeln**	(Schöpferische Ideen und Produkte)

Diese vier Basiskompetenzen gelten als Grundlage für persönlichen und beruflichen Erfolg und zählen zu den hoch angesehenen und erfolgversprechenden Leistungen.
Weiters sind acht *Zutaten* für das Lernen wichtig, die, je häufiger und stärker sie in Lernprozesse einfließen, das Lernen erfolgreicher machen.

Die acht Zutaten für erfolgreiches Lernen:

Aufmerksamkeit	(Konzentration)
Vielfältige Wege und Sinnvolles Verknüpfen	(Mehrdimensionales Lernen und Zusammenhänge)
Wiederholen und Üben	(Repetieren und Trainieren)
Reflexion	(Nachdenken und Überlegen)
Ausdauer, Motivation	(Beharrlichkeit, Fleiß und Geduld)
Stresskompetenz	(Umgang mit Herausforderung)
Ernährung, Bewegung	(gesunder Lebensstil)
Schlaf	(Festigungsprozesse des Gehirns)

Die enge Vernetzung und die Interdependenz zwischen den genannten für das Lernen ausschlaggebende Faktoren sind in der folgenden Abbildung dargestellt (Die Legende dieser Abbildung findet sich auf der nächsten Seite!). Die Abbildung dient als Zusammenfassung der zahlreichen Erkenntnisse:

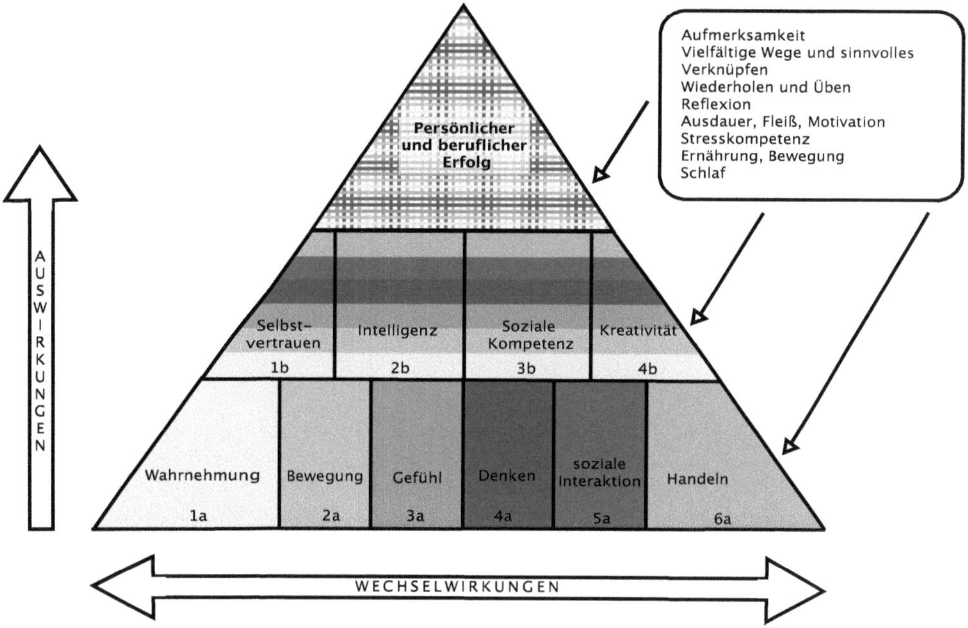

Abbildung 14: Die Zusammenhänge des Lernens (Idee und Konzept: Nina Minimayr und Ralph Illini; Graphische Umsetzung: Inka Minimayr)

Legende, wie die Abbildung gelesen werden soll:
Von unten nach oben: Grundvoraussetzungen (a, untere Zeile) → Basiskompetenzen (b, mittlere Zeile) → persönlicher und beruflicher Erfolg. Die Grundvoraussetzungen haben Auswirkung auf die Basiskompetenzen (siehe Farben).
Von links nach rechts: sowohl die Grundvoraussetzungen als auch die Basiskompetenzen sind entsprechend ihrer Entwicklung aufgelistet (von links nach rechts). Wichtig dabei ist, dass eine Wechselwirkung zwischen ihnen besteht (in beide Richtungen). Im Kästchen rechts oben befinden sich die Zutaten für das Lernen. Die Buchstaben und Zahlen verdeutlichen die Übereinstimmungen zu Musik- und Bewegungspädagogik.

Der Vergleich mit dem Vier-Kreise-Modell der Rhythmik, welches die Ziele/Lernbereiche/Handlungsfelder darstellt, zeigt spannende Übereinstimmungen (siehe die nachfolgenden Zahlen und Buchstaben):

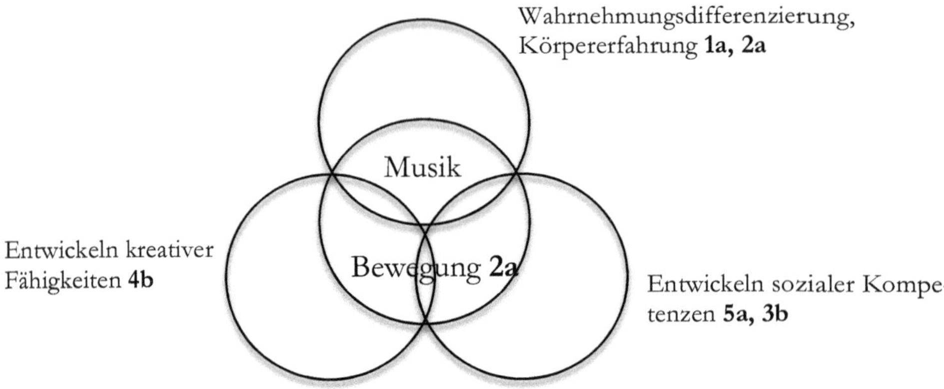

Abbildung 15: Integrative Musik- und Bewegungspädagogik (vgl. Bankl/Mayr/Witoszynskyj 2009, S. 10, Abbildung durch die Autorin vereinfacht und ergänzt)

Weitere Zusammenhänge werden durch folgende Ziele der Musik- und Bewegungspädagogik / Rhythmik deutlich:

Motorische Entwicklung	**2a**
emotionale Entwicklung	**3a**
kognitive Entwicklung	**4a**
Persönlichkeitsbildung	**1b**
Handlungsorientiertes Lernen	**6a**

(vgl. Konrad 1995, S. 58; Bankl/Mayr/Witoszynskyj 2009, S. 10)

Musik- und Bewegungspädagogik / Rhythmik fördert einerseits die *Grundvoraussetzungen*, andererseits die *Basiskompetenzen.* Rhythmik beginnt bei Lernprozessen „am Anfang“ und baut Schritt für Schritt darauf auf. Rhythmik schafft Voraussetzungen dafür, dass Lernen gelingen kann, weil das Unterrichtskonzept erste Grundsteine für das Erfahren von Zusammenhängen, für kognitive Prozesse sowie für eigenständiges selbstbewusstes Arbeiten schafft. Dies geschieht von der Bewegung ausgehend und Bewegung ist, wie wir gehört haben, ein ungeheuer wichtiges Mittel für die psycho-physische Gesundheit. Obwohl vielfach schon erkannt wird, dass Intelligenz eine Ganzkörperangelegenheit ist, wird Bewegung leider immer wieder aus dem schulischen Bildungsalltag verdrängt. Dem ist mit allen Möglichkeiten entgegenzuwirken!

Musik kann in diesem Vergleichsmodell als zusätzliche Dimension gesehen werden, die das Unterrichtsgeschehen tiefgreifend und vielschichtig positiv beeinflusst. Musik birgt große emotionale und motivationale Komponenten, sie kann einen festigenden Rahmen sowie Freiräume schaffen und Beziehung herstellen. Dies ist eine Dimension, die benachbarte Bewegungskonzepte nicht miteinbeziehen, die aber Rhythmikunterricht zu einem mehrdimensionalen, intuitiven und direkten Lernerlebnis macht.

Es kann somit bestätigt werden, dass das Fach Musik- und Bewegungspädagogik/Rhythmik einen wesentlichen Beitrag zu ganzheitlichem, sinnvollem, persönlichkeitsbildendem und nachhaltigem Lernen leistet und die Methode mehrfach von den aktuellen Forschungsergebnissen der Neurobiologie bestätigt wird. Musik- und Bewegungspädagogik / Rhythmik zeigt, wie Lernen mit Gehirn und Körper geschieht und dadurch den ganzen Menschen betrifft.
Ein Unterrichtskonzept, das alle oben genannten Faktoren miteinbezieht und dabei *von der Bewegung ausgeht*, scheint hierfür mehr als geeignet – Musik- und Bewegungspädagogik / Rhythmik kann daher mit guten Gründen selbstbewusst nach außen getragen werden.
Jeder kleine Beitrag wissenschaftlicher Fundierung schafft die Erschließung vielfältiger Zusammenhänge sowie die Positionierung „am Markt".

Es ist wichtig, immer weiter zu forschen, Gebiete zusammenzuführen und neue Erkenntnisse miteinzubeziehen. Forschung ist immer zum Zeitpunkt der Erforschung aktuell und vieles aus der Gehirnforschung ist auch noch unbekannt. Wünschenswert ist auf jeden Fall, dass Menschen der verschiedensten Fachgebiete so eng wie möglich zusammenarbeiten um die Erkenntnisse in Bezug auf das Lernen stetig zu erweitern und auszubauen.

Es gilt, die Augen offen zu halten und neugierig neuen Dingen zu begegnen!

LITERATURVERZEICHNIS

AVANZINI, Guiliano / LOPEZ, Luisa / KOELSCH, Stefan / MAJNO, Maria (Hrsg.): The Neurosciences and Music II. From Perception to Performance (Annals of the New York Academy of Sciences; v. 1060) „This volume is the result of a conference entitled The Neurosciences and music II. from perception to performance, held on May 5-8, 2005 in Leipzig, Germany.“

AYRES, A. Jean: Bausteine der kindlichen Entwicklung. Die Bedeutung der Integration der Sinne für die Entwicklung des Kindes
Berlin, Heidelberg, New York, Barcelona, Honkong, London, Mailand, Paris, Tokio: Springer Verlag 2002
Englischer Originaltitel: Sensory Integration and the Child

BANKL, Irmgard: Bewegung in der Rhythmik. Bewegungsansätze und ihre Bedeutung für die Entwicklung
Wien: 2005

BANKL, Irmgard / MAYR, Monika / WITOSZYNSKYJ, Eleonore: Lebendiges Lernen durch Musik, Bewegung, Sprache
Wien: G&G Verlagsgesellschaft mbH 2009

BAUER, Joachim: Prinzip Menschlichkeit. Warum wir von Natur aus kooperieren
Hamburg: Hoffmann und Campe Verlag 2008

BAUER, Joachim: Das Gedächtnis des Körpers. Wie Beziehungen und Lebensstile unsere Gene steuern
Frankfurt am Main: Eichborn AG 2010 (erweiterte und aktualisierte Neuausgabe)

BAUER, Joachim: Schmerzgrenze. Vom Ursprung alltäglicher und globaler Gewalt
München: Karl Blessing Verlag 2011 (Verlagsgruppe Random House GmbH)

BERGMANN, Wolfgang / HÜTHER, Gerald: Computersüchtig. Kinder im Sog der modernen Medien
Weinheim: Beltz 2008

BLAKEMORE, Sarah-Jayne / FRITH, Uta: Wie wir lernen. Was die Gehirnforschung darüber weiß
München: Deutsche Verlags-Anstalt 2006
Originaltitel im Englischen: The Learning Brain. Lessons for Education.
Oxford: Blackwell Publishing Ltd 2005

BODEM, Verena: Mit Musik heilen. Ein Vergleich der Regulativen Musiktherapie mit der Audio-Psycho-Phonologie nach Tomatis
Wien: 2010

BÜHLER, Ariane / THALER, Alice: Selber denken macht klug. Rhythmik, ein gestalterisches Verfahren in der Heilpädagogik
Luzern: Edition SZH/SPC, HPS-Reihe 17, 2006

CARTER, Rita: Das Gehirn. Anatomie, Sinneswahrnehmung, Gedächtnis, Bewusstsein, Störungen.
München: Dorling Kindersley Verlag GmbH 2010
Titel der englischen Originalausgabe: The Brain Book
London: Dorling Kindersley Limited, 2009

CASPARY, Ralf (Hrsg.): Lernen und Gehirn. Der Weg zu einer neuen Pädagogik
Freiburg im Breisgau: Verlag Herder 2006

DAMASIO, Antonio: Ich fühle, also bin ich. Die Entschlüsselung des Bewusstseins.
Berlin: List Verlag 2004 (5. Auflage)

Titel der amerikanischen Originalausgabe: The Feeling of what Happens. Body and Emotion in the Making of Consciousness.
New York: Harcourt Brace & Company 1999

DAMASIO, Antonio: Selbst ist der Mensch. Körper, Geist und die Entstehung des menschlichen Bewusstseins
München: Siedler Verlag 2011
Titel der amerikanischen Originalausgabe: Self Comes to Mind. Constructing the Conscious Brain
New York: Pantheon Books 2010

DANUSER-ZOGG, Elisabeth: Musik und Bewegung. Struktur und Dynamik der Unterrichtsgestaltung
Sankt Augustin: Academia Verlag 2009

ECO, Umberto: Wie man eine wissenschaftliche Abschlussarbeit schreibt. Doktor-, Diplom- und Magisterarbeit in den Geistes- und Sozialwissenschaften
Heidelberg: C.F. Müller, Verlagsgruppe Hüthig Jehle Rehm GmbH 2005
Italienischer Originaltitel: Come si fa una tesi di laurea

ELIOT, Lise: Was geht da drinnen vor? Die Gehirnentwicklung in den ersten fünf Lebensjahren.
Berlin: Berlin Verlag GmbH 2010
Originalausgabe: What's Going on in There? How the Brain and Mind Develop in the First Five Years of Life
New York: Bantam Books 1999

ELIOT, Lise: Wie verschieden sind sie? Die Gehirnentwicklung bei Mädchen und Jungen Berlin: Berlin-Verlag 2010
Englischer Originaltitel: Pink brain, blue brain

FELLHOFER, Silvia: Der Bewegungsaspekt in der Rhythmik und der Tanztherapie. Ein Vergleich.
Wien: 2006

FROHNE, Isabelle: Das Rhythmische Prinzip. Grundlagen, Formen und Realisationsbeispiele in Therapie und Pädagogik
Lilienthal/Bremen: Eres 1981

GARDNER, Howard: Multiple Intelligences. New Horizons
United States of America: Basic Books 2006

GEGENFURTNER, Karl: Gehirn und Wahrnehmung.
Frankfurt am Main: Fischer-Taschenbuch-Verlag 2006 (4. Auflage)
GEOkompakt Nr. 28: Intelligenz, Begabung, Kreativität
11/2011

HAIDER, Günter / SCHREINER, Claudia: Die PISA-Studie. Österreichs Schulsystem im internationalen Wettbewerb
Wien: Böhlau 2006

HERRMANN, Ulrich (Hrsg.): Neurodidaktik. Grundlagen und Vorschläge für gehirngerechtes Lehren und Lernen
Weinheim und Basel: Beltz Verlag 2006

HUBER, Johannes: Liebe lässt sich vererben. Wie wir durch unseren Lebenswandel die Gene beeinflussen können.
ZS Verlag Zabert Sandmann GmbH 2010

HUNGER, Ina / ZIMMER, Renate (Hrsg.): Bewegung, Bildung, Gesundheit. Entwicklung fördern von Anfang an
Schorndorf: Hofmann 2007

HUNGER, Ina / ZIMMER, Renate (Hrsg.): Bildungschancen durch Bewegung – von früher Kindheit an!
Schorndorf: Hofmann-Verlag 2010

HUSTVEDT, Siri: Die zitternde Frau. Eine Geschichte meiner Nerven
Reinbek bei Hamburg: Rowohlt Taschenbuch Verlag 2011 (2. Auflage)
Originaltitel im Englischen: The Shaking Woman or A History of My Nerves
New York: Henry Holt and Company, 2010

HÜTHER, Gerald: Bedienungsanleitung für ein menschliches Gehirn
Göttingen: Vandenhoeck & Ruprecht 2004

ILLINI, Ralph: Mehrdimensionales Lernen (internes Skript), Universität für Musik und darstellende Kunst Wien
Wien: 2012

KIESLING, Ulla: Sensorische Integration im Dialog. Verstehen lernen und helfen, ins Gleichgewicht zu kommen
Dortmund: Verlag Modernes Lernen 2010

KIPHARD, Ernst J.: Motopädagogik
Dortmund: Verlag modernes Lernen 2009

KLICPERA, Ruth: Rhythmik im Mathematikunterricht. Anregungen für die Arbeit von LehrerInnen, ErzieherInnen, TherapeutInnen und Eltern mit Kindern aller Schulstufen
Wien: Lernen mit Pfiff 2006

KLICPERA, Ruth: Rhythmik im Deutschunterricht. Anregungen für die Arbeit von LehrerInnen, ErzieherInnen, TherapeutInnen und Eltern mit Kindern aller Schulstufen
Wien: Lernen mit Pfiff 2007

KONRAD, Rudolf: Erziehungsbereich Rhythmik. Entwurf einer Theorie
Seelze: Kallmeyer 1995

KORTE, Martin: Wie Kinder heute lernen. Was die Wissenschaft über das kindliche Gehirn weiß. Das Handbuch für den Schulerfolg.
München: Wilhelm Goldmann Verlag 2011

KREPCIK, Barbara: Rhythmuswahrnehmung und Rhythmuswirkung. Musikpsychologische und neurobiologische Aspekte der musikalischen Rhythmuserfahrung unter besonderer Berücksichtigung der motionalen Dimension und der Bedeutung für die Rhythmisch-musikalische Erziehung

Wien: 2010

LEFRANCOIS, Guy R.: Psychologie des Lernens.
Heidelberg: Springer Medizin Verlag 2006, 4. überarbeitete und erweiterte Auflage
Titel der amerikanischen Originalausgabe: Theories of Human Learning, What the Old Woman Said, 5th ed.
Thomson Wadsworth 2006

LINDSTROM, Martin: *buy*ology. Truth and Lies About Why We Buy
New York: Crown Business 2010

MADEJA, Michael: Das kleine Buch vom Gehirn. Reiseführer in ein unbekanntes Land
München: Verlag C.H. Beck OHG 2010

MÜLLER, Hanna E.: Die Bedeutung des Lernens über den Leib
Wien: 2005

OECD (Organisation für Wirtschaftliche Zusammenarbeit und Entwicklung, Hrsg.): Wie funktioniert das Gehirn? Auf dem Weg zu einer neuen Lernwissenschaft
Stuttgart: Schattauer 2005

PIAGET, Jean: Psychologie der Intelligenz
Klett-Cotta 2000 (10. Auflage)
Originalausgabe: La Psychologie de l'Intelligence.
Paris: Librairie Armand Colin 1947

PIAGET, Jean: Das Erwachen der Intelligenz beim Kinde
Stuttgard: Klett-Cotta 2003
Französischer Originaltitel: La naissance de l'intelligence chez l'enfant

RIZZOLATTI, Giacomo / SINIGAGLIA, Corrado: Empathie und Spiegelneurone. Die biologische Basis des Mitgefühls
Frankfurt am Main: Suhrkamp 2008

Italienischer Originaltitel: So quel que fai. Il cervello che agisce e i neuroni specchio
Mailand: Raffaello Cortina Editore 2006

ROTH, Gerhard: Fühlen, Denken, Handeln. Wie das Gehirn unser Verhalten steuert.
Frankfurt am Main: Suhrkamp Verlag 2003 (neue, vollständig überarbeitete Ausgabe)

ROTH, Gerhard: Bildung braucht Persönlichkeit. Wie Lernen gelingt.
Stuttgart: J.G. Cotta'sche Buchhandlung Nachfolger GmbH 2011 (dritte Auflage)

SCHENK-DANZINGER, Lotte: Entwicklungspsychologie
Wien: G & G Verlag 2009, 2. übererarbeitete Auflage

SCHMIDT, Cornelia: Dem Phänomen Lernen auf der Spur
Wien: 2009

SCHWARZ, Friedhelm: Verstehen Sie Ihren Verstand? Gehirnforschung für den Alltag
Freiburg: Haufe-Lexware GmbH & Co. KG 2010

SPRENGER, Marilee: Damit was hängen bleibt! Wie sie so unterrichten, dass Ihre Schüler mehr behalten
Weinheim: Beltz 2011
Englischer Originaltitel: How to teach so students remember

SPITZER, Manfred: Musik im Kopf. Hören, Musizieren, Verstehen und Erleben im neuronalen Netzwerk
Stuttgart: Schattauer GmbH 2002

SPITZER, Manfred: Lernen. Gehirnforschung und die Schule des Lebens.
Heidelberg, Berlin: Spektrum, Akademischer Verlag GmbH 2002 und 2006

STUMMER, Birgitta: Rhythmisch-musikalische Erziehung. Bewegung erklingt – Musik bewegt
Wien: Manz Verlag Schulbuch 2011

LIEBICH, Haimo/ZACHARIAS, Wolfgang: Welt des Spiels – Spiele der Welt
München: Spielkultur e.V., 1991

WINKEL, Sandra / PETERMANN, Franz / PETERMANN, Ulrike: Lernpsychologie
Paderborn: Verlag Ferdinand Schöningh GmbH & Co. KG 2006

WITOSZYNSKYJ, Eleonore / SCHINDLER, Gertrude / SCHNEIDER, Margit: Erziehung durch Musik und Bewegung
Wien: hpt 2006

ZIMMER, Renate: Handbuch der Bewegungserziehung. Grundlagen für Ausbildung und pädagogische Praxis
Freiburg im Breisgau: Verlag Herder 2004

ZIMMER, Renate (Hrsg.): Wahrnehmen, Bewegen, Lernen. Kindheit in Bewegung Schorndorf: Hofmann 2004

ZIMMER, Renate: Handbuch der Sinneswahrnehmung. Grundlagen einer ganzheitlichen Bildung und Erziehung
Freiburg im Breisgau: Verlag Herder 2005

ZIMMER, Renate: Handbuch Sprachförderung durch Bewegung
Freiburg im Breisgau: Verlag Herder GmbH 2010

http://swrmediathek.de/ 09.10.2011, 18:27, daraus:
http://www.3sat.de/mediathek/?mode=play&obj=27140 online Sendung vom 06.10.2011 „Zwischen Psycholanalyse und Neurowissenschaften“ von Gerd Scobel mit Siri Hustvedt und Antonio Damasio, angeschaut am 10.10.2011 um 21:42 Uhr
http://www.wissenschaft-online.de/ 11.10.2011, 14:33 und 27.03.2012, 17:27
http://www.gehirn-und-geist.de/ 11.03.2011, 14:43 und 20.03.2012, 19:35 daraus:
Gehirn und Geist (pdf) 2011_10 und Gehirn und Geist (pdf) 2012_04
http://www.gehirn-und-geist.de/sprache 07.10. 2011, 11:59

http://www.gehirn-und-geist.de/artikel/859922&_z=798884 07.10.2011,12:08
http://www.spektrum.de/ 10.11.2011, 08:10
http://www.imedo.de/medizinlexikon/formatio-reticularis 06.04.2012, 13:37
http://de.dict.md/definition/vestibulär 07.04.2012, 20:38
http://www.imedo.de/medizinlexikon/positronenemissionscomputertomographie 07.04.2012, 21:02
http://de.dict.md/definition/eeg 07.04.2012; 21:12
http://www.imedo.de/medizinlexikon/cholinerg, 07.04.2012, 0:11
http://lecture2go.uni-hamburg.de/konferenzen/-/k/12918, 12.04.2012, 17:23
http://www.youtube.com/watch?v=Lr184Ms5hlE „Ohne Gefühl geht gar nichts. Worauf es beim Lernen ankommt." Vortrag von Gerald Hüther im Stadttheater Freiburg, 20. Juni 2009, gesehen am 02.12.2012, 00:24 Uhr

Abbildungsverzeichnis: